汽车发动机构造与控制技术

主 编 高 川 袁立嘉
副主编 王伟峰 崔金阳 秦晓燕

东北师范大学出版社
长 春

图书在版编目（CIP）数据

汽车发动机构造与控制技术／高川，袁立嘉主编.
长春：东北师范大学出版社，2024.7. -- ISBN 978-7
-5771-1644-0

Ⅰ.U472.43

中国国家版本馆 CIP 数据核字第 20247UA074 号

□责任编辑：万英瑞　　□封面设计：创智时代
□责任校对：徐　莹　　□责任印制：侯建军

东北师范大学出版社出版发行
长春净月经济开发区金宝街 118 号（邮政编码：130117）
电话：010-82893125
传真：010-82896571
网址：http：//www.nenup.com
东北师范大学音像出版社制版
长春第二新华印刷有限责任公司印装
长春市绿园区长白公路 8177 号（邮政编码：130113）
2024 年 7 月第 1 版　　2024 年 7 月第 1 次印刷
幅面尺寸：185 mm×260 mm　印张：12.75　字数：253 千

定价：39.80 元

前 言

我国汽车保有量的逐年增加，汽车后市场的迅速扩大，现代汽车维修技术的不断更新和汽车企业组织的不断调整，均对汽车维修从业人员的技术技能和职业素养提出了更高的要求，汽车专业职业教育也紧跟汽车工业发展步伐，进一步深化人才培养模式、课程体系和教学内容的改革，不断提高办学质量和教学水平，以培养更多的、适应新时代需要的、具有创新能力的高端技能型专项人才。

本书是在校企合作的基础上，结合企业培训的优势和学科教育的长处而编写的汽车专业一体化教材。本书的工作任务过程全部与企业生产实际接轨，符合企业的操作流程。在工作任务中都有操作步骤，并配有作业图片。本书不仅指导性、实践性、可操作性较强，还突出了专业知识的实用性、综合性和先进性。本书的基本理论部分以应用为目的，以讲清概念、强化应用为重点，以学生学习为中心，认真分析学生的学习特点，采用大量图片并配以简练的语言，注重实践性、启发性和科学性，注重对学生操作能力、创造能力和团队合作能力的培养。

本书采用项目驱动、任务实施的形式编写，共分为 8 个项目，内容包括认识发动机、曲柄连杆机构检修、配气机构检修、汽油机燃料供给系统检修、柴油机燃料供给系统检修、润滑系统检修、冷却系统检修、发动机总装与调试。每个项目配有项目描述、知识目标、能力目标、相关知识、课后测评等栏目，并以常见车型为主，系统地介绍了汽车发动机各系统结构、原理及检修，图文并茂、通俗易懂。本书在进行基础知识和内容讲解的同时，注重新知识、新技术的介绍和应用，力求达到内容与行业技术发展同步，以提高学生在实际生产中的应用能力。

本书主要适用于高职高专汽车检测与维修、汽车运用与维修、汽车制造与装配等专业的教学，也可作为其他相关专业的教材或者参考书，还可供汽车维修人员、驾驶人员、汽车行业工程技术人员阅读参考。

本书由高川、袁立嘉担任主编，王伟峰、崔金阳、秦晓燕担任副主编。编写分工如下：项目二、项目六由高川编写，项目四由袁立嘉编写，项目一、项目七由王伟峰编写，项目五由崔金阳编写，项目三、项目八由秦晓燕编写，最后由高川负责全书的统稿、定稿。在编写过程中，编者参考了相关的文献与真实案例，并且得到了华晨汽车研究院的专家、资深汽车企业骨干技术人员的协助与支持，在此表示由衷的感谢。

鉴于编者能力水平有限，书中难免出现不足、疏漏，恳请广大读者批评指正。

编　者

2024 年 2 月

目 录

1 ▶ 项目一　认识发动机
　　任务一　汽车发动机总成吊卸／1
　　任务二　发动机附件拆检／8
　　任务三　发动机常用维修工具／14

27 ▶ 项目二　曲柄连杆机构检修
　　任务一　曲柄连杆机构整体认识／27
　　任务二　机体组结构认识和检修／29
　　任务三　活塞连杆组结构认识和检修／41
　　任务四　曲轴飞轮组结构认识和检修／59

73 ▶ 项目三　配气机构检修
　　任务一　配气机构结构认识／73
　　任务二　气门组件结构认识和检修／80
　　任务三　气门传动组件结构认识和检修／87

97 ▶ 项目四　汽油机燃料供给系统检修
　　任务一　汽油机燃料供给系统认知／97

任务二　进气系统构造认识和检修／104
　　任务三　燃料供给系统构造认识和检修／110
　　任务四　排气系统结构认识和检修／114
　　任务五　电子控制系统结构认识和检修／117

119 ▶ 项目五　柴油机燃料供给系统检修
　　任务一　认识柴油机燃料供给系统／119
　　任务二　柴油机燃料供给系统的拆检／137

144 ▶ 项目六　润滑系统检修
　　任务一　认识润滑系统／144
　　任务二　润滑系统的检修／158

166 ▶ 项目七　冷却系统检修
　　任务一　认识冷却系统／166
　　任务二　冷却系统的检修／179

188 ▶ 项目八　发动机总装与调试

196 ▶ 参考文献

项目一 认识发动机

项目描述

一辆中华 H530 汽车在行车过程中存在冒黑烟、加速无力、怠速不稳、油耗增加等现象，进厂检测后，确定需要大修。大修首先要对发动机总成进行吊卸。在对发动机总成进行吊卸时，必须使用吊卸工具。由于发动机质量较大，所以吊卸工具的安全使用非常重要。发动机吊卸后，其外设附件也需要进行拆检，为此我们必须弄清发动机的基本构造及工作原理。

在对发动机进行维修时，我们还必须了解发动机常用维修工具及其操作方法，以及维修车间各种劳动安全规范，维修过程中如何做到更安全、更环保。这些也是新一代汽车维修人员必须努力去思考的。

本项目的学习可以让我们了解发动机的吊卸、附件的拆检，以及发动机的基本构造和工作原理，了解发动机常用维修工具及其操作方法。

任务一　汽车发动机总成吊卸

知识目标

1. 了解发动机分类。
2. 了解发动机的专业术语。
3. 理解发动机的作用。

能力目标

1. 能制订正确有效的发动机吊卸计划。

2. 掌握吊卸工具的使用方法。
3. 能进行发动机总成的吊卸。

相关知识

一、汽车发动机分类

汽车发动机（这里专指汽车用往复活塞式发动机）分类方法很多，主要包含以下几种：

（一）按着火方式分类

发动机按照点火方式的不同，可以分为点燃式发动机（汽油机属于此类）和压燃式发动机（柴油机属于此类）。

（二）按使用燃料分类

发动机按照所使用的燃料的不同，可以分为汽油机、柴油机、气体燃料（氢气、天然气）发动机、多种燃料发动机等。

（三）按冷却方式分类

发动机按照冷却方式的不同，可以分为水冷发动机、风冷发动机。

水冷式发动机　　风冷式发动机

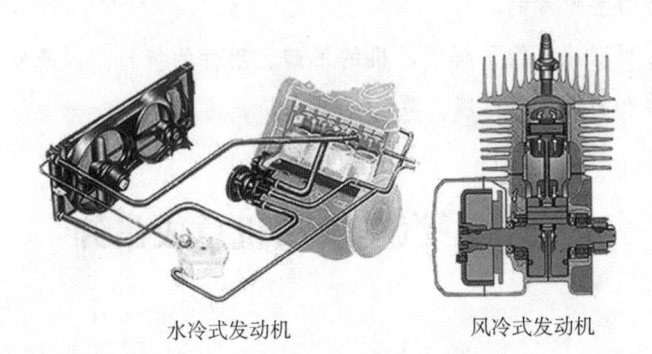

图 1-1　水冷式发动机与风冷式发动机

（四）按进气状态分类

发动机按照进气状态的不同，可以分为增压式发动机和非增压式（自然吸气式）发动机。

（五）按燃料供给方式分类

发动机按照燃料供给方式的不同，可以分为化油器式发动机（已被淘汰）、汽油喷射式（缸外喷射、缸内喷射）发动机、直接喷射式柴油机等。

（六）按冲程分类

发动机按照完成一个工作循环所需的冲程数，可分为四冲程发动机和二冲程发动机。由于排放的限制，汽车发动机广泛采用的是四冲程发动机。

（七）按汽缸数及布置分类

发动机按照汽缸数的不同，可以分为单缸发动机、多缸发动机（两缸及以上）。

按布置形式的不同，可以分为直列式发动机、V型式发动机、水平对置式发动机等。

1. 直列式发动机，是指汽缸是按直线排列的，它所有的汽缸均按同一角度肩并肩排成一个平面，如图1-2。

图1-2 直列式发动机

优点：结构简单，制造成本低，运转平衡性好，稳定性较好，低速扭矩特性好，燃料消耗少，尺寸紧凑，应用比较广泛。

缺点：当排气量和汽缸数增加时，发动机的长度将大大增加。

2. V型式发动机，如图1-3，是将所有汽缸分成两组，把相邻汽缸以一定的夹角布置在一起，使两组汽缸形成一个夹角（一般为90°），从侧面看汽缸呈V字形，故称V型式发动机。

图1-3 V型式发动机

优点：高度和长度尺寸小，在汽车上布置起来较为方便。

缺点：结构比较复杂，不利于保养和维修，并且造价较高。

3. 水平对置式发动机，也可算是 V 型式发动机的一种，只不过把相邻汽缸的夹角变成了 180°，一般为 4 缸或 6 缸，如图 1-4。

图 1-4 水平对置式发动机

优点：低重心，产生的横向振动易被支架吸收；将较重的发动机重心降低，更易达到整体平衡。低振动，活塞运动的平衡良好（180°左右抵消）。相比直列式发动机，水平对置式发动机在曲轴方面所需的平衡配重因素减少，有助于转速的提高。

缺点：造价高，发动机宽度较大。

二、发动机的常用术语

发动机的常用术语如表 1-1。

表 1-1 发动机的常用术语

专业术语名	注解	图示
上止点	活塞处于距离曲轴旋转中心最远处的位置，即活塞上行到最高位置，为上止点。一般用英文缩写 TDC 表示	上止点

续表

专业术语名	注解	图示
下止点	活塞距离曲轴旋转中心最近处的位置，一般指活塞下行到最低位置，为下止点。一般用英文缩写 BDC 表示	下止点
活塞行程	活塞从一个止点到另一个止点移动的距离，即上、下止点间的距离。一般用 s 表示，对应一个活塞行程，曲轴旋转 180°	活塞行程（上止点—下止点）
曲柄半径	与连杆下端（即连杆大头）相连的曲柄销中心到曲轴回转中心的距离（mm）。显然，$s=2R$。曲轴每转一周，活塞移动两个行程	曲柄半径
汽缸工作容积	活塞从上止点到下止点所扫过的空间容积（单位为：L）	汽缸工作容积
发动机排量	对于多缸发动机而言，发动机所有汽缸工作容积之和即发动机排量（单位为：L）	
燃烧室容积	活塞在上止点时，活塞上方的空间叫燃烧室，它的容积叫燃烧室容积	燃烧室容积

· 5 ·

续 表

专业术语名	注解	图示
汽缸总容积	活塞在下止点时，活塞上方的容积称为汽缸总容积。它等于汽缸工作容积与燃烧室容积之和	燃烧室容积 汽缸工作容积
压缩比	汽缸总容积与燃烧室容积的比值称为压缩比，它表示活塞由下止点运动到上止点时，汽缸内气体被压缩的程度。压缩比越大，压缩终了时汽缸内的气体压力和温度就越高。通常汽油机的压缩比为6~11，柴油机的压缩比较高，一般为16~22	燃烧室容积
工作循环	每一个工作循环包括进气、压缩、做功和排气冲程，即完成进气、压缩、做功和排气四个冲程叫一个工作循环	
工况	发动机在某一时刻的运行状况简称工况，以该时刻内燃机输出的有效功率和曲轴转速表示，曲轴转速即发动机转速	
负荷	发动机在某一转速下发出的有效功率与相同转速下所发出的最大有效功率的比值称为负荷率，简称负荷，通常以百分数表示	

三、吊卸发动机总成的专用工具的使用

吊卸发动机总成的专用工具常用的有举升机、液压吊机、液压千斤顶等，下面对其使用安全操作流程进行逐一介绍。

（一）举升机

举升机是汽车维修行业必备的汽保设备。举升机在汽车维修养护中发挥着至关重要

的作用，无论整车大修，还是小修保养，都离不开它，其产品性质、质量好坏直接影响维修人员的人身安全。在规模各异的维修养护企业中，几乎都配备有举升机。

举升机按照结构形式不同，可分为两柱举升机、四柱举升机、剪式举升机等，如图1-5。

举升机安全操作流程

（a）两柱举升机　　　　（b）四柱举升机　　　　（c）剪式举升机

图1-5　汽车维修常用的举升机

（二）液压吊机

液压吊机是重物起吊并允许短距离移位的专用设备，如图1-6。在汽车维修中，经常需要吊卸汽车发动机、变速器等较重的总成部件，汽车维修人员必须掌握液压吊机的安全操作流程。

液压吊机安全操作流程

图1-6　液压吊机

（三）液压千斤顶

液压千斤顶是一种采用柱塞或液压缸作为刚性顶举件的千斤顶，是一种简单的起重设备，一般只备有起升机构，用以起升重物，具有构造简单、质量轻、便于携带、移动方便等特点，在汽车维修中经常使用，如图1-7。

液压千斤顶安全操作流程

图1-7　液压千斤顶

任务二　发动机附件拆检

知识目标

1. 理解发动机的基本组成。
2. 认知发动机附件，了解其作用。
3. 理解发动机的工作原理。

能力目标

1. 能制订正确可行的发动机附件拆卸计划。
2. 能进行发动机附件的拆卸。
3. 会使用常用工具对发动机附件进行检测，并理解其技术要求。

相关知识

一、发动机的基本构造及工作原理

（一）发动机的基本构造

发动机的种类虽多，但其基本构造大体相同。汽油发动机由两大机构和五大系统组成，即曲柄连杆机构、配气机构及燃料供给系统、点火系统、冷却系统、润滑系统、启动系统。柴油发动机由于采用压燃式点火方式，故没有点火系统，由两大机构和四大系统组成。发动机基本构造组成及作用如表1-2所示。

表1-2 发动机的基本构造及作用

系统	作用及组成	结构图
曲柄连杆机构	作用： 曲柄连杆机构是发动机实现工作循环，完成能量转换的主要运动零部件。在做功冲程中，活塞承受燃气压力，在汽缸内做往复直线运动，通过连杆转换成曲轴的旋转运动，并向外输出动力。而在进气冲程、压缩冲程和排气冲程中，飞轮释放的能量又把曲轴的旋转运动转换成活塞的直线运动 组成： 1. 机体组 汽缸盖、汽缸垫、汽缸体、油底壳 2. 活塞连杆组 活塞、活塞环、活塞销、连杆 3. 曲轴飞轮组 曲轴、飞轮、皮带轮、正时齿轮等	
配气机构	作用： 配气机构的作用是根据发动机的工作顺序和工作过程，定时开启和关闭进气门和排气门，使可燃混合气进入汽缸，并使废气从汽缸内排出，实现换气过程 组成： 1. 气门组 气门（进气门、排气门）、气门弹簧、气门座、气门导管、气门油封 2. 气门传动组 凸轮轴、正时带轮（或齿轮、链轮）、正时皮带（或正时链条）、气门挺柱等	

续 表

系统	作用及组成	结构图
燃料供给系统	作用： 汽油机燃料供给系统的功能是根据发动机的要求，配置出一定数量和浓度的可燃混合气，并均匀地分配到各个汽缸中，汇集各个汽缸燃烧后的废气，使其从排气消声器排出	
	组成： 燃油泵、油箱、燃油滤清器、供油管、喷油器等	
点火系统	作用： 在汽油机中，汽缸内的可燃混合气是靠电火花点燃的，为此在汽油机的汽缸盖上装有火花塞，火花塞头部伸入燃烧室内。点火系统的功能是定时在火花塞电极间产生电火花，点燃汽缸内的可燃混合气	
	组成： 蓄电池、点火开关、点火线圈、分电器、火花塞、点火控制器等	
冷却系统	作用： 冷却系统的作用是将受热零件吸收的部分热量及时散发出去，保证发动机在适宜的温度下工作	
	组成： 散热器、冷却风扇、水泵、节温器、水套、相关的冷却管道等	

续 表

系统	作用及组成	结构图
润滑系统	作用： 润滑系统的作用是向做相对运动的零件表面输送定量的清洁润滑油，以减小摩擦阻力，减轻机件的磨损，并对零件表面进行清洗和冷却 组成： 机油集滤器、机油泵、机油滤清器、油道等	
启动系统	作用： 启动系统的作用是为曲轴提供外力，使发动机能运转至怠速 组成： 启动开关、启动机、蓄电池、启动继电器等	

（二）发动机的工作原理

四冲程发动机工作时，活塞在汽缸内上下往复运动。四冲程发动机的工作顺序是进气冲程、压缩冲程、做功冲程和排气冲程。对于四冲程多缸发动机而言，每个汽缸都进行这种四冲程循环，但进行的时间不同，各缸做功冲程错开，可使发动机输出功率连续平稳。

1. 进气冲程

活塞由曲轴带动从上止点向下止点运动。此时，进气门打开，排气门关闭（如图1-8）。由于活塞下移，

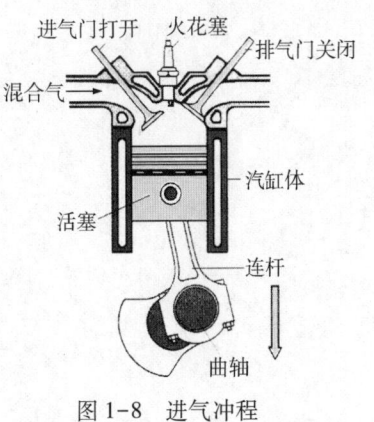

图1-8 进气冲程

活塞上腔容积增大,形成一定真空度,可燃混合气经进气门被吸入汽缸,至活塞运动到下止点时,进气门关闭,停止进气,进气冲程结束。

2. 压缩冲程

进气冲程结束时,活塞在曲轴的带动下,从下止点向上止点运动(如图1-9)。此时,进、排气门均关闭,随着活塞上移、活塞上腔容积不断减小,混合气被压缩,至活塞到达上止点时,压缩冲程结束。

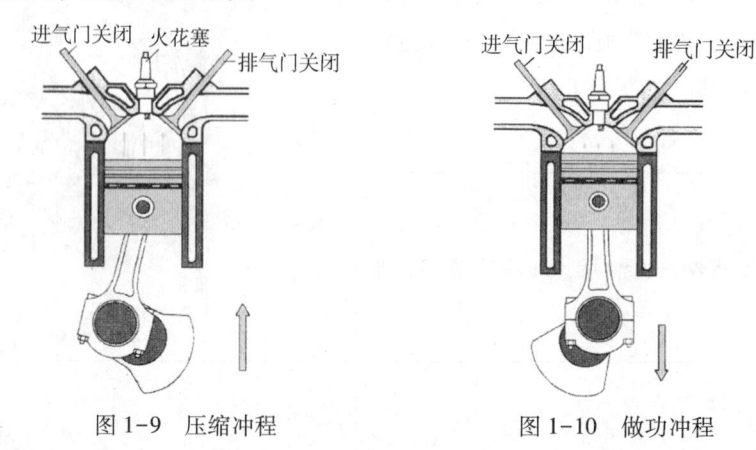

图1-9 压缩冲程

图1-10 做功冲程

3. 做功冲程

压缩冲程末(如图1-10),火花塞产生电火花,点燃汽缸内的可燃混合气,并迅速着火燃烧,气体产生高温、高压,在气体压力的作用下,活塞由上止点向下止点运动,再通过连杆驱动曲轴旋转向外输出做功,至活塞运动到下止点时,做功冲程结束。

4. 排气冲程

在做功冲程终了时,排气门打开,活塞在曲轴的带动下由下止点向上止点运动(如图1-11)。废气在自身的剩余压力和活塞的驱动作用下,自排气门排出汽缸,至活塞运动到上止点时,排气门关闭,排气冲程结束。排气冲程结束后,进气门再次开启,开始下一个工作循环,如此周而复始,发动机自行运转。

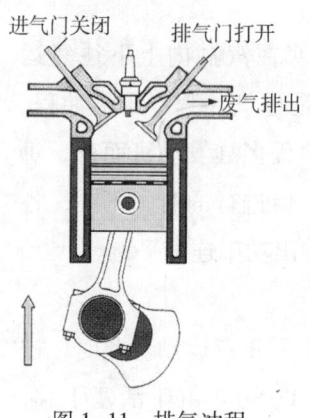

图1-11 排气冲程

二、发动机附件的安装位置及其作用

（一）发动机附件

在维持发动机基本运转所需之外还有一些机件，这些机件由发动机附件皮带驱动，称为发动机附件。通常发动机附件包括压缩机、发电机、启动机、转向助力泵、张紧轮、惰轮、皮带等，如图1-12所示。

图1-12 发动机附件

（二）发动机附件安装的位置及其作用

表1-3 发动机附件安装的位置及其作用

名称	一般安装位置	作用	图解
压缩机	压缩机安装在发动机前端，与皮带轮平行	压缩机是制冷回路的"泵"，俗称"空调泵"，由发动机通过皮带和电磁离合器驱动，对制冷剂进行加压使其循环，达到制冷的目的	
启动机	启动机安装在曲轴输出端与离合器的中间位置，也就是飞轮的位置	启动发动机，启动机上的齿轮工作时和发动机曲轴相连的飞轮啮合，驱动飞轮带动发动机	
发电机	发电机安装在发动机前端	发电机是汽车的主要电源，由汽车发动机驱动。发电机正常工作时，向除启动机外的所有用电设备供电，还向蓄电池充电，以补充蓄电池在使用中所消耗的电能，即将发动机的部分机械能变成电能	

续表

名称	一般安装位置	作用	图解
转向助力泵	转向助力泵安装在发动机前端	将发动机输入的机械能转化为液压能向外输出	
张紧轮	张紧轮安装在发动机前端，与皮带轮平行	调整皮带的松紧度	
惰轮	惰轮安装在发动机前端，与皮带轮平行	辅助传动作用	
皮带	皮带安装在发动机前端，各带轮槽中	将各个附件连接在一起，传递动力	

发动机附件的检测项目、方法、技术要求

任务三　发动机常用维修工具

知识目标

1. 认识发动机常用维修工具。
2. 熟记汽车维修生产安全规范。
3. 培养汽车维修的环保意识。
4. 了解维修废料的分类与处理。

能力目标

1. 能使用发动机常用维修工具进行操作。
2. 能在维修车间安全规范地进行各类作业。
3. 能安全环保地处理维修废料。

相关知识

一、认识发动机常用维修工具

正确选用工具对汽车维修来说非常重要,但很多维修技术人员不太重视工具的使用方法,使用扳手、钳子等通用工具不规范,导致不能顺利完成维修工作。下面对汽车维修通用工具的选用及使用方法进行详细介绍。

汽车发动机常用工具的种类、使用方法如表1-4。

表1-4 汽车发动机常用工具的种类、使用方法

常用工具名称	使用方法	图例
呆扳手	1. 规格:常见的呆扳手有5.5×7、8×10、9×11、12×14、13×15、14×17、17×19、21×23、22×24等规格型号(单位为mm)。 2. 使用方法 ①根据螺栓、螺母的尺寸,选用合适规格的呆扳手。 ②将呆扳手的开口垂直或水平插入螺栓头部。 ③将呆扳手较厚的一边置于受力大的一侧,扳动呆扳手。 3. 使用注意事项 ①不能用于扭紧力矩较大的螺栓和螺母。 ②使用时应将呆扳手手柄往身边拉,切不可向外推,以免将手碰伤。 ③扳转时,不准在呆扳手上任意加套管或锤击,以免损坏呆扳手或损伤螺栓、螺母的棱角。 ④禁止使用开口处磨损过甚的呆扳手,以免损坏螺栓、螺母的棱角。 ⑤不能将呆扳手当撬棒使用	

续　表

常用工具名称	使用方法	图例
梅花扳手	1. 规格：常见的梅花扳手有 5.5×7，8×10，9×11，12×14，13×15，14×17，17×19，21×23，22×24 等规格型号（单位 mm）。 2. 使用方法 ①根据螺栓、螺母的尺寸，选用合适规格的梅花扳手。 ②将梅花扳手垂直套入螺栓头部。 ③轻扳转时，手势与呆扳手相同；用力扳转时四指与拇指应上下握紧扳手手柄往身边扳转。 3. 使用注意事项 ①扳转时，不准在梅花扳手上任意加套管或锤击。 ②禁止使用内孔磨损过甚的梅花扳手。 ③不能将梅花扳手当撬棒使用	
套筒扳手	1. 规格：常见的套筒扳手有 24 件套和 32 件套等几种，套筒规格有 6~24 mm 和 6~32 mm 两种。 2. 使用方法 ①使用前应根据螺栓、螺母的尺寸选好套筒。 ②将套筒套在快速摇柄的方形端头上（视需要可与接杆或短杆配合使用）。 ③再将套筒套住螺栓或螺母，转动快速摇柄进行拆装。 3. 使用注意事项 ①不准拆装过紧的螺栓、螺母。 ②用快速摇柄拆装时，握摇柄的手切勿摇晃，以免套筒滑出或损坏螺栓、螺母。 ③禁止用锤子将套筒击入变形的螺栓、螺母的六角进行拆装，以免损坏套筒。 ④禁止使用内孔磨损过甚的套筒。 ⑤工具用毕，应清洗油污，妥善放置	

续表

常用工具名称	使用方法	图例
扭力扳手	1. 规格：常用的扭力扳手有预调式和指针式两种。 2. 使用方法 ①将套筒插入扭力扳手的方芯上。 ②用左手把住套筒，右手握紧扭力扳手手柄往身边扳转。 ③预调式扭力扳手使用前先将力矩调校至规定值。 3. 使用注意事项 ①禁止往外推扭力扳手手柄，以免滑脱而损伤身体。 ②对于要求拧紧力矩较大、工件较大、螺栓数较多的螺栓、螺母时，应分次按一定顺序拧紧。 ③拧紧螺栓、螺母时，不能用力过猛，以免损坏螺纹。 ④禁止使用无刻度盘或刻度线不清的扭力扳手。 ⑤拆装时，禁止在扭力扳手的手柄上再加套管或锤击	预调式扭力扳手 0~500 N·m　　19 mm 指针式扭力扳手
活扳手	1. 规格：常用的活扳手尺寸型号有 200×24、300×36 等多种规格（单位 mm）。 2. 使用方法 ①根据螺栓、螺母的尺寸先调好活扳手的开口大小使之与螺栓、螺母的大小一致（不松旷）。 ②将扳手固定部分置于受力大的一侧垂直或水平插入螺栓头部。 3. 使用注意事项 ①使用时，应使固定部分朝向承受拉力的方向，以免损坏螺栓的棱角和活扳手。 ②使用时，不准在活扳手的手柄上随意加套管或锤击，以免损坏活扳手或螺栓。 ③禁止将活扳手当锤子使用	

续 表

常用工具名称	使用方法	图例
螺钉旋具	1. 规格：常用有一字形、十字形和梅花头三种，各种类型都有不同的规格。 2. 使用方法 ①应根据螺钉类型大小选用合适的螺钉旋具。 ②使用时手心应顶住柄端，并用手指旋转旋具手柄，如使用较长的螺钉旋具，左手应把住旋具的前端。 3. 使用注意事项 ①使用螺钉旋具不可偏斜，扭转的同时应施加一定的压力，以免旋具滑脱。 ②螺钉旋具或工件上有油污时应擦干净。 ③禁止将螺钉旋具当撬棒或錾子使用	
钳子	1. 规格：汽车拆装中常用的钳子是鲤鱼钳和尖嘴钳。 2. 使用方法 ①根据需要选用尖嘴钳和鲤鱼钳，擦干净油污。 ②用手握住钳柄后端，使钳口闭合夹紧工件。 3. 使用注意事项 ①禁止将钳子当扳手、撬棒或锤子使用。 ②不准用锤子击打钳子。 ③禁止用钳子夹持高温机件	
锤子	1. 规格：按锤子形状分，有圆头、扁头及尖头等，按锤子材料分，有铁锤、木锤和橡胶锤等。 2. 使用方法 ①使用时，右手握紧锤柄后端 10 cm 处，眼睛注视工件。 ②击锤方法：腕挥、肘挥和臂挥三种，可根据用力程度选择。 3. 使用注意事项 ①手柄应安装牢固，防止锤头飞出伤人。 ②锤子落在工件上时不得歪斜，以防损坏工件。 ③禁止用锤子直接锤击工件重要表面和易损部位，以防损坏工件表面	

续 表

常用工具名称	使用方法	图例
铜棒	1. 使用方法 一般和锤子配合使用，左手握住铜棒使其一端置于工件表面，右手用锤子击打铜棒另一端。 2. 使用注意事项 ①不准将铜棒当撬棒使用，以免弯曲。 ②不准将铜棒当锤子使用	
火花塞套筒	1. 使用方法 ①根据火花塞的装配位置和火花塞六角的尺寸选用不同高度的径向尺寸的火花塞套筒。 ②对正火花塞孔并与火花塞六角套接靠，用力转动套筒，使火花塞旋入或旋出。 2. 使用注意事项 ①拆装火花塞时，火花塞套筒不得歪斜，以免套筒滑脱。 ②扳转火花塞套筒时不准随意加长手柄，以免损坏套筒	
顶拔器	1. 使用方法 根据轴端与被拉工件的距离转动顶拔器的丝杆，至丝杆顶住轴端，拉爪钩住工件（轴承或齿轮）的边缘，然后慢慢转动丝杆将工件拉出。 2. 使用注意事项 ①拉工件时，不能在手柄上随意加装套管，更不能用锤子敲击手柄，以免损坏顶拔器。 ②顶拔器工作时，其中心线应与被拉件轴线保持同轴，以免损坏顶拔器，如被拉件过紧，可边转动丝杆，边用木锤轴向轻轻敲击丝杆尾端，将其拉出	
活塞环拆装钳	1. 使用方法 将拆装钳卡入活塞环的端口，并使其与活塞环贴紧，然后握住手把慢慢捏紧，使活塞环张开，将活塞环从活塞环槽内取出或装入槽内。 2. 使用注意事项 ①操作时应垂直上下移动活塞环，不得扳转，以免滑脱或损坏活塞环。 ②操作时用力要适度，以免折断活塞环	

续表

常用工具名称	使用方法	图例
滤清器扳手	1. 使用方法 ①选择尺寸合适的滤清器扳手，可调式滤清器扳手使用前应根据滤清器的直径调节好尺寸。 ②将滤清器扳手套入滤清器，转动滤清器扳手将滤清器旋紧或旋松。 2. 使用注意事项 ①使用前尽量将滤清器扳手套在滤清器根部底座位置，以免损坏滤清器。 ②安装前应在滤清器螺纹口处涂上润滑油。 ③安装时不可用力过大，以免损坏滤清器	
气门弹簧钳	1. 规格：有弓形气门弹簧钳和杠杆式气门弹簧钳等多种。 2. 使用方法 ①使用弓形气门弹簧钳时，先旋出螺杆至凸台顶住气门头，并使压头贴住气门弹簧座，再转动螺杆，带动压头压缩弹簧，使销片落在压头凹槽内。 ②使用杠杆式气门弹簧钳时，将前端孔套到汽缸盖螺柱上，旋上螺母定位，并使槽孔对准气门弹簧座，然后压下弹簧钳手柄，将气门弹簧压缩，用尖嘴钳取出气门销片。 3. 使用注意事项 ①气门弹簧钳与弹簧座接触要可靠，以防滑出。 ②气门弹簧钳的活动部分应保持良好的润滑	弓形气门弹簧钳 杠杆式气门弹簧钳

二、生产安全

在汽车维修过程中，生产安全是极其重要的。了解和遵守安全规章制度可以避免人身伤害和大量的财产损失。维修人员必须熟悉车间内的各种危险隐患和安全措施，包括操作规程、汽油的使用、房间管理、车间通用规程、防火及有害、危险物品管理规则等方面。

保证汽车维修生产安全的第一步是熟知各种安全规章制度。第一步，也是最重要的一步，是在工作中落实安全规章制度。全体维修人员都要遵守安全规章制度，养成安全生产习惯。只有对安全生产持严肃认真的态度，切实执行各种安全规程，才能保证安全生产。

（一）工具设备的安全操作

1. 使用、操作工具和设备中的注意事项

（1）正确选择和使用维修中所需的工具。

（2）保持双手清洁，擦掉油脂，以防工具滑脱。

（3）不要将尖锐的工具放在口袋里，以防扎伤自己或划伤车辆。

（4）保持维修工具表面整洁干净，并妥善保存。

（5）不要将工具及设备放在维修车间的通道上，以免阻碍人员和车辆的通行。

（6）使用车间设备前需明确操作规程和使用注意事项。

（7）不要站在风扇和砂轮的切线方向，以防飞溅出的火星和磨屑伤人；不要使用未装备工具架和护板的台式砂轮。

（8）在汽车下使用千斤顶时，要确保它支撑在正确的部位，达到所需高度后用安全支架支撑，以免车辆突然压下，造成人员伤害或损坏车辆的部件。

除此之外，要定期保养、擦拭使用的设备，检查是否存在安全隐患，并将不安全因素告知工具设备管理员。在消除隐患之前，不要轻易使用设备，以避免造成不必要的损失。

2. 使用自动举升机应注意的事项

许多修理工序需将汽车升离地面。用自动举升机举升汽车时应选择正确的支撑点，升起后要使用保险装置以防汽车滑落。升起汽车前应先查看维修手册，找到正确的支撑点（如图1-13）。

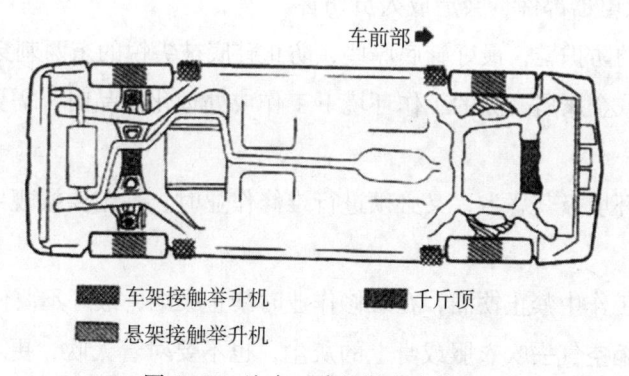

图1-13 汽车正确的举升支撑点

此外使用举升机应注意以下几点：

（1）每天检查举升机，定期对举升机进行保养维护。

（2）举升机损坏或工作不正常时应暂停使用，并及时进行维修。

（3）不要超载。

（4）举升前保证汽车在正确的位置。

（5）保证升降区干净整洁，无危险、无故障。

（6）小心地将汽车开到举升机上，使举升臂及衬垫对准汽车上的支撑点，待举升机稳定牢固地托住汽车后再进行升降作业。除此外，还应检查汽车与举升机接触的部分。

（7）在举升机下工作时，应用保险装置锁住举升机，降下举升机前应确保所有工具及设备已从汽车下移走，并保证车下及车的附近没有人。

（8）降下汽车后，放好举升臂，使汽车能自由进出。开车时注意不要压到举升臂，否则对举升机和汽车都有危险。

（二）车间内的安全操作

混乱的工作间容易造成危险，做好车间维护工作是安全的前提。每名修理工有责任整理好两个区域：分配到的工作区及车间的其他部分。保持工作区干净有序是成为一名好的修理工的必要条件。修理工在维修车间内应时刻保持清醒的头脑，注意人身安全，谨防事故的发生。

要做到车间内的安全操作，必须严格遵守以下基本常识。

1. 当搬运发动机、变速器之类的重物时，应使用液压起重机或电动链条举升机等设备，必要时须请人帮忙。人工搬运重物时要用腿部的力量而不是背部的力量，站起时要使重物紧贴身体，以防肌肉拉伤。

注意：靠胳膊或背部的力量搬运重物可能导致背部肌肉拉伤。

2. 工作时穿布质的工作服，不要戴耳环、项链、耳机等物品，这些东西容易碰到发动机等旋转部件及电器部件，会造成人员伤害。

3. 穿着合适的防护鞋，最好鞋底厚些，防止鞋底被尖锐的东西刺穿。

4. 在有灰尘或金属屑飞溅的工作环境下工作或处理化学品时，需戴上护目镜，防止伤害眼睛。

5. 如果工作环境极其恶劣，又必须进行维修作业时，一定要按规定穿戴防护服并使用防护设备。

6. 工作前及工作中禁止饮酒，在维修作业时禁止吸烟，最好不要使用手机。

7. 不要用压缩空气去吹衣服或身上的灰尘，也不要对着人吹，更不要用压缩空气吹制动部件，以防现场人员吸入石棉等致癌物。

8. 车间地面上不能有任何遗落物，若有应立刻清理，保持车间整洁，以消除事故隐患。

9. 不要穿着被汽油浸过的服装，防止意外发生火灾，造成人身伤害。

10. 切断汽车电源时，应先断开蓄电池负极。

11. 车间是维修车辆的地方，需要休息时应在固定的休息区，不要在车间内乱转或打闹。

（三）车间内的污染物

在维修车间进行维修作业时，应注意以下几点，以便尽量减少车间内的污染物对人员的伤害。

1. 汽车尾气中含有大量的一氧化碳，如果长时间在充满废气的车间中工作，有损身体健康。故在有通风装置的车间内应将排气管连接到通风系统中，如果没有专门的通风装置，则应打开门窗，加强通风。

2. 空调制冷剂可以吸收大量的热量，可能造成冻伤及损伤眼睛或其他器官。在维修空调管路或相关部件时，应避免接触泄漏的制冷剂，并进行必要的回收。

注意：加注或回收制冷剂时应采用专用设备，制冷剂若散发到大气中，将污染大气，造成对环境的破坏。

（四）事故预防和急救

汽油、柴油、涂料、黄油、机油、汽车内饰件、带油污的棉丝、木头、纸张等都容易引起火灾。电起火及金属燃烧则是不太常见的起火原因。

如果机油溅出或油泥落在地面上应擦干净，否则容易引起严重的事故或伤害。自动变速器油特别滑，若溅出应立即清除，不仅要用清洗剂和水冲洗，而且要将油及其他脏物冲入地沟。

由于随时都可能发生事故，所以维修工必须熟悉维修车间的布局，熟知灭火器、消火栓、急救工具、洗眼水及其他安全设施的位置和操作方法，清楚消防通道和路线，以及车间内所有警示牌、车间工具或设备的特殊说明。如果手头没有灭火器，也可用毯子或防护罩来灭火。如果火势太大难以扑灭，所有人员应转移并拨打119电话向消防队求救。即使是一场小的火灾，也可能会对汽车、厂房造成报废性破坏，甚至伤及人命。故应做到防患于未然，并在发生火灾时快速反应。

此外，维修工还应了解一些常识，例如，如果有人一氧化碳中毒，应立刻将其移到空气新鲜的地方；如果有人员被烧伤，应立刻用凉水冲洗或冷敷；如果有人受伤出血，应视不同出血情况采用不同的止血方法进行止血，必要时可使用止血药；如果有人骨折，轻易不要移动，移动可能会加重伤害，应该打电话叫医护人员。

三、环境保护

（一）机修作业

1. 在进行更换机油、变速箱油等产生废油的维修作业时，应使用废油收集机集中回收，严禁直接排放，并防止油污污染地面。产生的油桶等油品包装物也应作为危险废弃物处置。

2. 更换制动液时，应使用制动液更换加注设备。

3. 更换含油零件（如机油滤清器、燃油滤清器等）时，应将废弃零件倒置在分隔的容器内，待排空废油后回收。

4. 清洗零部件的有机溶剂应集中回收，采用超声波清洗零部件的清洗液也应回收，不得随意排放，建议采用绿色环保清洗液及相应配套设备清洗零部件。

5. 有油污或其他化学品滴漏到地面，应使用抹布擦拭，再将擦拭后的抹布按危险废弃物处置，严禁用水直接冲洗被油污或其他化学品污染的地面。

6. 检修时启动发动机所产生的废气，可使用尾气收集器进行收集过滤后再排放。

7. 对油路的清洗，推荐采用不解体油路清洗机。

（二）电器检修

1. 检修汽车空调时，严禁将空调制冷剂排放到大气中，应按照《汽车空调制冷剂回收、净化、加注工艺规范》的要求进行制冷剂的回收、净化和加注作业。

2. 在拆卸汽车空调系统的任何零部件前，都必须使用制冷剂回收设备抽出汽车空调系统中的制冷剂，防止制冷剂泄露到大气中。

3. 在回收汽车空调制冷剂前，应鉴别汽车空调使用的制冷剂的类型和纯度，按制冷剂的类型分类回收，不得将不同类型的制冷剂混装在一个储罐中。对被污染或不能净化利用的制冷剂应回收到专门的储罐中，并委托有资质的专业公司进行无害化处理。

4. 在对汽车空调系统进行检漏作业时，应使用氦气、氮气等惰性气体，不得在系统中加注氧气或空气。

5. 在加注汽车空调制冷剂时，应按照汽车空调系统标识加注相应类型的制冷剂，并按照规范要求加注适量相应类型的冷冻油，加注的制冷剂和冷冻油类型应匹配，不得混用。

6. 汽车维修企业应建议车主合理保养汽车空调系统，在不需要使用空调时应确保每月运行空调系统2~3分钟，防止汽车空调制冷剂泄漏。

7. 检修汽车电瓶时，应防止电解液泄漏，更换下的电解液应集中回收存放，更换电瓶的，废电瓶要集中存放在专门的容器中。

（三）废弃物处理

1. 分类

（1）固态废弃物。根据废弃物的组成材料，固态废弃物主要包括：金属废弃物、橡胶废弃物及其他形态的废弃物。金属废弃物主要来自更换的报废零部件，主要有离合器片、钢板弹簧、化油器、分电盘、刹车片及其他损坏需要更换的金属零部件；橡胶类废弃物主要包括报废的汽车轮胎、汽车各部位的胶套（防尘套、全车钢板套等）及老化的垫片、垫圈等；其他固体废弃物包括汽车维修过程中产生的塑料、纸品等。

（2）液体废弃物。汽车维修中的液体废弃物来源主要包括：由汽车维修各工序产生的废水、清洗车辆产生的废水；更换的废机油、废变速箱油、废齿轮油等油类；更换的冷却液、制动液；清洗零部件的清洗液；废电瓶中的电解液等。

（3）汽车维修过程中产生的其他附带污染物。如维修过程中产生的噪声、振动及空调冷媒（俗称氟利昂）等。

2. 收集

（1）汽车维修企业应指定区域将维修废弃物集中收集存放，收集区在有屋顶、围墙，相对封闭的场所。危险废弃物与一般废弃物应分区存放，应有明确的标识，危险废弃物存放处应有危险性质的标识。

（2）废弃物应分类收集和存放，严禁将危险废弃物混入非危险废弃物中，严禁将各类危险废弃物混放。

（3）废油、清洗的废液应存放到指定的地点和指定的容器中，禁止使用地下油池。

（4）废气囊、安全带预张紧器等在引爆前不得按固体废弃物存放。

（5）废弃物的存放应采取防扬撒、防渗漏、防流失或者其他防止污染环境的措施，不得擅自倾倒、丢弃、遗撒废弃物。

3. 管理

（1）维修企业内收集废物时，应有专人负责将废弃物收集到指定的存放场地，分类放置。在运输过程中须确保不遗撒、不混放。

（2）空调冷媒的使用、回收和转移都要进行记录，应建立危险废弃物记录，包括产生、库存和转移清单。

（3）对于无毒无害的废弃物，应按照国家、政府相关规定进行处理。

（4）对于危险废弃物，维修企业应委托具备相应危险废弃物回收处置资质的单位进行处理，并审核其提供的资质证明和经营许可证，与其签订危险废弃物清运协议。

（5）禁止将废油、废液（包括废机油、润滑油、燃油、防冻液、溶剂、漆料等）直接排入河流、下水道和土壤中。

（6）应制订废弃物管理的程序及应急预案，并实行定期检查。

（7）废弃物的外运必须交由具备资质的单位承运，外运前必须将废物覆盖严实，不得出现遗撒。废油、废液及空调冷媒等需委托具有资质的专业公司进行无害化处理，并与其签订长期委托处置合同书。

4. 利用

（1）对于可回收的废弃物，应采取措施进行再利用，或交回收厂商回收。

（2）对更换的配件可进行维修的应进行维修，将旧配件或修复配件陈列在相应区域，公示价格，在车主选用时应告知相关事项。

（3）对更换的旧发动机、变速箱、转向器等总成，应交由有资质的单位进行再制造。

课后测评

1. 什么是发动机排量、燃烧室容积和压缩比？
2. 往复活塞式发动机主要有哪些分类方法？
3. 简述发动机的工作过程。
4. 为确保车间内生产安全应遵守哪些规范？

项目二 曲柄连杆机构检修

项目描述

一辆华晨 H530 轿车行驶 9 万公里后，发动机异响，有金属敲击声，发动机的动力性下降，加速性能下降，严重丧失工作能力。进 4S 店经检测后确认发动机需大修。

发动机大修中应如何对发动机曲柄连杆机构进行检修？

任务一 曲柄连杆机构整体认识

知识目标

1. 了解曲柄连杆机构的功用。
2. 熟悉曲柄连杆机构的组成。
3. 掌握曲柄连杆机构的工作原理。

能力目标

1. 能制订曲柄连杆机构拆装计划。
2. 能对曲柄连杆机构进行正确受力分析。

相关知识

一、曲柄连杆机构功用

曲柄连杆机构功用是将燃料燃烧时产生的热能转变为活塞往复运动的机械能，再通过连杆将活塞的往复运动变为曲轴的旋转运动而对外输出动力。

二、曲柄连杆机构组成

曲柄连杆机构由机体组、活塞连杆组、曲轴飞轮组三大部分组成。其中各部分又包括：

机体组：汽缸体、油底壳、汽缸盖和汽缸垫等机构。

活塞连杆组：活塞、活塞环、活塞销和连杆等机构。

曲轴飞轮组：曲轴、飞轮和扭转减振器等机构。

三、曲柄连杆机构受力情况分析

曲柄连杆机构工作条件十分恶劣。汽缸最高温度可达 2500 K 以上，最高压力可达 9 MPa，最高转速可达 6000 r/min。因此，曲柄连杆机构要承受高温、高压、高速和化学腐蚀作用。同时，曲柄连杆机构在工作时做变速运动，受力情况相当复杂，承受气体作用力、往复运动的惯性力、旋转运动的离心力及相对运动件接触面的摩擦力等。

（一）气体作用力

在发动机工作循环的每个冲程中，气体作用力始终存在且不断变化。做功冲程最高，压缩冲程次之，进行和排气冲程最小，对机件影响不大。

（二）惯性力

往复运动的物体在运动速度变化时，会产生惯性力。惯性力会使曲轴连杆机构的各零部件和所有轴颈承受周期性的附加载荷，加快轴承磨损；惯性力传到汽缸体上，还会引发发动机的振动。

（三）离心力

物体绕某一中心做旋转运动时，就会产生离心力，离心力会使连杆大头的轴承和轴颈受到附加载荷，加速它们的变形和磨损。

（四）摩擦力

任何一对运动副之间都存在摩擦。在曲轴连杆机构中，活塞、活塞环与汽缸壁之间，曲轴轴颈、连杆轴颈与轴承之间都存在摩擦，它是造成零件配合表面磨损的根源。

任务二　机体组结构认识和检修

知识目标

1. 了解机体组的作用。
2. 了解汽缸体的类型。
3. 掌握常见燃烧室的类型。

能力目标

1. 能正确指出机体组各零部件之间的连接关系。
2. 能说出汽缸体的功用、类型，以及常见燃烧室的类型。
3. 能正确选用和使用维修工量具对汽缸体进行检修。

相关知识

一、机体组的功用、组成及工作原理

机体组是发动机的基体和"骨架"，发动机的许多零部件和辅助系统的元件都安装在机体上。它是发动机的固定件，也是发动机形状尺寸的主要决定因素。

机体组主要由：汽缸盖、汽缸体、汽缸垫、油底壳、汽缸套等不动件组成。

（一）汽缸体

汽缸体是发动机各个机构和系统的装配基体，并由它来保持发动机各运动部件之间的准确位置关系。水冷式发动机的汽缸体和上曲轴箱常铸成一体，称为汽缸体-曲轴箱，简称汽缸体，如图2-1。

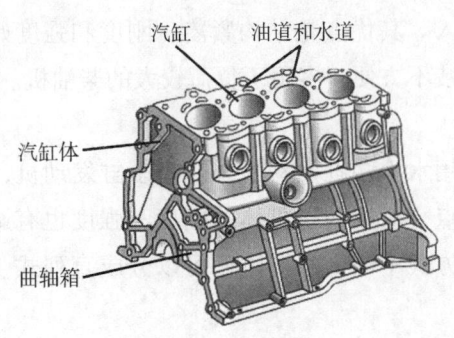

图2-1　汽缸体

汽缸体上半部有若干个为活塞在其中运动导向的圆柱形空腔，称为汽缸。为了使汽缸散热，在汽缸的外面制有水套。汽缸体下半部为支撑曲轴的曲轴箱，其内腔是曲轴运动的空间。曲轴箱有前后壁和中间隔板，其上制有曲轴主轴承座孔，有的发动机在汽缸体上还制有凸轮轴轴承座孔。为了润滑这些轴承，在汽缸体侧壁上钻有润滑系主油道，前后壁和中间隔板上钻有分油道。

汽缸体有上下两个水平面，上平面用来安装汽缸盖，下平面用来安装油底壳。这两个平面也往往是汽缸修理的加工基准，因此，在拆装时应注意保护。

1. 汽缸体的结构形式

汽缸体应具有足够的强度和刚度，根据汽缸体与油底壳安装平面的位置不同，通常把汽缸体分为一般式汽缸体、龙门式汽缸体、隧道式汽缸体三种形式，如图2-2。

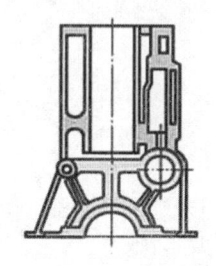

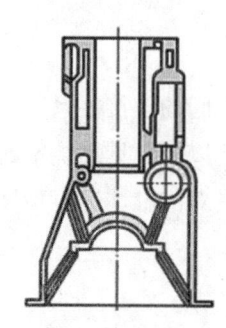

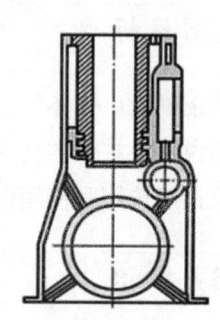

（a）一般式　　　　（b）龙门式　　　　（c）隧道式

图2-2　汽缸体的结构形式

（1）一般式汽缸体，其特点是油底壳安装平面和曲轴旋转中心在同一高度。这种汽缸体的优点是机体高度小，质量轻，结构紧凑，便于加工，曲轴拆装方便；缺点是刚度和强度较差，多用于中小型发动机。

（2）龙门式汽缸体其特点是油底壳安装平面低于曲轴的旋转中心。它的优点是强度和刚度好，能承受较大的机械负荷；缺点是工艺性较差，结构笨重，加工较困难，多用于大中型发动机。

（3）隧道式汽缸体的汽缸体曲轴的主轴承孔为整体式，采用滚动轴承，主轴承孔较大，曲轴从汽缸体后部装入。其优点是结构紧凑，刚度和强度好；缺点是加工精度要求高，工艺性较差，曲轴拆装不方便，多用于负荷较大的柴油机。

2. 汽缸体排列方式

现代汽车上基本都采用水冷多缸发动机，对于多缸发动机，汽缸的排列形式决定了发动机外形尺寸和结构特点，对发动机机体的刚度和强度也有影响，并关系着汽车的总体布置。按照汽缸的排列方式不同，汽缸体还可以分成直列式、V型式和水平对置式三种，如图2-3。

(a) 直列式　　　　(b) V 型式　　　　(c) 水平对置式

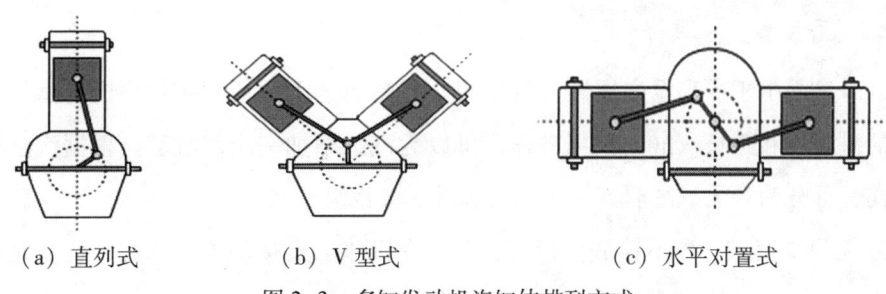

图 2-3　多缸发动机汽缸体排列方式

(1) 直列式。发动机的各个汽缸排成一列，一般是垂直布置的。直列式汽缸体结构简单，加工容易，但发动机长度和高度较大。一般六缸以下发动机多采用单列式。

(2) V 型式。汽缸排成两列，左右两列汽缸中心线的夹角 $\gamma<180°$，称为 V 型式发动机，V 型式发动机与直列式发动机相比，缩短了机体长度和高度，增加了汽缸体的刚度，减轻了发动机的质量，但加大了发动机的宽度，且形状较复杂，加工困难，一般用于 8 缸以上的发动机，6 缸发动机也有采用这种形式的汽缸体。

(3) 水平对置式。汽缸排成两列，左右两列汽缸在同一水平面上，即左右两列汽缸中心线的夹角 $\gamma=180°$，称为水平对置式。它的特点是高度小，总体布置方便，有利于风冷。这种汽缸应用较少。

3. 汽缸体的冷却方式

为散发发动机在工作时的多余热量、保证发动机能在高温下正常工作，应对汽缸体和汽缸盖随时进行强制冷却。按冷却介质不同，冷却方式可分为水冷和风冷两种，如图 2-4。汽车发动机多采用水冷的方式，利用水套中的冷却水流经高温零件的周围带走多余的热量。风冷式发动机一般将汽缸体与曲轴箱分开铸造，在汽缸体与汽缸盖的外表面铸有散热片，用来增强散热效果。

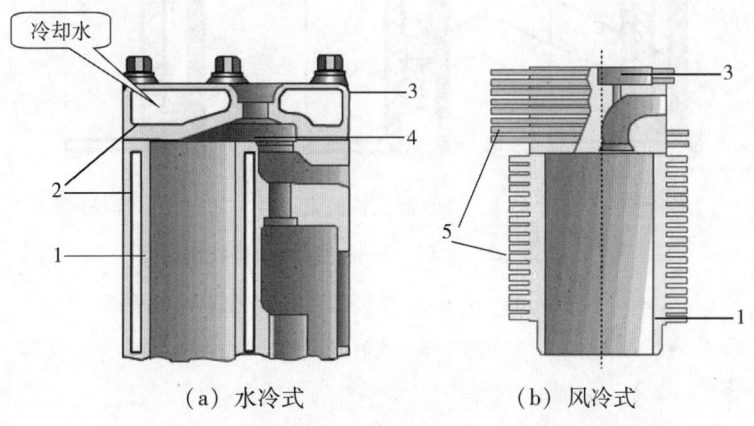

(a) 水冷式　　　　(b) 风冷式

1—汽缸体　2—水套　3—汽缸盖　4—燃烧室　5—散热片

图 2-4　汽缸体冷却方式

（二）汽缸套

汽缸内表面由于受高温高压燃气的作用并与高速运动的活塞接触而极易磨损。为提高汽缸的耐磨性和延长汽缸的使用寿命，可以为汽缸增加一个汽缸套。根据汽缸结构方式的不同，可分为：无汽缸套式、干汽缸套式、湿汽缸套式。

（1）无汽缸套式。即不镶嵌任何汽缸套，在机体上直接加工出汽缸，优点是可以缩短汽缸中心距，使机体尺寸和质量减小，但成本较高。

（2）干式汽缸套。如图2-5（a），其特点是缸套的外表面不与冷却水直接接触，壁厚为1~3 mm薄壁圆筒的外表面和汽缸套座孔的内表面均须精加工，以保证必要的形位精度和便于拆装。干式汽缸套的优点是机体刚度大，汽缸中心距小，质量轻，加工工艺简单，不存在冷却水密封问题；缺点是传热较差，温度分布不均匀，容易发生局部形变。汽油机汽缸体多采用干式汽缸套。

（3）湿式汽缸套。如图2-5（b）、（c），外壁与冷却液直接接触，壁厚5~9 mm，利用上下定位环带实现径向定位，轴向定位靠汽缸套上部凸缘与机体顶部相应的支撑面配合实现。湿式汽缸套的优点是机体上没有密封水套，容易铸造，传热好，温度分布比较均匀，修理方便，不必将发动机从汽车上拆下就可更换汽缸套；缺点是机体刚度差，容易漏水。柴油机大多采用湿式汽缸套。

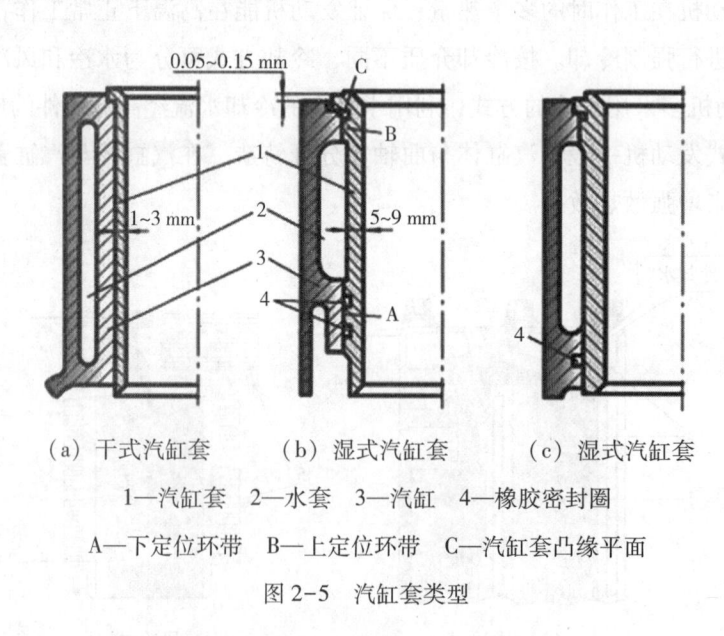

（a）干式汽缸套　（b）湿式汽缸套　（c）湿式汽缸套

1—汽缸套　2—水套　3—汽缸　4—橡胶密封圈

A—下定位环带　B—上定位环带　C—汽缸套凸缘平面

图2-5　汽缸套类型

（三）汽缸盖及汽缸盖罩

汽缸盖用来封闭汽缸并构成燃烧室。侧置气门式发动机汽缸盖铸有水套、进水孔、出水孔、火花塞孔、螺栓孔、燃烧室等。顶置气门式发动机汽缸盖，除了有冷却水套外，还有气门装置、进气和排气通道等。汽缸盖在内燃机中属于配气机构，主要是用来封闭汽缸上部，构成燃烧室，并作为凸轮轴和摇臂轴及进、排气歧管的支撑，结构图如图2-6。

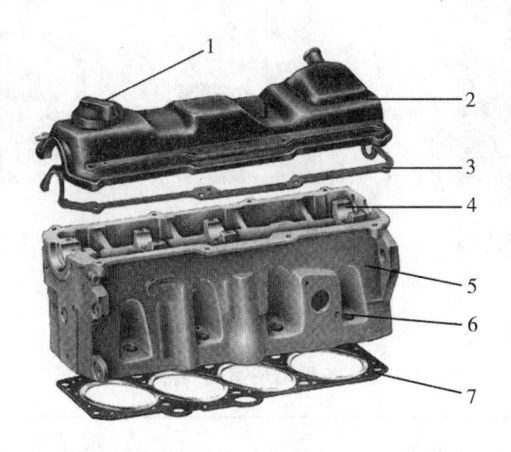

1—机油加注口　2—汽缸盖罩　3—衬垫　4—凸轮轴或摇臂轴支撑
5—汽缸盖　6—火花塞孔　7—汽缸垫

图2-6　汽缸盖的结构

汽缸盖由于形状复杂，一般采用灰铸铁或合金铸铁铸成。铝合金汽缸盖的优点是导热性好，有利于提高压缩比；缺点是刚度低，使用中容易变形。

1. 汽缸盖的结构形式

汽缸盖的结构形式有两种：整体式和分开式。

整体式汽缸盖是指多缸发动机的多个汽缸共用一个缸盖。整体式汽缸盖结构紧凑，零件数少，可缩短汽缸中心距和发动机总长度，制造成本低。当汽缸数不超过6个，汽缸直径小于105 mm时，均采用整体式汽缸盖。

分开式汽缸盖是指1个或2个、3个汽缸共用一个缸盖。这种结构刚度较高，变形小，易于实现对高温高压燃气的密封，同时易于实现发动机产品的系列化。但汽缸盖零件数增多会使汽缸中心距增大，一般用在缸径较大的发动机上。

2. 燃烧室

汽油机燃烧室是由活塞顶部及缸盖上相应的凹部空间组成。对燃烧室有如下要求：一是结构尽可能紧凑，冷却面积要小，以减少热量损失和缩短火焰行程；二是使混合气在压缩终了时具有一定的涡流运动，以提高混合气混合质量和燃烧速度，保证混合气得到及时、充分燃烧；三是表面要光滑，这样不易积碳。

汽油机常见燃烧室形状有三种：半球形、楔形、盆形，如图 2-7。各类燃烧室的特点及应用如表 2-1。

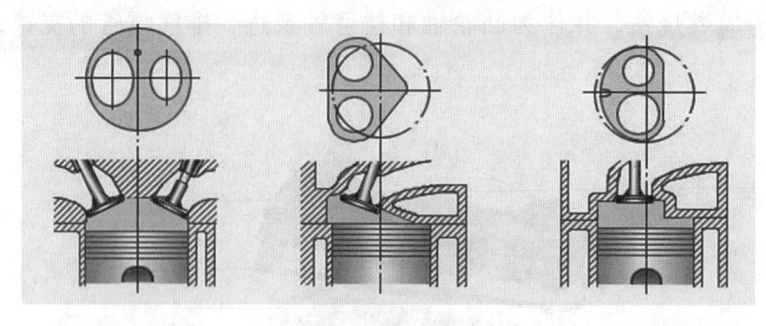

(a) 半球形燃烧室　　(b) 楔形燃烧室　　(c) 盆形燃烧室

图 2-7　汽油机燃烧室形状类型

表 2-1　各类燃烧室的特点及应用

名称	特点	示意图	应用
半球形燃烧室	结构紧凑、火焰行程短、燃烧速率高、热损失小、热效率高		桑塔纳 夏利 富康
楔形燃烧室	结构简单、紧凑、散热面积小、热损失少；火花塞置于燃烧室最高处，火焰传播距离长		切诺基
盆形燃烧室	工艺性好、成本低、进排气效果不如半球形燃烧室		捷达 奥迪

3. 汽缸盖罩

汽缸盖罩密封配气机构等零部件，可以防止灰尘污染润滑油或灰尘进入加快气门传动机构的磨损。有的盖罩上设有机油加注口和曲轴箱通风管接口。

汽缸盖罩用铝合金铸造或薄钢板冲压制成，与汽缸盖结合面垫上橡胶衬垫起密封作用。

（四）汽缸垫

汽缸垫位于汽缸盖与汽缸体之间，其功用是填补汽缸体和汽缸盖之间的微孔隙，保证结合面处有良好的密封性，进而保证燃烧室的密封，防止汽缸漏气和水套漏水。

复合型汽缸垫和金属型汽缸垫

随着内燃机的不断强化，热负荷和机械负荷均不断增加，汽缸垫的密封性愈来愈重要。汽缸垫对结构和材料的要求是：在高温高压和高腐蚀的燃气作用条件下具有足够的强度、耐热；不烧损或变质，耐腐蚀；具有一定的弹性，能补偿结合面的不平度，以保证密封并延长使用寿命。

汽缸垫按材料分为：石棉材料、无石棉材料、金属材料三类。应用较广泛的有复合型汽缸垫、金属型汽缸垫两大类，如图2-8。

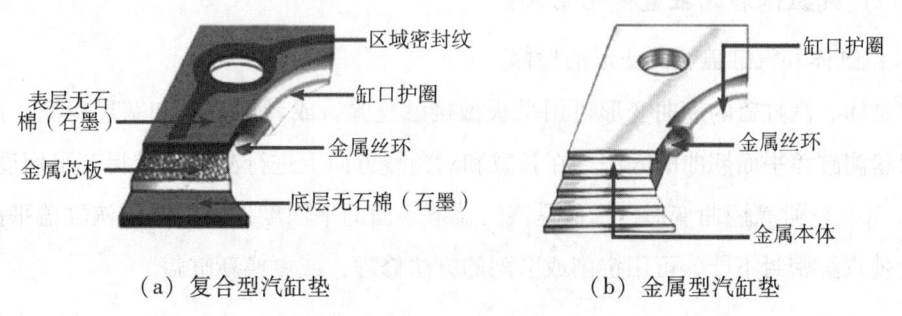

（a）复合型汽缸垫　　　　（b）金属型汽缸垫

图2-8　汽缸衬垫类型及结构

（五）油底壳

1. 作用

贮存、冷却机油并封闭曲轴箱，又称为下曲轴箱。

2. 材料

油底壳受力很小，其形状取决于发动机的总体布置和存储机油的容量。一般用薄钢板冲压而成。有的发动机油底壳采用铝合金铸造（设有散热片）。

3. 结构特点

为了避免发动机颠簸时造成的油面震荡激溅，在油底壳内部装有稳油挡板。在油底壳底部最低处还装有放油螺栓，以便放出润滑油。通常放油螺栓上装有永久磁铁，以吸附润滑油中的金属屑，减少发动机的磨损。油底壳结构如图2-9。

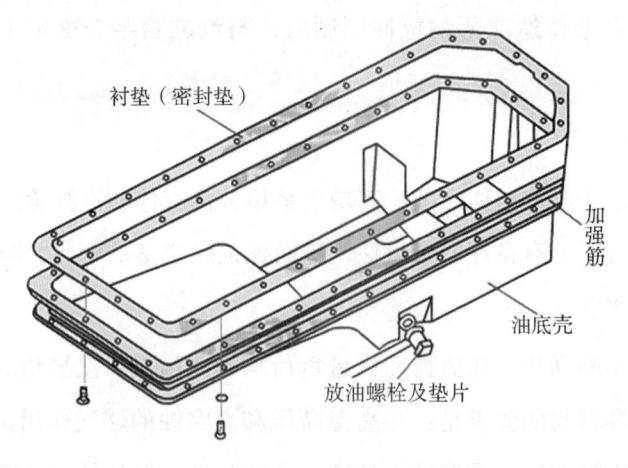

图 2-9 油底壳结构

二、机体组检修

（一）汽缸体和汽缸盖变形的检修

1. 汽缸体和汽缸盖翘曲变形的检修

汽缸体、汽缸盖的翘曲变形可用平板做接触检验，或者用直尺和塞尺检测。用直尺和塞尺检测缸盖平面翘曲的方法为在长宽和对角线方向上进行测量，求得其平面度误差，如图2-10。汽缸盖翘曲变形，指的是汽缸盖下平面的平面度误差逾限。汽缸盖平面变形后，会使汽缸密封不严，可用铲削或磨削的方法修理，或更换新缸盖。

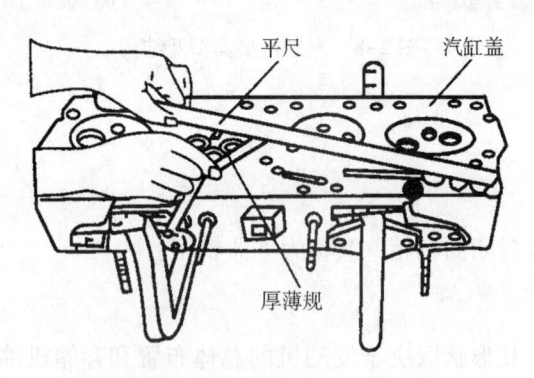

图 2-10 汽缸盖水平面水平度测量

2. 汽缸轴线与主轴承座孔轴线垂直度的检测

汽缸轴线与主轴承座孔轴线垂直度的检测是用垂直度检验仪对汽缸与主轴承座孔轴线的垂直度进行检验的方法，如图2-11。检验仪用定心轴支撑在汽缸中，并用调整螺钉轴向支撑定位于汽缸体的上平面。测量时，用手转动手柄，测量头便水平转动与定心轴前、后两点接触，表针在两点的示值差即汽缸轴线与主轴承座孔轴线的垂直度误差，一般不大于 0.05 mm。

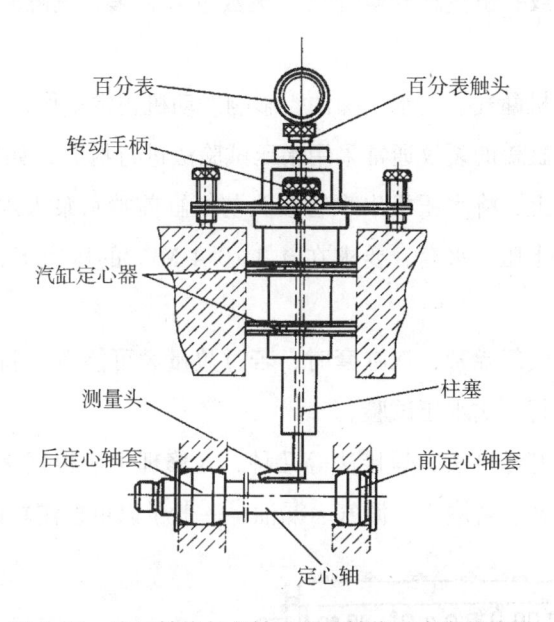

图 2-11 汽缸轴线与主轴承座孔轴线垂直度的检测

3. 主轴承座孔同轴度的检验

主轴承座孔同轴度的检验是以汽缸体前、后两主轴承座孔为测量基准，用专用检验仪进行的检测，如图 2-12。在轴承座孔中装入定心轴套，定心轴支承在轴套内，可轴向滑动。在定心轴上装有本体、等臂杠杆及百分表。测量时，使等臂杠杆的球形触头触及被测孔的表面，当转动定心轴时，如果孔不同轴，等臂杠杆的球形触头便产生径向移动，移动量经杠杆传给百分表，便能指示出孔的同轴度误差。其要求是：所有主轴承座孔的同轴度误差不大于 0.15 mm，相邻两个主轴承座孔的同轴度误差不大于 0.10 mm。

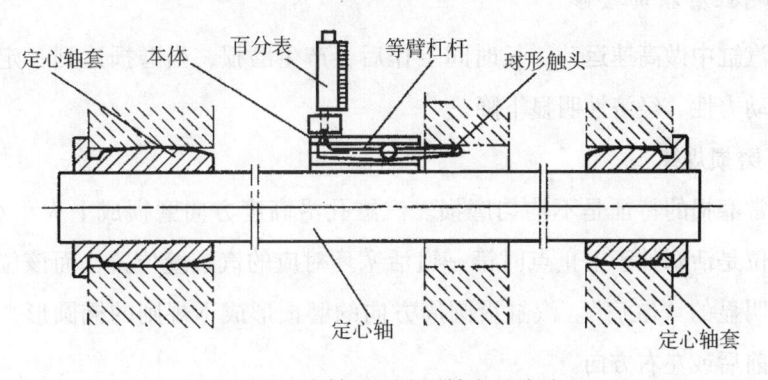

图 2-12 主轴承座孔同轴度的检验

（二）汽缸体和汽缸盖裂纹的检修

汽缸体与汽缸盖产生裂纹的部位与结构、工作条件、使用操作有关。如曲轴箱共振裂纹；水套的冰冻裂纹；由汽缸套修理尺寸级数过多和镶装汽缸套过盈量过大、压装工艺不当等造成的裂纹。

裂纹会引起发动机漏气、漏水、漏油，影响发动机正常工作，必须及时检修。

对于汽缸体和汽缸盖的裂纹通常采用水压试验法进行检验，如图 2-13。将汽缸盖和汽缸衬垫装在汽缸体上，将水压机出水管接头与汽缸前端水泵入水口处连接好，并封闭所有水道口，然后将水压入水套，要求在 0.3~0.4 MPa 的压力下，保持约 5 min，应没有任何渗漏现象。

镶配气门座圈、气门导管、汽缸套时，若过盈量大可能造成新的裂纹，正常情况下应在这些工序后再进行一次水压试验。

裂纹的修理方法有黏接法、焊接法等几种，在修理中应根据裂纹的大小、部位、损伤程度等情况进行选择。若漏水、漏气、漏油，一般予以更换汽缸体。

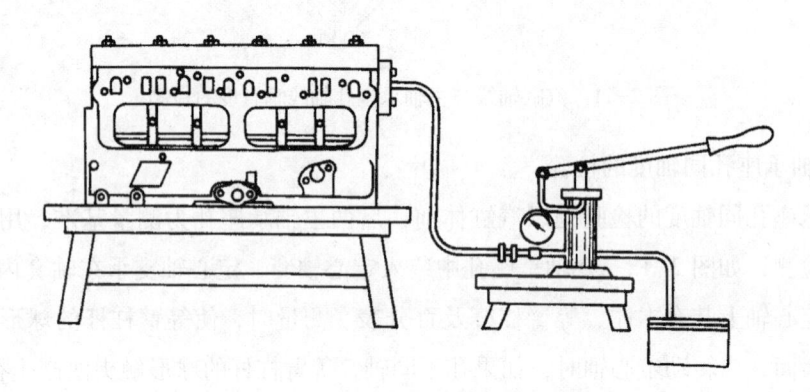

图 2-13 汽缸体和汽缸盖裂纹的检修

（三）汽缸磨损的检修

活塞在汽缸中做高速运动，长时间工作后会产生磨损，当磨损达到一定程度后，将引起发动机动力性、经济性明显下降。

1. 汽缸磨损规律

汽缸正常磨损的特征是不均匀磨损。汽缸孔沿高度方向磨损成上大下小的倒锥形，最大磨损部位是活塞处于上止点时第一道活塞环对应的汽缸壁位置，而该位置以上几乎无磨损形成明显的"缸肩"。汽缸沿圆周方向的磨损形成不规则的椭圆形，其最大磨损部位一般是前后或左右方向。

造成上述不均匀磨损的原因是：活塞在上止点附近时各道环的背压最大，其中第一道环最大，以下逐道减小；加之汽缸上部温度高，润滑条件差，进气中的灰尘附着量多，废气中的酸性物质引起的腐蚀等，造成了汽缸上部磨损较大。而圆周方向的最大磨损部位主要是由侧向力、曲轴的轴向窜动等造成的。

2. 汽缸磨损的检测

汽缸的磨损程度一般用圆度和圆柱度表示，也有以标准尺寸和汽缸磨损后的最大尺寸之差值来衡量的。

圆度误差是指同一截面上测量到的最大与最小直径差值的一半。

圆柱度误差是指在三个截面内测得的所有读数中最大与最小直径差的一半。

在进行测量时，测量部位的选择很重要。汽缸体圆柱度的测量如图2-14，在汽缸体上部距汽缸上平面10 mm处，汽缸中部和汽缸下部距缸套下口10 mm处的A，B，C三个截面，按①②两个方向分别测量汽缸的直径。

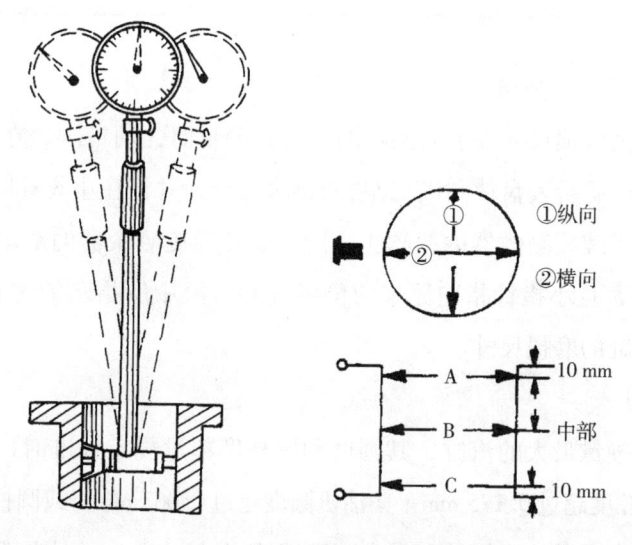

图2-14 汽缸体圆柱度的测量

测量时，通常使用量缸表，其方法如下：

（1）汽缸圆度的测量

①根据汽缸直径的尺寸，选择合适的接杆，装入量缸表的下端，并使伸缩杆有1~2 mm的压缩量。

②将量缸表的测杆伸入汽缸中的相应部位，微微摆动表杆，使测杆与汽缸中心线垂直，量缸表指示的最小读数即正确的汽缸直径。用量缸表在部位A处测量，旋转表盘使"0"刻度对准大表针，然后将测杆在此截面上旋转90°，此时表针所指刻度与"0"刻度之差的1/2即该截面的圆度误差。

（2）汽缸圆柱度的测量

用量缸表在 A 处测量并找出正确的直径位置，旋转表盘使"0"刻度对准大表针，然后依次测出其他五个数值，取六个数值中最大差值的 1/2 作为该汽缸的圆柱度误差。测量值填入表 2-2。

表 2-2 圆度、圆柱度测量值

指定汽缸	位置号	直径①纵向	直径②横向	圆度
	位置 A			
	位置 B			
	位置 C			
	圆柱度			

（3）汽缸磨损尺寸的测量

一般发动机最大磨损尺寸在前后两缸的上部。测量时，用量缸表在 A 处测量并找出正确汽缸直径位置，旋转表盘使"0"刻度对准大表针，并记住小表针所指位置。取出量缸表，将测杆放置于螺旋测微器的两测头之间，旋转螺旋测微器的活动测头，使量缸表的大指针指向"0"，且小指针指向原来的位置（在汽缸中所指示的位置）。此时，螺旋测微器的尺寸即汽缸的磨损尺寸。

3. 汽缸的修理

当发动机中磨损量最大的汽缸，其圆度和圆柱度超过规定标准时，如汽油机圆度超过 0.05 mm，或圆柱度超过 0.175 mm；柴油机圆度超过 0.063 mm，或圆柱度超过 0.25 mm，或桑塔纳、捷达汽车，其标准尺寸和最大磨损尺寸超过 0.08 mm，则应进行修理。

汽缸的修理通常采用机械加工的方法，即修理尺寸法和镶套修复法。

修理尺寸法是指在零件结构、强度和强化层允许的条件下，将配合副中主要件的磨损部位经过机械加工至规定尺寸，恢复其正确的几何形状和精度，然后更换相应的配合件，得到尺寸改变而配合性质不变的修理方法。

修复后的尺寸称为修理尺寸，对于孔件是扩大的，对于轴件是缩小的。

镶套修复法是对于经多次修理，直径超过最大修理尺寸，或汽缸壁上有特殊损伤时，可用过盈配合的方式为汽缸镶上新的汽缸套，使汽缸恢复到原来的尺寸的修理方法。

任务三　活塞连杆组结构认识和检修

知识目标

1. 了解活塞、活塞环的类型、功用。
2. 了解连杆的功用。
3. 掌握连杆的构造。

能力目标

1. 能正确指出活塞连杆组各零部件之间的连接关系。
2. 能正确选用和使用维修工量具对各零部件进行拆卸与检修。

相关知识

一、活塞连杆组的构成及工作原理

活塞连杆组由活塞、活塞环、活塞销、连杆等机件组成，如图2-15。

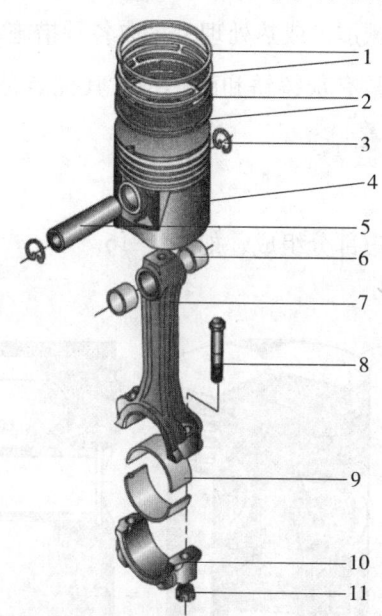

1—气环　2—油环　3—卡簧　4—活塞　5—活塞销　6—连杆衬套
7—连杆　8—连杆螺栓　9—连杆轴瓦　10—连杆盖　11—连杆螺母
图2-15　活塞连杆组

（一）活塞

1. 活塞的功用

活塞的主要功用是承受汽缸中可燃混合气燃烧产生的压力，并通过活塞销和连杆驱使曲轴旋转；此外，活塞与汽缸盖、汽缸壁共同组成燃烧室。

2. 活塞的工作环境

活塞直接与高温气体接触，瞬时温度可达 2500 K 以上，散热条件差，且温度分布很不均匀；活塞顶部承受气体压力很大，做功冲程压力最大，汽油机可达 3~5 MPa，柴油机可达 6~9 MPa，这就使得活塞产生冲击，并承受侧压力作用；活塞在汽缸内以很高的速度做往复运动，且速度在不断变化，这就产生了很大的惯性力，使活塞受到很大的附加载荷。活塞在这种恶劣的条件下工作，会产生变形并加速磨损，还会产生附加载荷和热应力，同时受到燃气的化学腐蚀作用。

活塞的工作条件要求活塞具有足够的强度和刚度，良好的导热性和耐磨性，质量小以保持最小的惯性，热膨胀系数小，以及活塞与汽缸壁间较小的摩擦系数等。

3. 活塞的材料

汽油发动机目前广泛采用的活塞材料是铝合金。铝合金活塞具有质量小、导热性好的优点。缺点是热膨胀系数较大，在温度升高时，强度和硬度下降较快。为了克服这些缺点，一般要在结构设计、机械加工或热处理上采取各种措施予以弥补。

柴油发动机的活塞材料通常有灰铸铁和耐热钢，其优点是成本低、耐热性好、膨胀系数小。

4. 活塞的基本结构

活塞由顶部、头部和裙部三部分组成，如图 2-16。

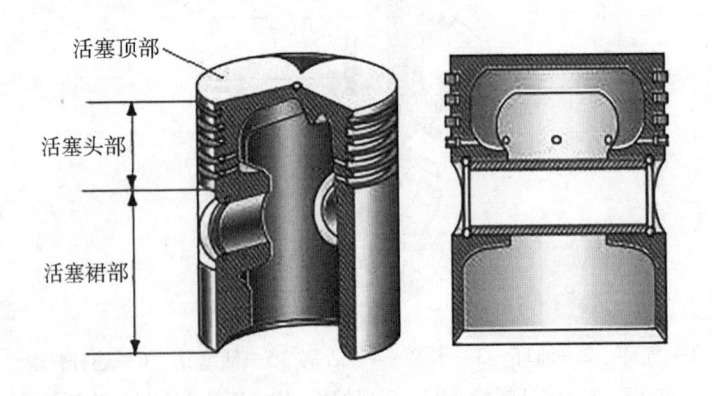

图 2-16　活塞基本结构图

(1) 活塞顶部的作用是承受气体压力，并通过活塞销传给连杆；活塞顶部也是燃烧室的组成部分，因而常做成不同的形状，其形状与选用的燃烧室形状有关。汽油机较多采用平顶活塞，如图 2-17（a），其优点是结构简单、制造容易、受热面积小、应力分布较均匀。二冲程汽油机通常采用凸顶活塞，如图 2-17（b）。有些汽油机为了改善混合气的形成和燃烧而采用凹顶活塞，如图 2-17（c），凹坑的形状、位置必须有利于可燃混合气的燃烧；凹坑的大小还可以用来调节发动机的压缩比。柴油机的活塞顶部为适应混合气的形成或燃烧要求，常常设计成各种凹坑的形状。

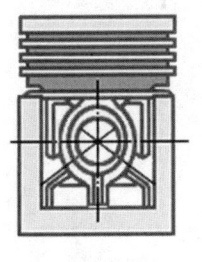

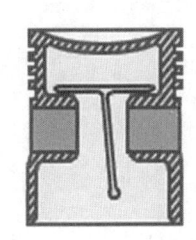

(a) 平顶活塞　　　　(b) 凸顶活塞　　　　(c) 凹顶活塞

图 2-17　活塞顶部形状

(2) 活塞头部是指活塞顶部至最下面活塞环槽之间的部分，与活塞环一起实现汽缸的密封，防止漏气，可将活塞顶部所吸收的热量通过活塞环传到汽缸壁上。活塞头部切有若干道用以安装活塞环的环槽。汽油机一般有 2~3 道环槽，上面 1~2 道环槽用以安装气环，下面一道环槽用以安装油环。在油环槽底面上钻有许多径向小孔，使从汽缸壁上刮下的多余机油，得以经由小孔流回油底壳。

(3) 活塞裙部是指活塞环槽以下的所有部分，包括销座孔。其作用是引导活塞在汽缸中做往复运动和承受汽缸壁传给活塞的侧压力，并将头部传下来的气体压力通过活塞销座、活塞销传给连杆。

为使活塞在各种工况下均能与汽缸壁间保持合理的密封和运动间隙，制造活塞时通常采取下列结构措施：

①预先做成阶梯形、锥形

活塞沿高度方向的温度很不均匀，活塞的温度是上部高、下部低，膨胀量也相应是上部大、下部小。为了使工作时活塞上下直径趋于相等，即圆柱形，就必须预先把活塞制成上小下大的阶梯形或锥形（如图 2-18）。

(a) 阶梯形活塞　　(b) 锥形活塞

图 2-18　阶梯形活塞、锥形活塞结构

②先做成椭圆形

将活塞裙部截面制成椭圆形,椭圆的长轴方向与销座垂直,短轴方向沿销座方向,如图2-19。将活塞的销座外端面在铸造时凹陷0.5~1.0 mm或截去一小部分,这样活塞工作时由于受力及温度影响,裙部趋近正圆。

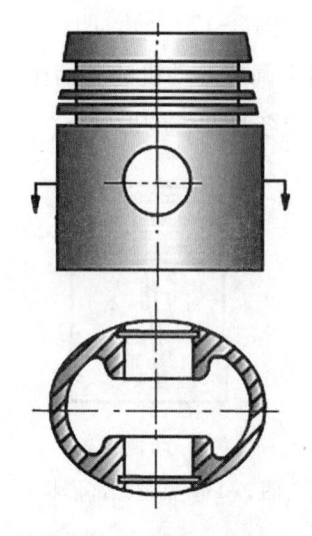

图2-19 椭圆形活塞结构

③活塞裙部开绝热槽和膨胀槽

绝热槽可减少活塞头部的热量向裙部扩散,绝热槽为横向切开。膨胀槽可使裙部具有一定弹性,使冷态下的装配间隙尽量减小,如图2-20。而在热态时,膨胀槽首先变窄的补偿作用使活塞不致在汽缸中"卡死"。绝热槽若开在油环槽中,还可兼作机油的回油槽。

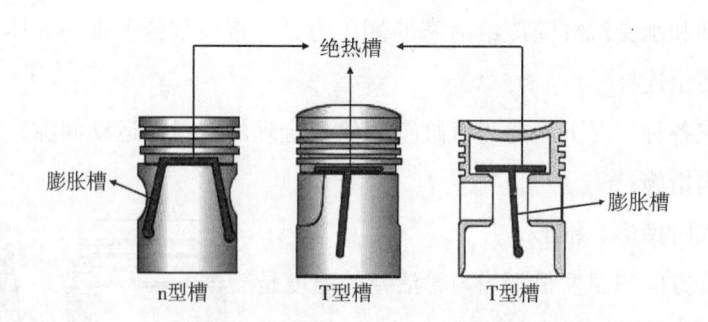

图2-20 活塞裙部开绝热槽和膨胀槽结构

④采用双金属活塞

为了减小铝合金活塞裙部的热膨胀量,有些汽油机活塞在活塞裙部或销座内嵌入钢片。恒范钢片式活塞的结构特点就是这样的,如图2-21。由于恒范钢为含镍33%~36%

的低碳铁镍合金，其膨胀系数仅为铝合金的1/10，而销座通过恒范钢片与裙部相连，牵制了裙部的热膨胀变形量。

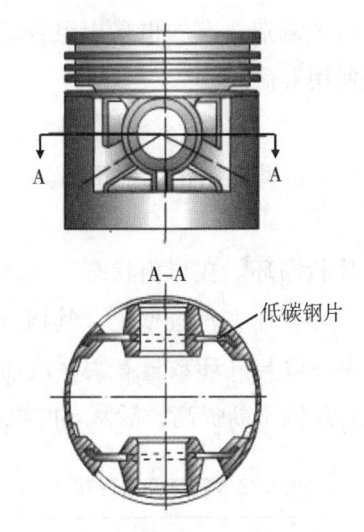

图2-21 恒范钢片式活塞结构

（二）活塞环

1. 活塞环的作用

活塞环按作用不同分为气环和油环两种（如图2-22），两者配合使用。气环的作用是保证活塞与汽缸壁间的密封性，防止汽缸中的气体漏入曲轴箱，同时把活塞顶部吸收的大部分热量传给汽缸壁，再由冷却水或空气将其带走。另外，气环还起到刮油、布油的辅助作用。油环的作用是刮除汽缸壁上多余的机油，并在汽缸壁上涂覆一层均匀的油膜，这样既可防止机油窜入汽缸燃烧，又可减小活塞、活塞环与汽缸壁的磨损和摩擦阻力。此外，油环也起到密封气体的辅助作用。

图2-22 活塞环

2. 活塞环材料

（1）气环材料

气环一般由耐热性很好的铸铁制成。因为该材料很脆，所以容易断裂，拆装时要特别注意。为了提高抗断性，某些高质量的气环外侧镀有铬层或钼层。镀铬层或钼层能够降低活塞环与缸壁的磨损，大大延长了气环的使用寿命。某些发动机使用韧性铁作为气环的材料，这种材料强度大，抗断裂性好，但成本高。

（2）油环材料

普通油环一般用耐磨合金铸铁制造，有的也采用组合式油环，其合金钢片采用表面镀铬工艺，以减小磨损，提高使用寿命。

3. 活塞环结构

由于气环和油环的作用不同，因此其结构也不相同。

（1）气环

气环为一带有切口的弹簧片状圆环。在自由状态下气环外径大于汽缸直径。当气环装入汽缸后，产生的弹力会使气环紧压在汽缸壁上，其切口处具有一定的端隙，气环开口形状如表2-3。气环密封效果一般与气环数量有关，汽油机一般为2道气环，柴油机一般为3道气环。随着发动机转速的不断提高，活塞环的数量在不断减少。

表2-3 气环开口形状

类型	直开口气环	斜开口气环	阶梯形开口气环
形状			
特点	直开口气环工艺性好，但密封性差	斜开口气环密封性和工艺性介于直开口气环和阶梯形开口气环之间，斜角一般为30°或45°	阶梯形开口气环密封性好，工艺性差

气环断面形状：气环常按断面形状来命名，常见的有矩形环、锥面环、内切口扭曲环、梯形环和桶面环等，气环的断面形状如图2-23。

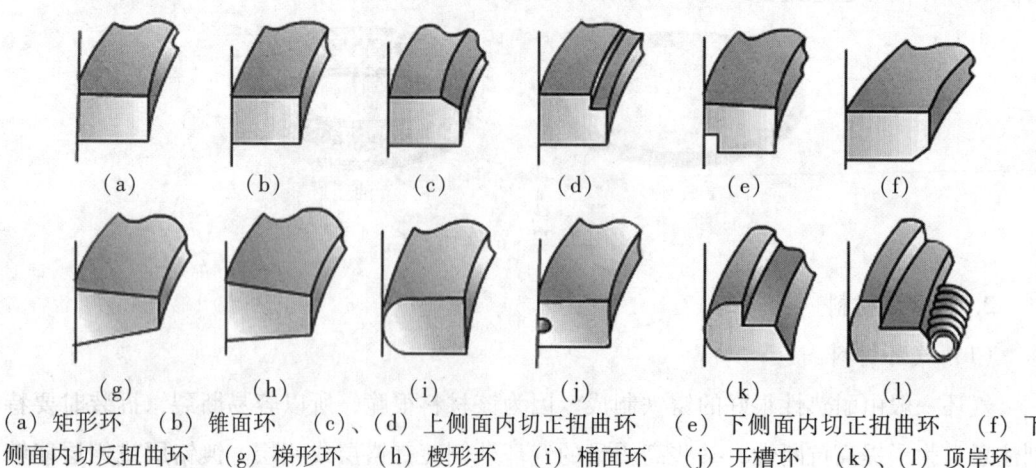

(a) 矩形环 (b) 锥面环 (c)、(d) 上侧面内切正扭曲环 (e) 下侧面内切正扭曲环 (f) 下侧面内切反扭曲环 (g) 梯形环 (h) 楔形环 (i) 桶面环 (j) 开槽环 (k)、(l) 顶岸环

图2-23 气环的断面形状

矩形气环的泵油作用及危害：矩形环断面为矩形，形状简单，加工方便，与汽缸壁接触面积大，有利于活塞散热。由于活塞环侧隙和背隙的存在，其在与活塞一起做往复运动时，在环槽内上下窜动，把汽缸壁上的机油不断地挤入燃烧室中，产生"泵油作用"，使机油消耗量增加，活塞顶及燃烧室壁面积碳。因此，其应用越来越少。

气环泵油原理：当活塞带动活塞环下行时，在惯性力与摩擦力作用下，活塞环紧贴在活塞环槽上端面，于是从缸壁上刮下的机油便会充满侧隙和背隙处；当活塞带动活塞环上行时，活塞环又紧贴在活塞环槽下端面，将机油挤到环槽上方。如此反复进行，燃油泵将机油不断压入燃烧室，这种现象称泵油作用。

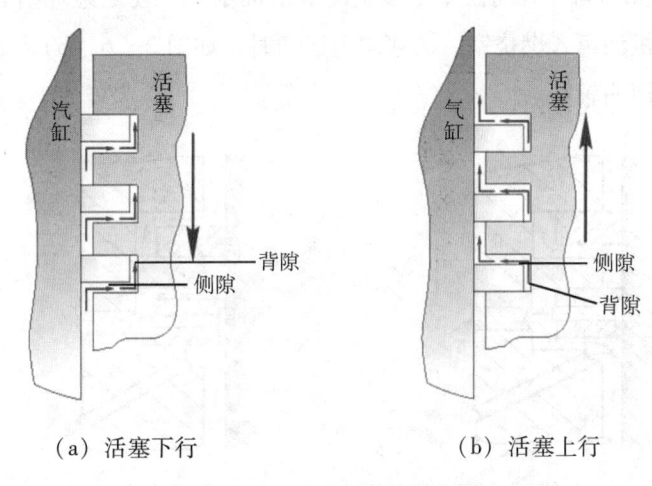

（a）活塞下行　　　　　（b）活塞上行

图 2-24　矩形气环的泵油原理

气环的泵油作用对润滑困难的汽缸上部有利，但应进行控制。如果机油窜入汽缸燃烧，一方面会使机油损耗增加，另一方面会使火花塞积碳，造成活塞环积碳卡死在环槽内失去弹性，破坏密封，甚至折断或划伤缸壁等。消除或减小泵油作用的措施：在气环下部安装油环，广泛采用非矩形断面气环。

（2）油环

油环按结构可分为整体式和组合式两种，如图 2-25。整体式油环其外圆柱面中部切有一道凹槽，凹槽底部开有若干回油用的小孔或窄槽，有的在其背面加装弹性衬垫，既可保证对汽缸壁的弹力，又有较好的柔性，可延长使用寿命。组合式油环由上、下刮片和衬簧组成，其接触压力大，刮油能力强，泄油通路大，惯性质量小，刮油效果好，但制造成本高。

（a）整体式油环　　　　（b）组合式油环

图 2-25　油环结构图

油环的刮油原理：在气环以下的环槽中装 1~2 根油环，当活塞向下运动时，如图 2-26（a），油环外圆如刀口一样将缸壁上多余的润滑油刮下，使之经环槽底的狭缝或小孔流回曲轴箱，限制机油窜入燃烧室。活塞向上运动时，如图 2-26（b），油环刮下的机油经环槽底回油孔流回曲轴箱。

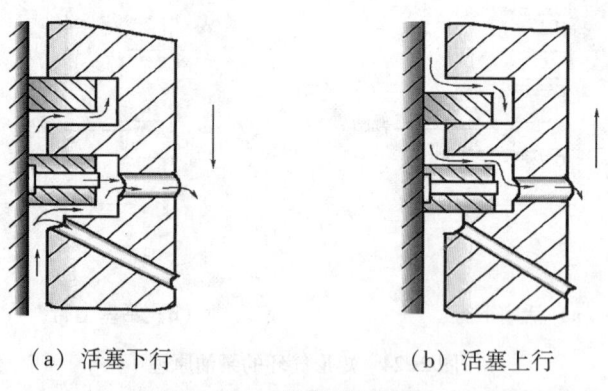

（a）活塞下行　　　　（b）活塞上行

图 2-26　油环的刮油原理

活塞环的间隙

（三）活塞销

1. 活塞销的作用

活塞销的作用是连接活塞和连杆小头，并把活塞承受的气体压力传递给连杆。

活塞销工作时承受很大的周期性冲击载荷，且温度和润滑油条件差，因而要求活塞销具有足够的刚度和强度、表面耐磨、质量轻等特点。

活塞销一般采用低碳钢或低碳合金钢，经表面渗碳淬火后再精磨加工。

2. 活塞销的构造

活塞销外表面为圆柱形，内孔形状有圆柱形、两段截锥形以及两段截锥与圆柱组合形，如图2-27。

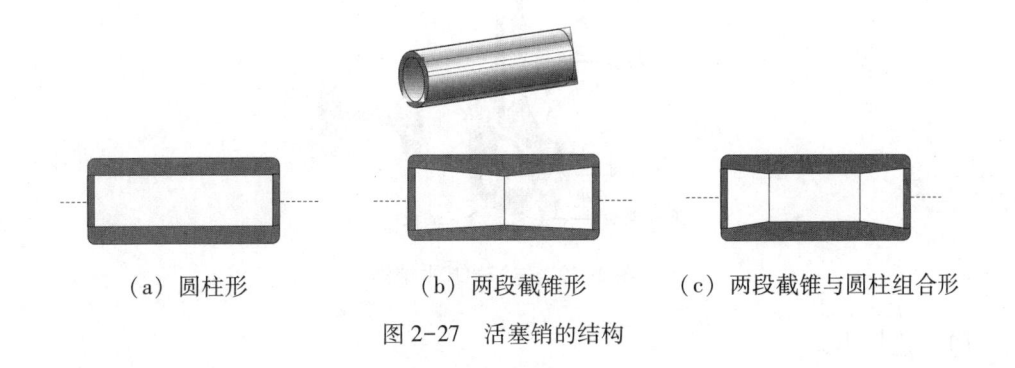

（a）圆柱形　　（b）两段截锥形　　（c）两段截锥与圆柱组合形

图 2-27　活塞销的结构

3. 活塞销连接

活塞销的连接形式有两种：全浮式和半浮式，如图2-28。

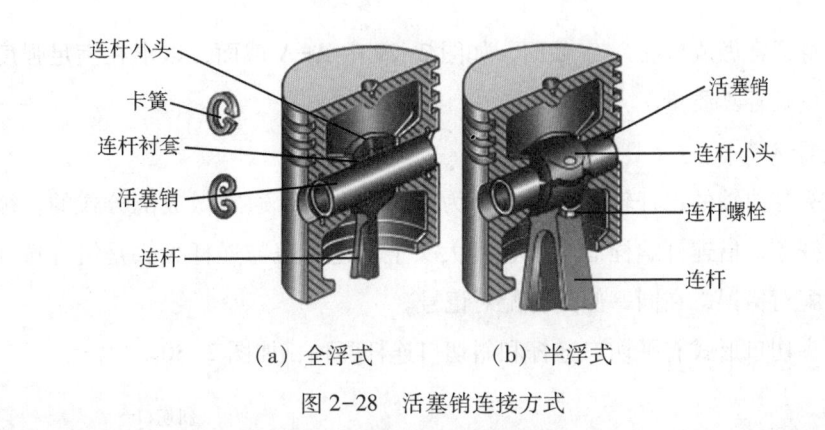

（a）全浮式　　（b）半浮式

图 2-28　活塞销连接方式

全浮式连接是指发动机工作时，活塞销能在连杆衬套和活塞销座中自由摆动。这种连接方式增大了实际接触面积，减少了磨损且使磨损均匀，被广泛采用。为防止工作时活塞销从销孔滑出，必须用卡簧将其固定在销座孔内。

半浮式连接是指活塞销中部与连杆小头采用紧固螺栓连接，活塞销只能在两端销座孔内做自由摆动。这种方式不需要卡簧，也不需要连杆衬套。由于各配合件之间磨损不均匀，多用于小轿车上。

（四）连杆

连杆的作用是连接活塞与曲轴，并把活塞承受的气体压力传给曲轴，使活塞的往复运动变成曲轴的旋转运动。

连杆的基本结构可分为连杆小头、杆身和连杆大头三部分，如图2-29。连杆一般用优质中碳钢或合金钢经模锻或辊锻而成，然后经过机械加工和热处理。

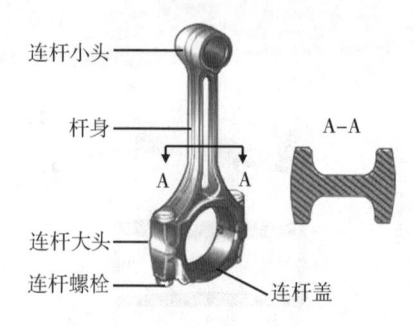

图 2-29 连杆的基本结构

（1）连杆小头

连杆小头孔内装有减磨的连杆衬套，一般为青铜衬套或铁基粉末冶金衬套。连杆衬套和活塞销之间存在运动，必须润滑。

（2）杆身

连杆杆身通常做成"工"字截面，如图2-29中A-A截面，以求在满足强度和刚度的前提下尽量减轻其质量。

（3）连杆大头

连杆大头与曲轴的连杆轴颈相连接，为了便于安装，通常做成剖分式的，被分开的部分称为连杆盖，借连杆螺栓固定在连杆大头上。连杆盖与连杆大头是组合镗孔，为了防止装配时配对错误，在同一侧刻有配对记号。

连杆大头切口形式有平切口连杆和斜切口连杆两种，如图2-30。

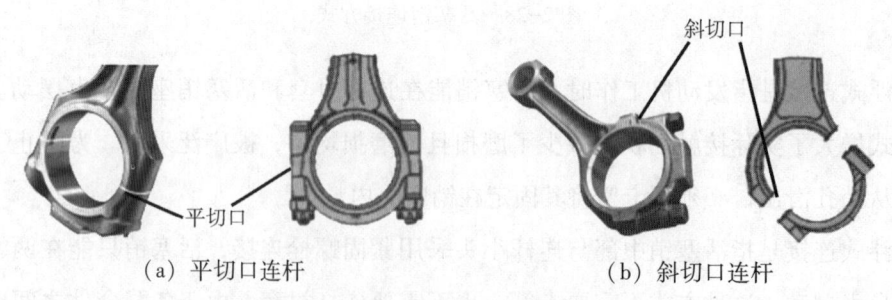

（a）平切口连杆　　　（b）斜切口连杆

图 2-30 连杆大头切口形式

连杆盖与连杆大头通过连杆螺栓连接，按照规定的拧紧力矩及一定顺序分2~3次均匀拧紧，同时需要锁紧装置。

（4）连杆轴瓦

连杆大头与曲轴主轴颈连接，大头内孔装有剖成两半的滑动轴承，以降低运动摩擦，称连杆轴瓦。半个轴瓦自由状态下的曲率半径略大于孔座半径,且轴瓦的背面应具有较高的表面粗糙度,以保证轴瓦装入座孔后能够靠自身产生的张紧力紧贴座孔。为了防止工作中轴瓦在座孔内发生转动或轴向移动,应分别在轴瓦的剖分面和座孔的结合端制有定位凸榫和定位槽,结构图如图2-31。

连杆轴瓦内表面浇铸有耐磨合金层,其具有质软、容易保持油膜、磨合性好、摩擦阻力小、不易磨损等特点。

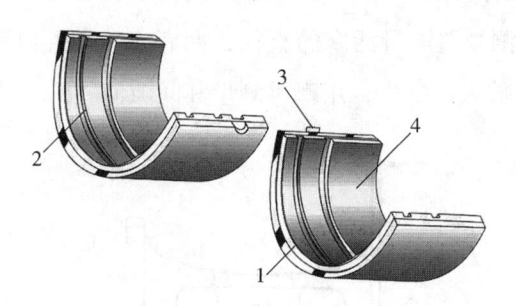

1—钢背　2—油槽　3—定位凸榫　4—减磨合金

图2-31　连杆轴瓦结构

二、活塞连杆组检修

(一) 活塞的检修

1. 活塞常见的损伤检修

活塞的损伤主要是磨损,包括活塞环槽的磨损、活塞裙部的磨损、活塞销座孔的磨损。其次是活塞刮伤、顶部烧蚀和脱顶,属于非正常的损伤形式。

(1) 活塞环槽的磨损

活塞环槽是活塞的最大磨损部分,其中第一道环槽处磨损最为严重。活塞在高速往复运动中,由于受气体压力的作用,使活塞环对环槽的冲击力很大,再加上高温的影响,使得环槽的下平面磨损大,上平面磨损小,呈现内小外大的梯形状。正确的检查方法是装入活塞环后用塞尺检查活塞环与活塞环槽之间的间隙。

(2) 活塞裙部的磨损

活塞裙部的磨损普遍较小,当活塞裙部与缸壁间隙过大时,发动机易出现敲缸故障,并有严重的窜油现象。活塞裙部直径的检测方法如图2-32。在活塞下部离裙部底边约15 mm,与活塞销垂直方向处用螺旋测微器测量活塞裙部直径,与标准尺寸的最大偏差量为0.04 mm。超过标准时,

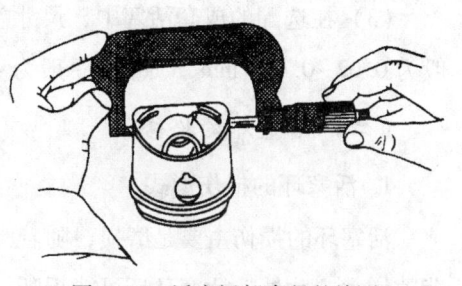

图2-32　活塞裙部直径的检测

在发动机大修时应更换全部活塞。

（3）活塞销座孔的磨损

活塞工作时，由于气体压力和交变惯性力的作用，使活塞销与销孔座之间发生磨损。其最大磨损发生在座孔的上下方向，导致销与座孔配合松旷，出现活塞销异响。

（4）配缸间隙的检测

活塞与汽缸壁之间的间隙称为配缸间隙，此间隙应符合标准。检测时可用量缸表测量汽缸的直径，用螺旋测微器测量活塞的直径，两者之差即配缸间隙。也可如图2-33，将活塞（不装活塞环）放入汽缸中，用塞尺测量其间隙值。

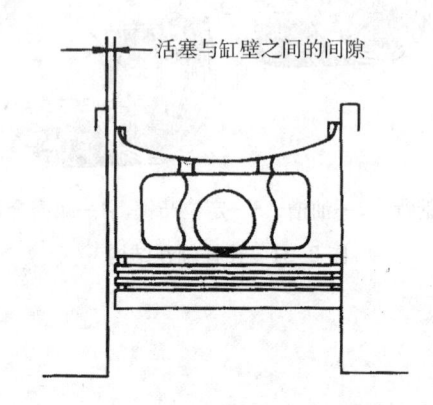

图2-33 配缸间隙测量方法

2. 活塞的选配

当汽缸的磨损超过规定值及活塞发生异常损坏时，必须对汽缸进行修复，并且要根据汽缸的修理尺寸选配活塞。选配活塞时要注意以下几点：

（1）选用同一修理尺寸和同一分组尺寸的活塞。活塞裙部的尺寸是珩磨汽缸的依据，即汽缸的修理尺寸是哪一级，就应该选用哪一级修理尺寸的活塞。由于活塞的分组，只有在选用同一分组活塞后，才能按选定活塞的裙部尺寸珩磨汽缸。

（2）同一发动机必须选用同一厂牌的活塞。活塞应成套选配，以保证其材料和性能的一致性。

（3）在选配的成套活塞中，尺寸差和质量差应符合要求。成套活塞中，其尺寸差一般为0.02~0.025 mm，质量差一般为4~8 g，销座孔的涂色标记应相同。

（二）活塞环的检修

1. 活塞环的损伤形式

活塞环的损伤主要是磨损，随着磨损的加剧，活塞环的弹力逐渐减弱，端隙、侧隙、背隙增大。此外，活塞环还可能折断。

2. 活塞环的选配

除有标准尺寸的活塞环以外，还有与各级修理尺寸汽缸、活塞相对应的加大尺寸的活塞环。发动机修理时，应按照汽缸的标准尺寸或修理尺寸，选用与汽缸、活塞同级别的活塞环。

在大修时，优先使用活塞、活塞销及活塞环成套供应配件。

3. 活塞环的检修

对活塞环的要求除了与汽缸、活塞的修理尺寸一致外，还应具有规定的弹力，环的漏光度、端隙、侧隙、背隙符合原厂规定。

（1）活塞环端隙的检验

将活塞环平正地放入汽缸内，用活塞顶部把它推平，然后用塞尺测量开口处的间隙，如图 2-34。端隙大于规定时，应另选活塞环；小于规定时，可对环口的一端加以挫修。挫修时，应注意环口平整，挫修后环外口应去掉毛刺，以防锋利的环口刮伤汽缸。

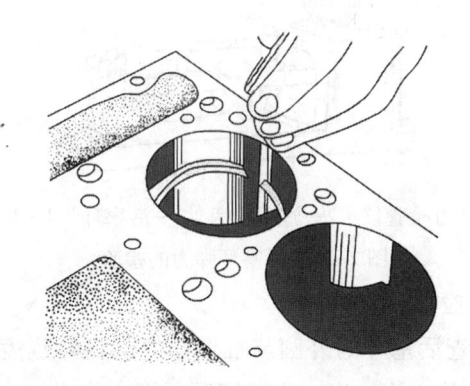

图 2-34 活塞环端隙的检验

（2）活塞环侧隙的检验

将活塞环放入环槽内，围绕环槽滚动一周，应能自由滚动，既不松动，又无阻滞现象。用塞尺按图 2-35 的方法测量，其值需符合要求。如侧隙过小，可将活塞环放在有平板的砂布上研磨，不允许加工活塞；如侧隙过大，则应另选活塞环。

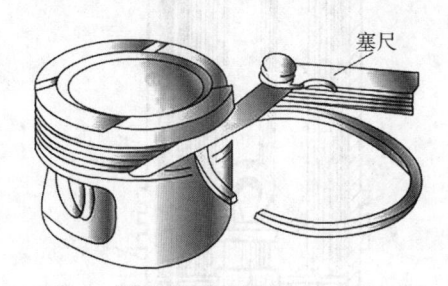

图 2-35 活塞环侧隙的检验方法

(3) 活塞环背隙的检验

在实际测量中,活塞环背隙通常以槽深和环厚之差来表示。检验活塞环背隙的经验方法是:将活塞环置入环槽内,如活塞环低于环槽岸,能转动自如,且无松旷感觉,则间隙合适。气环背隙范围:0.20~0.67 mm;油环背隙范围:0.5~1.0 mm。

(4) 活塞环弹力的检验

活塞环的弹力是指活塞环端隙达到规定值时作用在活塞环上的径向力。活塞环的弹力是保证汽缸密封的必要条件。弹力过弱,汽缸密封性变差,燃润料消耗增加,燃烧室积碳严重,发动机动力性、经济性降低。弹力过大使环的磨损加剧。活塞环的弹力可用活塞环弹力检验仪检验,如图2-36,其值应符合规定的要求。

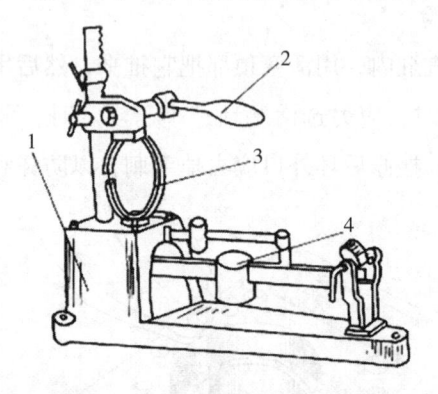

1—弹力检验仪 2—施压手柄 3—活塞环 4—量块
图2-36 活塞环弹力的检验

(5) 活塞环漏光度的检验

活塞环漏光度用于检查活塞环的外圆与缸壁贴合的良好程度。漏光度的检验方法如图2-37,将活塞环平正地放入汽缸内,用活塞顶部把它推平,在汽缸下部放置一发亮的灯泡,在活塞环上放一直径略小于汽缸内径、且能盖住活塞环内圆的盖板,然后从汽缸上部观察漏光处及其对应的圆心角。

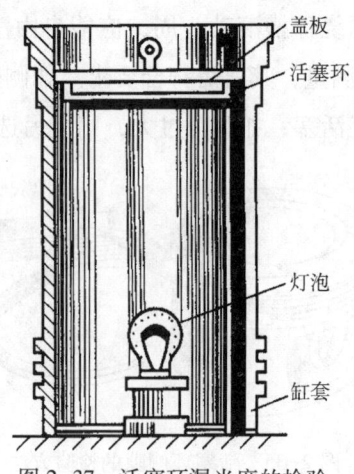

图2-37 活塞环漏光度的检验

一般要求活塞环局部漏光每处不大于25°；最大漏光缝隙不大于0.03 mm；每环漏光处不超过2个，每环总漏光度不大于45°；在活塞环开口处30°范围内不允许有漏光现象。

（三）活塞销的检修与选配

发动机大修时，一般应更换活塞销。

活塞销的选配原则是：同一台发动机应选用同一厂牌、同一修理尺寸的成组活塞销；活塞销表面应无任何锈蚀和斑点。

选配活塞销的质量要求是：表面粗糙度不大于0.20 μm，圆度、圆柱度不超过0.0025 mm，质量差不大于10 g。

1. 活塞销磨损

经过使用后，活塞销与座孔因磨损使配合间隙增大，当增大到一定值时，导致配合件松动而发出敲击声。如果检查发现连杆小头衬套及活塞销磨损超差，应进行活塞销的修理或选配。另外，在发动机大修时，也需要选配活塞销，一般应选用标准尺寸的活塞销。

2. 活塞销选配

活塞销与销座孔的配合要求很高，对全浮式活塞销与销座孔的配合，汽油机在常温时应有微量过盈，发动机工作时应有微量间隙，以使活塞销能在销座孔中转动。

（四）连杆组的维修

连杆组的检修项目主要有：连杆变形的检验与校正、连杆衬套的铰削。连杆变形后，会使活塞在汽缸中歪斜，引起活塞与汽缸、连杆轴承与连杆轴颈的偏磨、敲缸、拉缸等。

1. 连杆的检修

连杆的损伤有杆身的弯曲、扭转变形；小头孔和大头侧面的磨损。其中变形最为常见。

（1）连杆变形的检验

连杆变形的检验在连杆检验仪上进行，如图2-38。检验仪上的棱形支撑轴能保证连杆大端承孔轴向与检验平板垂直。测量工具是一个带"V"形槽的三点规，三点规上的三个测点构成的平面与"V"形槽的对称平面垂直，两个下测点的距离为100 mm，上测点与两个下测点连线的距离也是100 mm。

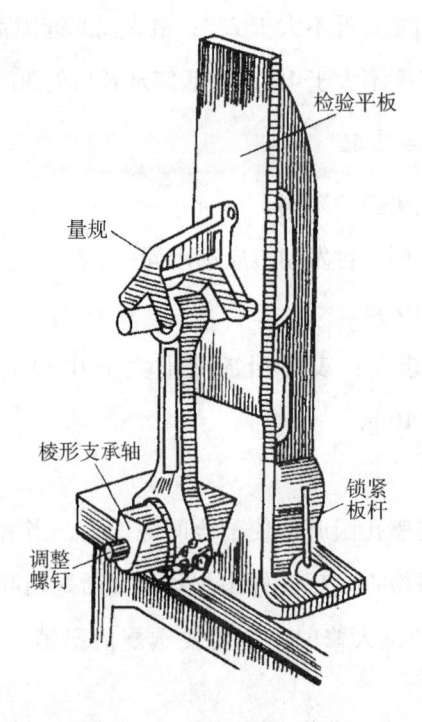

图 2-38 连杆变形的检验

检验判断方法如下：

①将连杆大头的轴承盖装好（不装轴承），按规定力矩把螺栓拧紧，检查连杆大头孔的圆度和圆柱度应符合要求；装上已修配好的活塞销。

②把连杆大头装在检验仪的棱形支承轴上，拧紧调整螺钉使定心块向外扩张，把连杆固定在检验仪上。

③将检验块两端的"V"形定位面靠在活塞销上，观察带三点规的三个接触点与检验平板的接触情况，即可检查出连杆的变形方向和变形量。

④三点规的三个测点都与平板接触，说明连杆没有变形。

⑤若三点规的上测点与平板接触，两个下测点不接触且与平板距离一致；或两个下测点与平板接触而上测点不接触，表明连杆弯曲。用塞尺测出测点与平板的间隙，即连杆在 100 mm 长度上的弯曲度，如图 2-39（a）。

⑥若只有一个下测点与平板接触，另一个下测点与平板不接触，且间隙为上测点与平板间隙的 2 倍，这时下测点与平板的间隙即连杆在 100 mm 长度上的扭曲度，如图 2-39（b）。

项目二 曲柄连杆机构检修

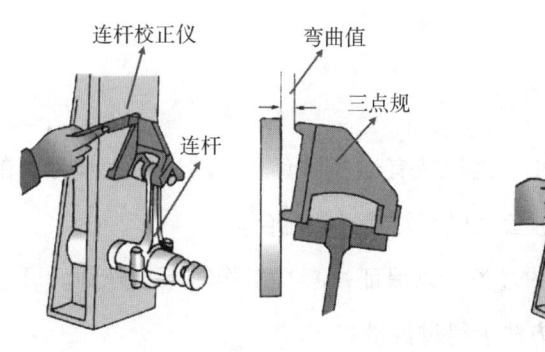

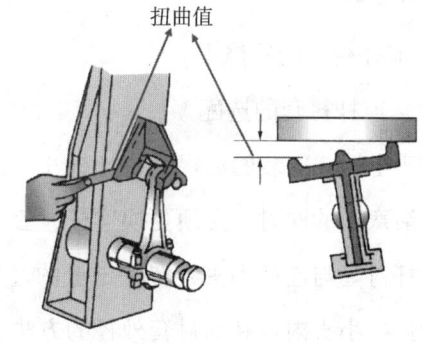

(a) 连杆弯曲的检验　　　　　　(b) 连杆扭曲的检验

图 2-39　连杆变形的检验

⑦如果一个下测点与平板接触，但另一个下测点与平板的间隙不等于上测点间隙的 2 倍，这时连杆弯扭并存。下测点与平板的间隙为连杆的扭曲度，上测点间隙与下测点间隙一半的差值为连杆的弯曲度。

⑧测出连杆小头端面与平板的距离，然后将连杆翻转 180°后再测此距离，若数值不相等，说明连杆有双重弯曲，两次测量数值之差为连杆双重弯曲度。

（2）连杆变形的校正

经检验，如果连杆弯扭超过规定值，应记住弯扭方向和数值，并进行校正。

连杆扭曲的校正可将连杆夹在虎钳上，用扭曲校正器、长柄扳钳或管子钳进行校正，用扭曲校正器校正连杆扭曲的方法，如图 2-40（a）所示。

连杆弯曲的校正可在压床或弯曲校正器上进行，用弯曲校正器校正连杆弯曲的方法，如图 2-40（b）。

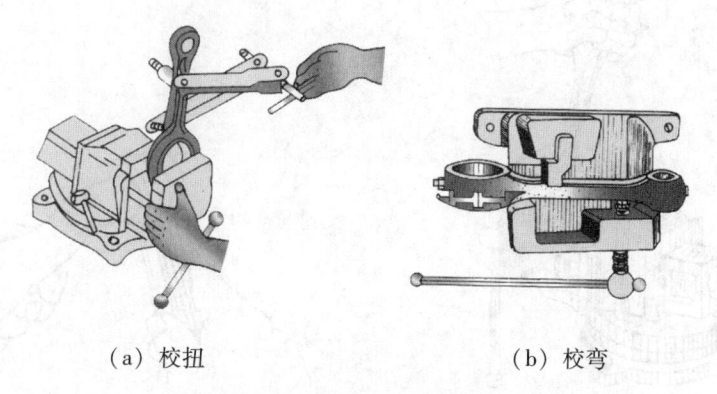

(a) 校扭　　　　　　(b) 校弯

图 2-40　连杆变形的校正

校正时应注意：先校扭，再校弯；避免反复校正。校正后要进行时效处理，消除弹性后效现象。

2. 连杆衬套的检修

（1）连杆衬套的选配

对于全浮式安装的活塞销，连杆小头内压装有连杆衬套。发动机在大修时，在更换活塞、活塞销的同时，必须更换连杆衬套，以恢复其正常配合。

连杆衬套与连杆小头应有一定量的过盈，以保证衬套在工作时不走外圆。可通过分别测量连杆小头内径和新衬套外径的方法求得过盈量。

新衬套的压入可在台虎钳上进行。压入前，应检查连杆小头有无毛刺，以免擦伤衬套外圆。压入时，衬套倒角应朝向连杆小头倒角一侧，并将其放正，同时对正衬套的油孔和连杆小头油孔，以确保润滑油畅通。

（2）连杆衬套的修配

活塞销与连杆衬套的配合，在常温下应有 0.005~0.010 mm 的间隙，接触面积应在 75% 以上。若配合间隙过小，可将连杆夹到内圆磨床上进行磨削，并留有研磨余量。再将活塞销插入连杆衬套内配对研磨，研磨时可加少量机油。将活塞销夹在台虎钳上，沿活塞销轴线方向扳动连杆，应有无间隙感觉，如图 2-41（a），加入机油扳动时无"气泡"产生，把连杆置于与水平面成 75° 角时应能停住，轻拍连杆徐徐下降，此时配合间隙为合适。

经过加工的衬套，应能用大拇指把活塞销推入连杆衬套内，并有无间隙感觉，如图 2-41（b）。

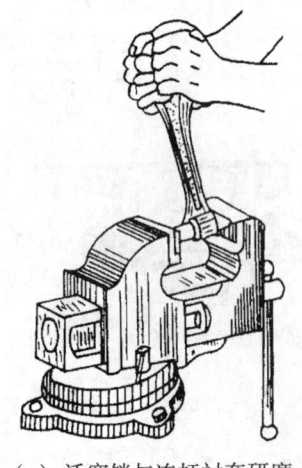

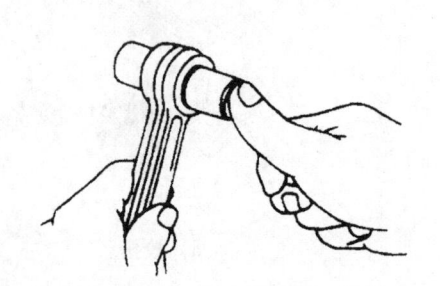

（a）活塞销与连杆衬套研磨　　　　（b）活塞销与连杆衬套的配合检验

图 2-41　活塞销与连杆衬套间隙的检测

项目二　曲柄连杆机构检修

在衬套压装前，先将其与活塞销试配，如能勉强套入活塞销即合适。如活塞销不能装入衬套，或装入后松旷，则表明加工余量过小或过大，均应重新选用衬套。衬套压入后，便可根据选配好的活塞销的实际尺寸铰削（或镗削）衬套，使其与活塞销的配合符合规定。其步骤如下：

①选择铰刀；②调整铰刀；③铰削；④试配；⑤修刮。

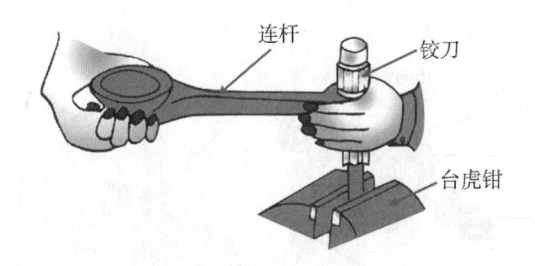

图 2-42　连杆衬套铰削

曲柄连杆机构的拆装和
常见故障诊断、排除

任务四　曲轴飞轮组结构认识和检修

知识目标

1. 了解曲轴飞轮组的功用。
2. 理解曲轴飞轮组的工作原理。
3. 掌握曲轴飞轮组的构成。

能力目标

能正确选用工量具和使用维修工具，对曲轴飞轮组进行检修。

相关知识

一、曲轴飞轮组的构成及工作原理

曲轴飞轮组主要由曲轴、飞轮、扭转减振器、皮带轮、正时齿轮、曲轴主轴承等组成，具体结构如图2-43。

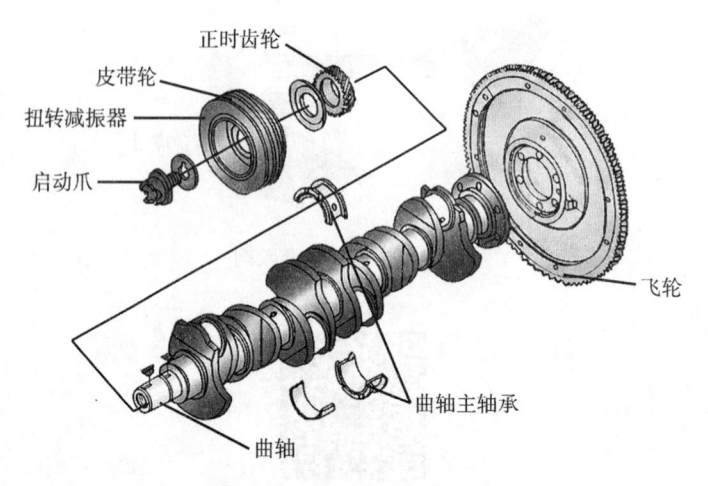

图2-43 曲轴飞轮组的构成

（一）曲轴

1. 功用

曲轴飞轮组的功用是把活塞连杆组传来的气体压力转变为扭矩对外输出，还可用来驱动发动机的配气机构及其他各种辅助装置（如发电机、水泵、转向油泵、机油泵等）。

2. 工作条件

（1）受力复杂。曲轴工作中受到各缸交变的气体力、往复惯性力和离心力，以及它们产生的弯矩和扭矩作用，使曲轴产生很大交变的弯曲和扭转应力，且均为疲劳应力。

（2）应力集中严重。曲轴弯弯曲曲、形状复杂、截面变化积聚，使曲轴内部应力分布极不均匀，尤其在曲臂与轴颈的过渡圆角处及油孔周围产生严重的应力集中现象。

（3）附加应力大。曲轴形状细长，刚性很差，是一个弹性体，它在各种力的作用下会产生扭转、横向和纵向振动，当曲轴的自振频率较低时，在发动机工作转速范围内可能出现共振，使振幅大大增加，产生很大的附加应力。

（4）轴颈磨损严重。轴颈在很大的比压下会产生滑动摩擦，由于交变冲击性负荷的作用，以及经常启动、停车，使轴颈与轴承不易保证良好的液体动力润滑状态，从而使轴颈产生较严重的磨损，严重时会引起轴承烧损，特别是在润滑不良、机座变形、轴承间隙不合适、超负荷运转或经常启停柴油机时，轴颈的磨损都会明显加剧。

曲轴在周期性变化的气体力、惯性力及其力矩的共同作用下工作，承受弯曲和扭转交变载荷。因此，曲轴应有足够的抗弯曲、抗扭转的疲劳强度和刚度；轴颈应有足够大的承压表面和耐磨性；曲轴的质量应尽量小；对各轴颈的润滑应充分。

3. 曲轴材料

曲轴一般由中碳钢和中碳合金钢模锻而成，轴颈表面需经高频淬火或氮化处理，最后进行精加工。

现代汽车发动机广泛采用球墨铸铁曲轴。球墨铸铁价格便宜，耐磨性能好，轴颈不需硬化处理，同时金属消耗量少，机械加工量也少。为提高曲轴的疲劳强度，消除应力集中，轴颈表面应进行喷丸处理，圆角处要经滚压处理。

4. 曲轴构造

曲轴根据结构不同分整体式和组合式，多缸发动机曲轴一般做成整体式。某些小型汽油机或以滚动轴承作为曲轴主轴承的发动机采用组合式曲轴，即将曲轴分段加工后组合成整个曲轴。

整体式曲轴的基本结构包括前端轴、主轴颈、连杆轴颈、平衡重、曲柄、曲拐、后端轴、后端凸缘等，如图2-44。一个连杆轴颈和它两端曲柄及主轴颈构成一个曲拐；曲拐的数目取决于发动机的汽缸数目及其排列方式，直列式发动机曲拐的数目等于汽缸数；V型式发动机和水平对置式发动机的曲拐数目等于汽缸数的一半。

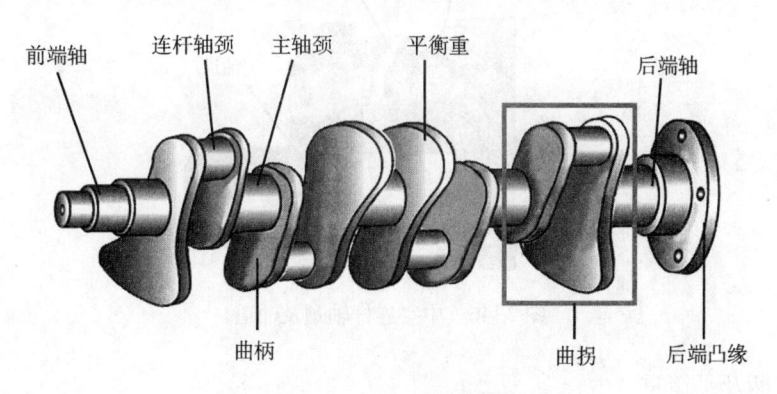

图2-44 整体式曲轴的基本结构

（1）主轴颈

主轴颈是曲轴的支撑部分。整个曲轴通过主轴颈安装在汽缸体主轴承座孔内的滑动轴承（主轴承）上，用主轴承盖定位，主轴承盖通过螺栓固定在汽缸体上。根据曲轴主轴颈的数目，可以将曲轴分为全支承曲轴和非全支承曲轴两种，如图2-45。

全支承曲轴　　　　　　　　非全支承曲轴

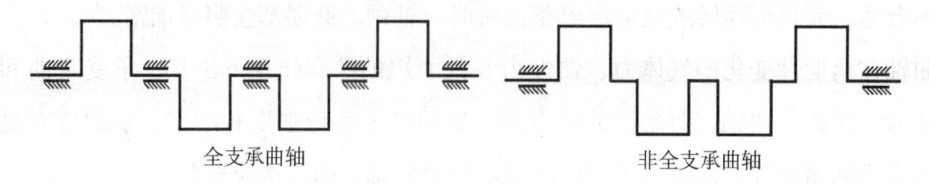

图2-45　曲轴的支承形式

全支承曲轴指每个连杆轴颈两边都有一个主轴颈的曲轴。直列式发动机曲轴的主轴颈数比汽缸数目多一个，其强度、刚度好，减小了磨损；V型式发动机全支承曲轴的主轴颈数是汽缸数一半多一个；柴油机和大部分汽油机均采用全支承曲轴。

非全支承曲轴的主轴颈数少于或等于汽缸数，结构简单且长度较短，其承受载荷较大，常用于小负荷的汽油机上。

（2）连杆轴颈

连杆轴颈也叫曲柄销，是曲轴和连杆连接部分，与连杆大头装配在一起。在直列式发动机上，连杆轴颈数与汽缸数相同。在V型式发动机上，一个连杆轴颈上安装两个连杆，故连杆轴颈数为汽缸数的一半。连杆轴颈一般制成实心，有时为减轻质量，也采用空心轴方式。曲轴上钻有贯串主轴颈、曲柄和连杆轴颈的油道，如图2-46，以使汽缸体上的主油道内的润滑油能够润滑到主轴颈和连杆轴颈。在维修中，对曲轴上的油道要彻底疏通并清洁干净，以免造成事故。

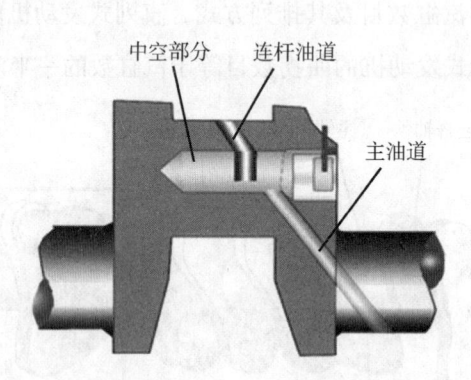

图2-46　中空连杆轴颈及油道

（3）曲柄及平衡重

曲柄是用于连接主轴颈和连杆轴颈的部分，其长度取决于活塞行程。曲柄截面形状大多为椭圆形，这种结构金属利用率高，抗弯、抗扭强度高。曲柄是曲轴最薄弱的部分，曲轴断裂是其常见的损坏形式。

曲柄连杆机构中随曲轴转角变化的往复惯性力、离心惯性力及其力矩是发动机不平衡的重要原因。平衡重通常用来平衡离心力偶，减轻或消除弯曲变形，减轻主轴承负荷、发动机振动和噪声。

平衡重有的与曲轴制成一体，有的单独制成零件，再用螺栓固定于曲柄上。曲轴必须经过动平衡校验，对不平衡的曲轴常在其偏重的一侧钻去一部分质量而使其达到平衡。

（4）前端轴和后端轴

曲轴前端轴用来安装皮带轮、正时齿轮及附件等，具体结构如图2-47。

曲轴后端轴是最后一道主轴颈之后的部分，有安装飞轮用凸缘，为防止机油从前、后端泄漏，前后端都安装有油封装置。

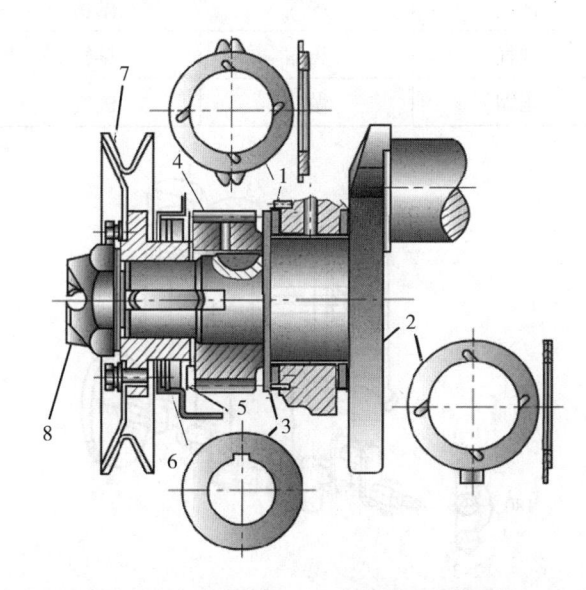

1、2—止推轴承　3—止推片　4—正时齿轮　5—甩油盘　6—油封　7—皮带轮　8—启动爪

图2-47　曲轴前端安装零部件

5. 曲拐的布置

曲轴的形状和曲拐的相对位置，取决于发动机的汽缸数、汽缸的排列形式和发动机的各缸工作顺序。当汽缸数和汽缸的排列形式确定之后，曲拐布置就只取决于发动机的点火顺序。合理的曲拐布置能保证发动机良好的平衡性和输出转矩均匀。曲拐布置的一般规律为：

（1）各缸的做功间隔角要尽量均衡，以使发动机运转平稳。

（2）连续做功的两缸相隔尽量远些，最好是在发动机的前半部和后半部交替进行。

（3）V型式发动机左右汽缸尽量交替做功。

（4）曲拐布置尽可能对称、均匀，以使发动机工作平衡性好。

常见多缸发动机曲拐布置形式如下：

①直列四缸四冲程发动机

对缸数为 i 的四冲程发动机而言，其点火间隔角为 $720°/i$。当 $i=4$ 时，点火间隔角为 $180°$。采用全支承曲轴时（如图2-48），其四个曲拐在一个平面内，具有良好的平衡性。点火顺序有两种方式：1-3-4-2 或 1-2-4-3。以第一种点火顺序为例，其工作循环表如表2-4。

表2-4 直列四缸四冲程发动机工作循环表（点火做功顺序：1-3-4-2）

曲轴转角	第一缸	第二缸	第三缸	第四缸
0~180°	做功	排气	压缩	进气
180°~360°	排气	进气	做功	压缩
360°~540°	进气	压缩	排气	做功
540°~720°	压缩	做功	进气	排气

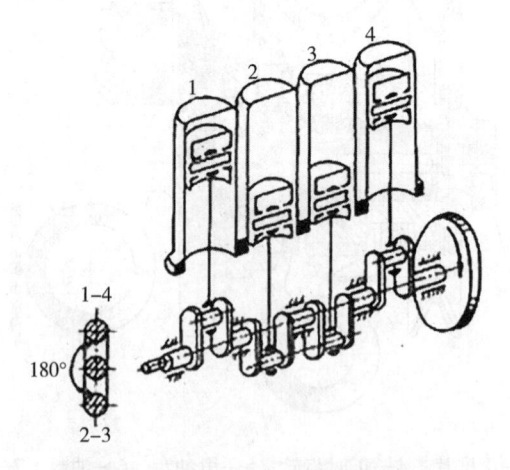

图2-48 直列四缸发动机的曲拐布置

②直列六缸四冲程发动机

直列六缸四冲程发动机点火间隔角为 $720°/6=120°$，六个曲拐分别布置在三个平面内。国产汽车的六缸机常用点火顺序是 1-5-3-6-2-4，其曲拐布置如图2-49，工作循环表如表2-5。

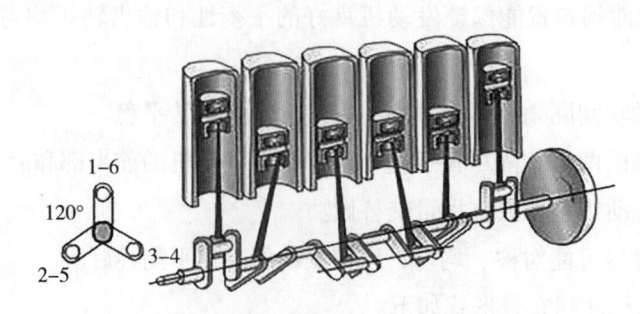

图2-49 直列六缸四冲程发动机的曲拐布置

表 2-5 直列六缸四冲程发动机工作循环表（点火做功顺序：1-5-3-6-2-4）

曲轴转角		第一缸	第二缸	第三缸	第四缸	第五缸	第六缸
0°~180°	60°	做功	排气	进气	做功	压缩	进气
	120°						
	180°			压缩	排气		
180°~360°	240°	排气	进气			做功	压缩
	300°						
	360°			做功	进气		
360°~540°	420°	进气	压缩			排气	做功
	480°						
	540°			排气	压缩		
540°~720°	600°	压缩	做功			进气	排气
	660°						
	720°		排气	进气	做功	压缩	

（二）曲轴主轴承

曲轴主轴承（俗称大瓦），装于主轴承座孔中，将曲轴支撑在发动机的机体上。主轴承的结构与连杆轴承相同。为了通用化，上、下两半轴瓦上都制有油槽，有些发动机只在上侧轴瓦开油槽和通油孔，而负荷较重的下侧轴瓦不开油槽（主轴瓦上、下片不能互换，否则主轴承的来油通道将被堵塞）。在相应的主轴颈上开径向通孔，主轴承便能不间断地向连杆轴承供给润滑油。

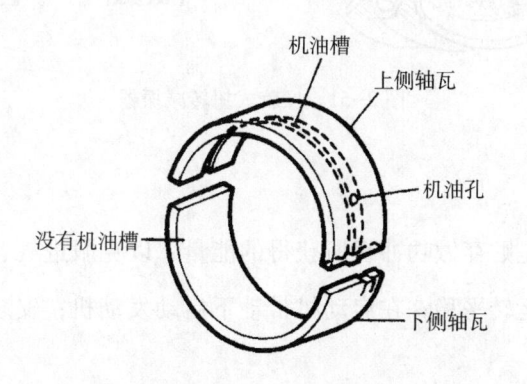

图 2-50 主轴瓦的结构

(三）扭转减振器

发动机运转时，由于飞轮的惯性很大，可以看作等速转动。而各缸气体压力和往复运动件的惯性力是周期性作用在曲轴连杆轴颈上的，给曲轴一个周期性变化的扭转外力，使曲轴忽快忽慢地转动，从而形成曲轴对飞轮的扭转摆动，即曲轴的扭转振动。当激力频率与曲轴的自振频率成整数倍关系时，曲轴扭转振动便因共振而加剧，从而引起功率损失、正时齿轮或链条磨损增加，严重时甚至会将曲轴扭断。为了消减曲轴的扭转振动，有的发动机在曲轴前端装有扭转减振器。

常用的扭转减振器有橡胶式、摩擦式和黏液（硅油）式等数种。橡胶式扭转减振器，如图 2-51。它将减振器圆盘用螺栓与曲轴带轮及轮毂紧固在一起，橡胶层与圆盘及惯性盘硫化在一起。当曲轴发生扭转振动时，力图保持等速转动的惯性盘使橡胶层发生内摩擦，从而消除扭转振动能量，避免扭振。

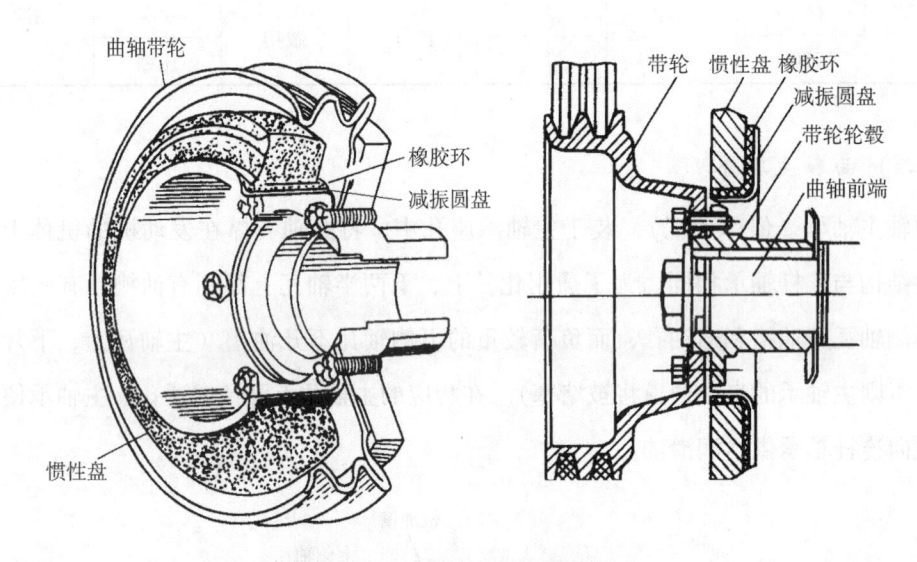

图 2-51 橡胶式扭转减振器

（四）飞轮

飞轮的主要作用是贮存做功冲程所获得的能量，以克服进气、压缩和排气三个辅助冲程的阻力，使曲轴运转平稳；在启动机带动下启动发动机；安装离合器，以输出发动机的动力。

飞轮是一个转动惯量很大的圆盘，如图 2-52（a），多用灰铸铁制造，外缘上压有一个齿圈，如图 2-52（b），可与启动机的齿轮啮合，供启动发动机用。飞轮轮缘上有记号，方便寻找压缩上止点。当飞轮上的记号与外壳上的记号对正时，即压缩上止点。

（a）整体结构　　（b）启动齿圈　　（c）上止点标记

图 2-52　飞轮的构造

飞轮安装要求：

1. 飞轮是高速旋转件，因此，要进行精确平衡校准，要求平衡性能好，达到静平衡和动平衡。

2. 飞轮与曲轴在制造时一起进行过动平衡试验，在拆装时为了不破坏它们之间的平衡关系，飞轮与曲轴之间应有严格不变的相对位置。可用定位销或不对称布置的螺栓予以保证。

二、曲轴飞轮组的检修

（一）曲轴的维修

1. 曲轴磨损的检修

曲轴的损伤形式主要有：磨损、变形、裂纹甚至断裂。

磨损主要发生在曲轴主轴颈和连杆轴颈的部位，且磨损是不均匀的，有一定规律性的。主轴颈和连杆轴颈径向最大磨损部位相互对应，即各主轴颈的最大磨损靠近连杆轴颈一侧，而连杆轴颈的最大磨损部位在主轴颈一侧。另外，曲轴轴颈沿轴向还有锥形磨损，与连杆轴颈油道的油流相背的一侧磨损严重。各轴颈不同方向的磨损，导致主轴颈同轴度破坏，容易造成曲轴断裂。

变形的方式主要是弯曲和扭曲，是由于使用和修理不当造成的。如发动机在爆震和超负荷等条件下工作；个别汽缸不工作或工作不均衡；各道主轴承松紧度不一致等，都会造成曲轴承载后的弯曲变形。扭曲变形主要是烧瓦和个别活塞卡缸造成的。

裂纹多发生在曲柄与轴颈之间的过渡圆角处及油孔处，多由应力集中引起。前者是横向裂纹，危害极大，严重时会造成曲轴断裂；后者为轴向裂纹，沿斜置油孔的锐边轴向发展，必要时应更换曲轴。

（1）轴颈磨损的检验

曲轴轴颈磨损情况的检验，主要是用外径螺旋测微器测量轴颈的直径、圆度误差和圆柱度误差。一般根据圆柱度误差确定轴颈是否需要修磨，也可确定修理尺寸。

测量通常是按磨损规律进行的，先在轴颈磨损最大的部位测量，找出最小直径，然后在轴颈磨损最小的部位测量，找到最大直径。主轴颈和连杆轴颈磨损后，其圆度、圆柱度误差超出标准要求时，应进行曲轴的光磨修理。

（2）轴颈的修磨

发动机大修时，对轴颈磨损已超过规定的曲轴，可用修理尺寸法对曲轴主轴颈、连杆轴颈进行光磨修理。需要注意的是同名轴颈必须为同级修理尺寸，以便选择统一的轴承，其修理尺寸可查阅相关车型的维修手册。

2. 曲轴弯曲变形的检修

（1）弯曲变形的检验

检验曲轴弯曲变形应以两端主轴颈的公共轴线为基准，检查中间主轴颈的径向圆跳动误差。检验时，将曲轴两端主轴颈分别放置在检验平板的 V 型块上，将百分表触头垂直抵在中间主轴颈上，慢慢转动曲轴一圈，百分表指针所指示的最大读数与最小读数之差，即中间主轴颈的径向圆跳动误差值。

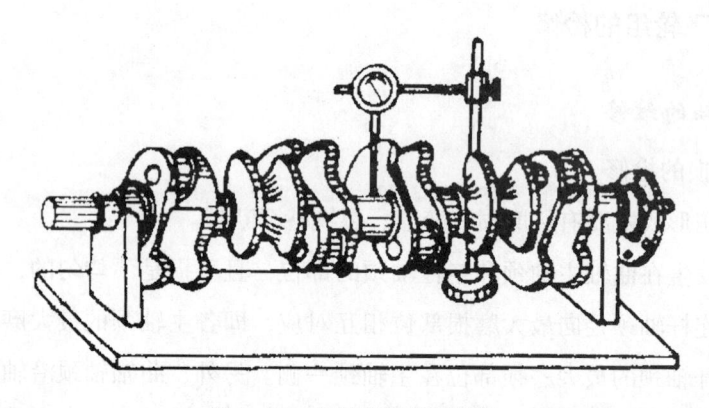

图 2-53 曲轴弯曲变形检测

（2）弯曲变形的校正

曲轴的径向圆跳动误差不得大于 0.05 mm，否则应进行校正。

曲轴弯曲变形的校正，一般采用冷压校正或敲击校正法。当变形量不大时，可采用敲击校正法，如图 2-54（b），即用锤子敲击曲柄边缘的非工作表面，使被敲击表面产生塑性残余变形，达到校正弯曲的目的。冷压校正是将曲轴用 V 型铁架架住两端主轴颈，用油压机沿曲轴弯曲相反方向加压，如图 2-54（a）所示。由于钢质曲轴的弹性作用，压弯量应为曲轴弯曲量的 10~15 倍，并保持 2~4 min，为减小弹性后效作用，最好采用人工时效法消除。

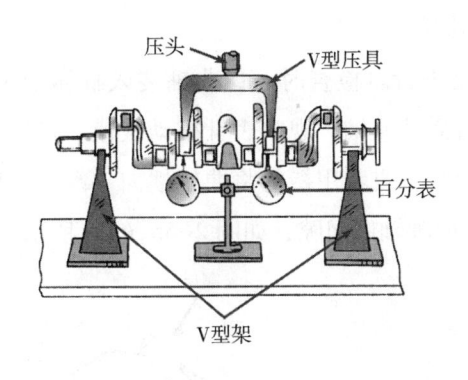

(a) 冷压校正法　　　　　　(b) 表面敲击法

图 2-54　曲轴弯曲变形的校正

3. 曲轴扭曲变形的检修

(1) 扭曲变形的检验

曲轴扭曲变形检验的支撑方法和弯曲检验一样，将曲轴两端主轴颈分别放置在检验平板的 V 型块上，保持曲轴水平，使两端同一曲柄平面内的两个连杆轴颈位于水平位置，用百分表测量两轴颈最高点至平板的高度差 ΔA，据此求得曲轴主轴线的扭曲角 θ。

$$\theta = \frac{360°\Delta A}{2\pi R} \approx \frac{57\Delta A}{R}$$

(2) 扭曲变形的校正

曲轴扭曲变形量一般很小，可直接在曲轴磨床上结合对连杆轴颈磨削时予以修正。

4. 曲轴裂纹的检修

裂纹的检验方法有磁力探伤法和浸油敲击法。

磁力探伤的原理是：当磁力线通过被检验的零件时，零件被磁化。如果零件表面有裂纹，在裂纹部位的磁力线就会因裂纹不导磁而被中断，使磁力线偏散而形成磁极。此时，在零件表面撒上磁性铁粉，铁粉便被磁化而吸附在裂纹处，从而显现出裂纹的部位和大小。

浸油敲击法是将曲轴置于煤油中浸一会儿，取出后擦净表面煤油并撒上白粉，然后分段用小锤轻轻敲击，如有明显的油迹出现，即该处有裂纹。曲轴出现裂纹，一般应更换曲轴。

5. 曲轴轴向间隙和径向间隙的检查与调整

(1) 轴向间隙的检查与调整

为了适应发动机机件正常工作的需要，曲轴必须留有合适的轴向间隙，间隙过小，会使机件因受热膨胀而卡死；轴向间隙过大，曲轴工作时将产生轴向窜动，不仅会加速汽缸的磨损，也会造成活塞连杆组的不正常磨损，影响配气相位和离合器的正常工作。因此，曲轴装到汽缸体上之后，应检查其轴向间隙。

曲轴轴向间隙的检查可采用百分表或塞尺进行。检查时，将曲轴装入缸体轴承座，将百分表触头顶在曲轴平衡重上，用撬棒前后撬动曲轴，观察表针摆动数值，指针的最大摆差，即曲轴轴向间隙，如图2-55（a）所示。或者用撬棒将曲轴撬向一端，再用塞尺检查止推轴承和曲轴止推面之间的间隙，即曲轴轴向间隙，如图2-55（b）所示。

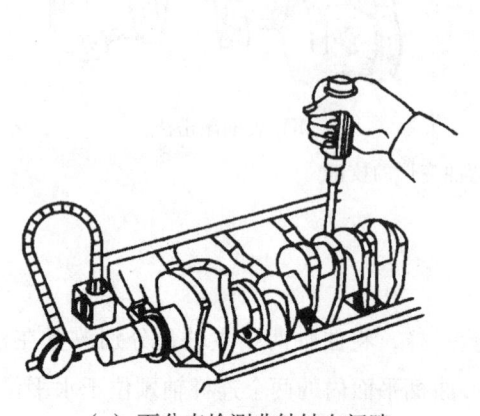

（a）百分表检测曲轴轴向间隙　　　　　（b）塞尺检测曲轴轴向间隙

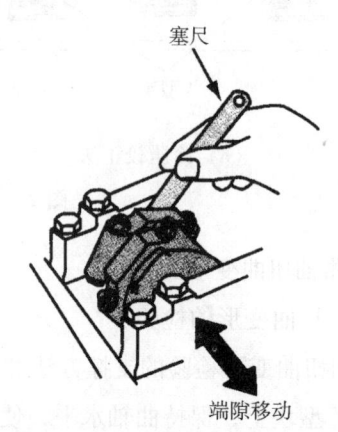

图 2-55　曲轴轴向间隙检查

（2）径向间隙的检查与调整

曲轴的径向也必须留有适当间隙，因为轴承的适当润滑和冷却取决于曲轴径向间隙的大小。曲轴径向间隙过小会使阻力增大，加重磨损，使轴瓦划伤。曲轴径向间隙太大，曲轴会上下敲击，并使润滑油压力降低，曲轴表面过热并与轴瓦烧熔到一起。曲轴的径向间隙可用塑料间隙塞尺检查，如图2-56。

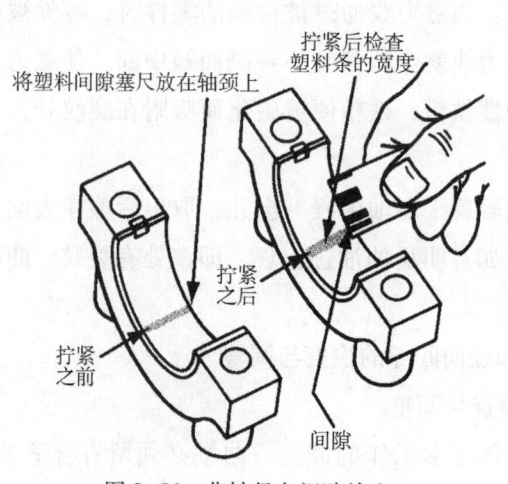

图 2-56　曲轴径向间隙检查

项目二 曲柄连杆机构检修

方法：清洁曲轴主轴颈、连杆轴颈、轴瓦和轴承盖，将塑料间隙塞尺放置在曲轴轴颈上（不要将油孔盖住），盖上轴承盖并按规定扭力拧紧螺栓。注意：不要转动曲轴。然后取下轴承盖和塑料间隙塞尺，用被压扁的塑料间隙塞尺和间隙条宽度相对照，查得间隙规定宽度对应的间隙值即曲轴的径向间隙。常见车型曲轴间隙检测值如表2-6。

表2-6 常见车型曲轴间隙检测值（单位：mm）

项目	发动机型号	桑塔纳	CA6120	EQ6120 EQ6100-1	BJ492Q
轴向间隙	原厂规定	0.07~0.17	0.15~0.342	0.06~0.27	0.06~0.25
	大修标准			0.06~0.20	0.06~0.25
	使用限度	0.25		0.35	
止推垫圈标准厚度				$3_{-0.06}^{-0.04}$ 曲轴第四道翻边轴承	前 2.4±0.02 后 $2.5_{-0.05}^{0}$

（二）曲轴轴承的检修

曲轴轴承在工作中会发生磨损、合金层疲劳剥落和黏着咬死等；轴承的径向间隙的使用限度超限后，因轴承对机油流动阻尼能力减弱，可导致主油道压力降低而破坏轴承的正常润滑。发生上述情况应更换轴承。另外，发动机总成修理时，也应更换全部轴承。

1. 选择轴承内径

根据曲轴轴承的直径和规定的径向间隙选择内径合适的轴承。现代发动机曲轴轴承制造时，根据选配的需要，其内径直径已制成一个尺寸系列。

2. 检验轴承钢背质量

要求定位凸点完整，轴承钢背光整无损。

3. 检验轴承自由弹开量

要求轴承在自由状态下的曲率半径大于座孔的曲率半径，保证轴承压入座孔后，可借轴承自身的弹力作用与轴承座贴合紧密。

4. 检验轴承的高出量

轴承装入座孔内，上、下两片的每端均应高出轴承座平面0.03~0.05 mm，称为高出量。轴承高出座孔，以保证轴承与座孔紧密贴合，提高散热效果。

（三）飞轮的检修

1. 更换齿圈

当飞轮齿圈有断齿或齿端冲击耗损，与启动机齿轮啮合状况发生变化时，应更换齿圈或飞轮组件。齿圈与飞轮配合过盈为0.30~0.60 mm，更换时，应先将齿圈加热至

623~673 K，再进行热压配合。

2. 修整飞轮工作平面

飞轮工作平面有严重烧灼或磨损沟槽深度超过 0.50 mm 或飞轮端面圆跳动误差超过 0.50 mm 时，应进行光磨修整。

飞轮端面圆跳动误差的检查方法是：将百分表架装在飞轮壳上，表的量头靠在飞轮的光滑端面上，旋转表盘，使"0"对正指针，转动飞轮一圈，百分表的读数差，即端面圆跳动误差。修整并与曲轴装配后的飞轮端面圆跳动误差不得大于 0.15 mm，飞轮厚度极限减薄量为 1.2 mm。

3. 曲轴、飞轮、离合器总成组装后进行动平衡试验

飞轮修复后，工作面应平整、无裂痕，其平面度误差应小于 0.10 mm。飞轮的厚度一般不得小于标准尺寸 1.2 mm。飞轮与曲轴组装后，飞轮平面对曲轴轴线的端面全跳动应小于 0.20 mm。更换飞轮或齿圈、离合器压盘或总成之后，都应重新进行组件的动平衡试验。

课后测评

1. 曲柄连杆机构由哪些部件组成？其功用是什么？
2. 全浮式活塞销有什么优点？为什么要用卡环进行轴向定位？
3. 配缸间隙指的是什么？
4. 活塞纵断面呈什么形状？裙部横断面呈形状？为什么？
5. 曲轴扭转减振器的减振原理是什么？常见的曲轴扭转减振器有哪几种？
6. 曲轴怎样进行轴向定位？为什么只能在一处进行轴向定位？
7. 怎样测量汽缸的磨损？
8. 简要说明选配活塞的方法。
9. 怎样检测汽缸体和汽缸盖密封平面的变形？
10. 怎样选配活塞销？
11. 怎样选配活塞环？
12. 怎样选配主轴瓦和连杆瓦？
13. 怎样检查曲轴的轴向间隙？
14. 怎样检查曲轴主轴瓦和连杆瓦与轴颈的间隙？
15. 主轴瓦响、连杆瓦响、活塞敲缸响和活塞销响，各有什么现象？
16. 什么是修理尺寸法？

项目三　配气机构检修

项目描述

一辆华晨 H530 出租车在行车过程中出现冒黑烟、回火、加速无力和气门异响等现象，进厂经检测后确认发动机大修，需对配气机构进行拆解、检测维修，为此我们必须了解发动机配气机构的知识。

通过本项目了解发动机的配气机构的组成及其工作原理，配气机构主要零部件的检修方法，配气机构常见故障及诊断方法。

任务一　配气机构结构认识

知识目标

1. 理解配气机构的作用、类型及组成。
2. 理解配气相位。
3. 认识配气机构的主要零部件。

能力目标

1. 能对配气机构的零部件进行拆卸。
2. 拆卸配气机构时能做好相应的记号和标记。
3. 熟练查阅维修资料，正确判断配气机构常见故障及诊断方法。

一、配气机构的作用

配气机构是进、排气通道的控制机构,按照发动机的工作顺序和各缸工作循环的要求,适时开启和关闭进、排气门,向汽缸供给可燃混合气(汽油机)或新鲜空气(柴油机),并及时排出废气。四冲程发动机都采用气门式配气机构。

二、配气机构的分类与组成

(一)配气机构的分类

配气机构的分类如表 3-1 所示。

表 3-1 配气机构的分类

分类	类型	说明	图示
气门驱动形式	摇臂驱动式	凸轮轴推动液力挺柱,液力挺柱推动摇臂,摇臂再驱动气门;或凸轮轴直接驱动摇臂,摇臂驱动气门	
	摆臂驱动式	由于摆臂驱动气门的配气机构比摇臂驱动式刚度更好,更适用于高速发动机,因此在轿车发动机上的应用比较广泛。如 CA488、克莱斯勒 A452、奔驰 QM615 等发动机采用单上置凸轮轴(SOHC)摆臂驱动式配气机构;而本田 B20A、尼桑 VH45DE、三菱 3G81 等发动机采用双上置凸轮轴(DOHC)摆臂驱动式配气机构	
	直接驱动式	凸轮通过吊杯形机械挺柱驱动气门或通过吊杯形液力挺柱驱动气门。与上述各种形式的配气机构相比,直接驱动式配气机构的刚度最大,驱动气门的能量损失最小。因此,在高度强化的轿车发动机上得到广泛的应用。如奥迪、捷达、桑塔纳、马自达 6、欧宝 V6、奔驰 320E 等均为直接驱动式配气机构	

续 表

分类	类型	说明	图示
气门安装位置	气门顶置式	气门位于汽缸盖上，称为气门顶置式配气机构。国产车发动机大都采用气门顶置式配气机构	
	气门侧置式	气门位于汽缸体侧面，称为气门侧置式配气机构	
凸轮轴布置位置	凸轮轴下置式	凸轮轴位于汽缸体的下部，主要缺点是气门和凸轮轴相距较远，因而气门传动零件较多，结构较复杂，发动机高度也有所增加	
	凸轮轴中置式	凸轮轴位于汽缸体的中部，由凸轮轴经过挺柱直接驱动摇臂	
	凸轮轴上置式	凸轮轴位于在汽缸盖上。凸轮轴上置有两种结构，一种是凸轮轴直接通过摇臂来驱动气门；另一种是凸轮轴直接驱动气门或带液力挺柱的气门	

续　表

分类	类型	说明	图示
凸轮轴与曲轴的传动方式	齿轮传动式	凸轮轴下置、中置的配气机构大多采用圆柱形正时齿轮传动	
	链条传动式	链条与链轮的传动适用于凸轮轴上置的配气机构	
	齿形皮带传动式	高转速汽油发动机广泛采用齿形皮带传动方式	
每缸气门数	二气门式	一般发动机都采用每缸两个气门，即一个进气门和一个排气门的结构	
	多气门式	现代汽车发动机上多采用每缸四个气门结构，即两个进气门和两个排气门。也有采用三个或五个气门的结构形式	

（二）配气机构的组成

配气机构通常由气门组和气门传动组两部分组成。不同的配气机构气门组的组成相似，气门传动组的差异较大。如图3-1，是凸轮轴上置式配气机构（桑塔纳JV型发动机）的组成。

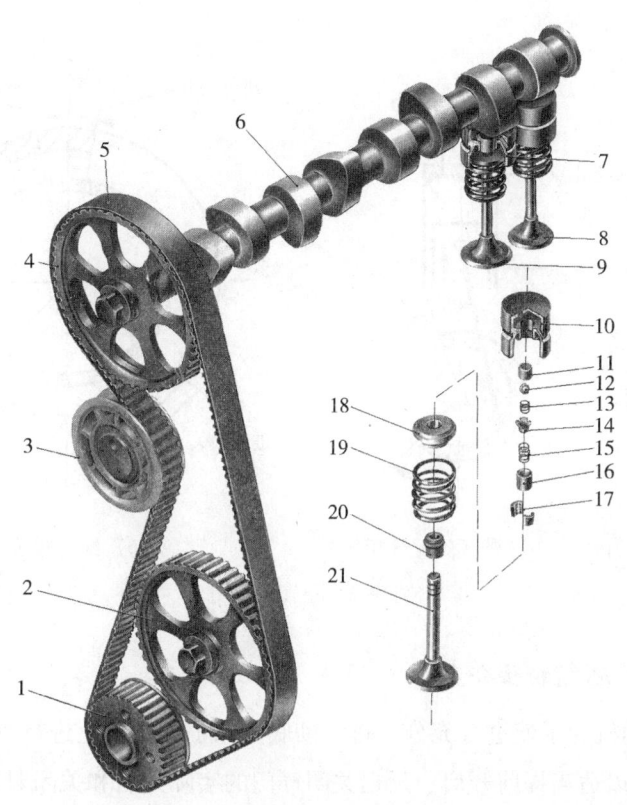

1—曲轴正时齿形带轮　2—中间轴齿形带轮　3—张紧轮　4—凸轮轴正时齿形带
5—正时齿形带　6—凸轮轴　7—液力挺柱组件　8—排气门　9—进气门　10—挺柱体
11—柱塞　12—单向阀钢球　13—小弹簧　14—托架　15—回位弹簧　16—油缸
17—气门锁片　18—上气门弹簧座　19—气门弹簧　20—气门油封　21—气门

图3-1　桑塔纳JV型发动机配气机构组成

三、配气相位

以曲轴转角表示的进、排气门开闭时刻及其开启的持续时间称为配气相位。通常用环形图表示配气相位图，如图3-2（c）所示。

（一）理论上的配气相位分析

在前面讲述四冲程发动机的工作原理时，为了便于理论分析，认为进气门在活塞处于上止点时开启，活塞运动到下止点时关闭；排气门在活塞处于下止点时开启，活塞运动到上止点时关闭。进、排气过程分别在活塞的一个行程内完成，即进气时间和排气时间各占180°曲轴转角。但由于发动机的实际转速很高，活塞每一行程所用时间极短，这样短时间的进气或排气过程，会导致发动机进气不充分，排气不彻底，使发动机的功率下降。

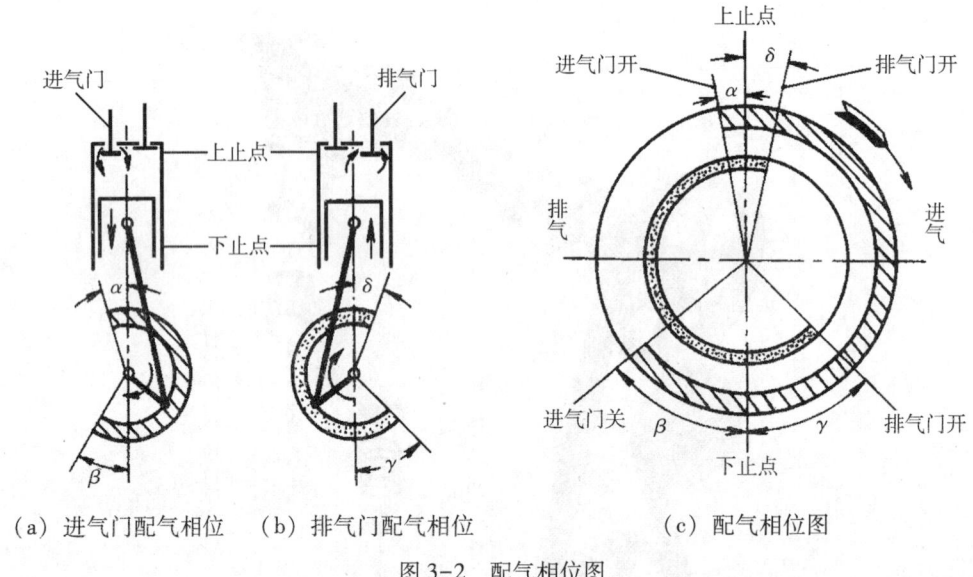

(a) 进气门配气相位　(b) 排气门配气相位　(c) 配气相位图

图3-2　配气相位图

（二）实际的配气相位分析

现代汽车发动机为了使进气充分、排气彻底，除了从结构上进行改进外（如增大进、排气管道），还可以适当提前开启、延迟关闭气门的实际开启和关闭时刻，使气门持续开启过程对应的曲轴转角大于180°，以延长进、排气的时间，改善进、排气状况，提高发动机的动力性。

1. 进气门配气相位

（1）进气提前角

在排气冲程接近终了，活塞到达上止点之前，进气门便开始开启。从进气门开启到活塞处于上止点所对应的曲轴转角称为进气提前角，用 α 表示。进气提前角一般为10°~30°。

进气门提前开启是为了保证进气冲程开始时进气门能有较大的开度，以获得较大的进气通道截面，减小进气阻力，使进气顺畅。

（2）进气迟后角

在进气冲程活塞到达下止点过后，活塞又上行一段后进气门才关闭。从下止点到进气门关闭所对应的曲轴转角称为进气迟后角，用 β 表示。进气迟后角一般为40°~60°。

进气门迟后关闭是因为活塞到达下止点时，由于进气阻力的影响，汽缸内的压力仍低于大气压，在压缩冲程开始阶段，活塞上移速度较慢的情况下，利用气流的惯性和压力差在进气迟后角内继续进气，这样有利于充气。

如图3-2（a），进气过程中，进气门开启的持续时间对应的曲轴转角为 $\alpha+180°+\beta$。

2. 排气门配气相位

（1）排气提前角

在做功冲程接近终了，活塞到达下止点前，排气门便开始开启。从排气门开启到活塞处于下止点时所对应的曲轴转角称为排气提前角，用 γ 表示。排气提前角一般为 $40°\sim80°$。

排气门提前开启是因为在做功冲程活塞接近下止点时，汽缸内气体虽有 $0.3\sim0.5\ \text{MPa}$ 的压力，但对活塞做功的作用已经不大，这时若稍开启排气门，大部分废气在自身压力作用下可迅速从缸内排出。当活塞到达下止点时，汽缸内压力已大大下降，这时，排气门的开度进一步增加，会使排气冲程所消耗的功率大大下降。此外，高温废气的早排，还可防止发动机过热。

（2）排气迟后角

在排气冲程活塞到达上止点过后，活塞又下行一段后排气门才关闭。从上止点到排气门关闭所对应的曲轴转角称为排气迟后角，用 δ 表示。排气迟后角一般为 $10°\sim30°$。

排气门迟后关闭是因为活塞到达上止点时，汽缸内废气的压力仍高于大气压，且废气具有一定的惯性，排气门适当迟后关闭，可使废气排放更干净。

如图3-2（b），排气过程中，排气门开启的持续时间对应的曲轴转角为 $\gamma+180°+\delta$。

3. 气门叠开

进气门在活塞到达上止点前就开启，排气门在活塞到达上止点后才关闭，这就出现了活塞在上止点附近的一段时间内，同一汽缸的进、排气门同时开启的现象，这一现象称为气门叠开。气门叠开时对应的曲轴转角称为气门叠开角，如图3-2（c），其值为 $\alpha+\delta$。

常见汽车发动机配气相位参数

气门叠开的时间极短，在叠开期间进、排气门的开度均比较小，由于新鲜气流和废气流的流动惯性较大，在短时间内不会改变流向，因此，只要气门叠开角选择适当，废气就不会倒流入进气管，新鲜气体也不会随同废气排出。相反，进入汽缸内的新鲜气体产生的排挤作用，有利于废气的排出，且气门叠开延长了进、排气门实际开启的时间，使进气更充分，排气更彻底。如果气门叠开角过大，当汽油机小负荷运转时，若进气管内压力很低，就可能出现废气倒流的情况，使进气量减少。

任务二　气门组件结构认识和检修

知识目标

1. 理解气门组件的结构、类型和作用。
2. 熟悉汽车发动机气门组检修作业注意事项。
3. 熟练掌握发动机气门组检修信息。

能力目标

1. 能查阅资料，能对配气机构的气门组零部件进行拆卸。
2. 能制订汽车发动机配气机构气门组检修计划。
3. 能正确使用研磨工具对气门进行研磨。
4. 能正确选用和使用维修工量具对气门组件进行检修。

相关知识

一、气门组件的组成、类型和作用

气门组件由气门、气门座、气门导管、气门弹簧、锁片、卡簧、弹簧座等零件组成（如图3-3），有的进气门还设有气门旋转机构。为了实现汽缸的密封，气门头部与气门座圈贴合严密；气门上下运动灵活；气门弹簧应保证气门头在气门座上的正确位置，不偏不斜；气门弹簧应有足够的弹力。

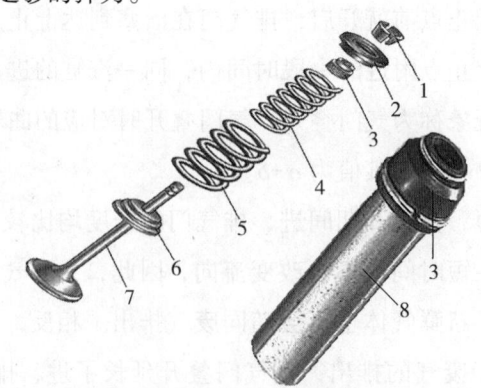

1—气门锁片　2—气门弹簧座（上）　3—气门油封　4—气门弹簧（内）
5—气门弹簧（外）　6—气门弹簧座（下）　7—气门　8—气门导管
图3-3　气门组件的构造

（一）气门

1. 气门的作用

气门分进气门和排气门两种。气门由头部和杆部两部分组成，头部用来封闭汽缸的进、排气道；杆部用于给气门工作时导向和散热。

2. 气门的工作条件

气门的工作条件非常恶劣。气门直接与高温燃气接触，受热严重，而散热困难，因此气门温度很高；气门承受气体力、气门弹簧力及运动件的惯性力等冲击；气门的工作频率很高，润滑条件很差。

进气门一般用中碳合金钢制造，如铬钢、铬钼钢和镍铬钢等。排气门则采用耐热合金钢制造，如硅铬钢、硅铬钼钢、硅铬锰钢等。

3. 气门的构造

气门由头部、杆身和尾部组成。头部用来封闭汽缸的进、排气通道，杆身和尾部主要是为气门运动导向（如图 3-4）。

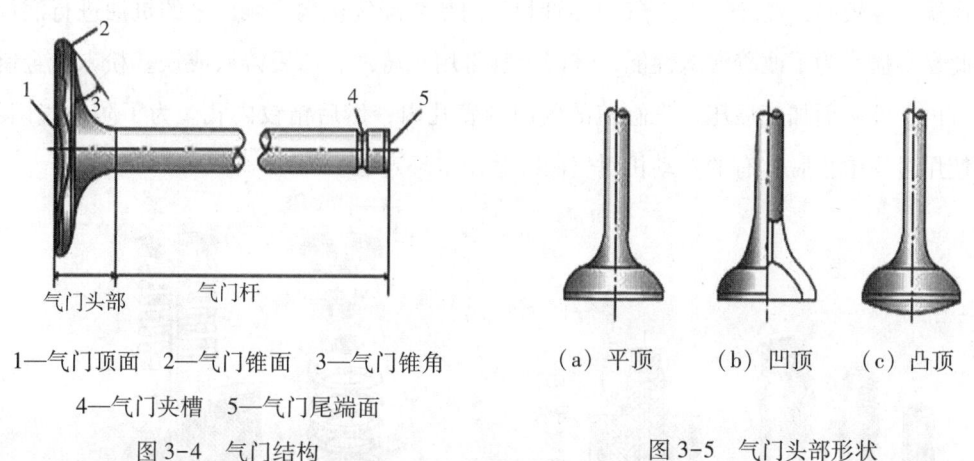

1—气门顶面　2—气门锥面　3—气门锥角
4—气门夹槽　5—气门尾端面

图 3-4　气门结构

（a）平顶　（b）凹顶　（c）凸顶

图 3-5　气门头部形状

气门头顶部形状有平顶、凹顶和凸顶（如图 3-5），采用最多的是平顶。为了减少进气阻力，提高汽缸的充气效率，多数发动机进气门头部直径比排气门大。当两气门一样大时，气门一般有标记。

气门头部与气门座接触的工作面称为气门密封锥面，通常将这一锥面与气门顶平面的夹角称为气门锥角，气门锥角一般为 45°，也有 30°（如图 3-6）。气门头部边缘厚度一般为 13 mm。为保证良好的密合，装配前应将气门头与气门座密封锥面互相配对研磨。

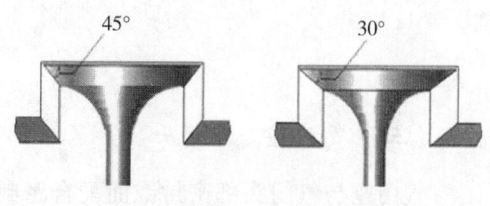

图 3-6　气门锥角

气门头部的热量通过气门座和气门杆,经气门导管传给汽缸盖。气门头部向气门杆过渡部分的几何形状应尽量做到圆滑,以防应力集中增加强度,还可减少气流阻力。

气门杆呈圆柱形,在气门导管中做往复直线运动,其表面应具有较高的加工精度,并经热处理以保证同气门导管的配合精度和耐磨性,并起到良好的导向、散热作用。气门杆端的形状决定于气门弹簧的固定方式。常用的结构是用剖分或两半的锥形锁片来固定弹簧座。这时,气门杆的端部可切出环槽来安装锁片。有的发动机的气门弹簧座用锁销来固定,故其气门杆端有一个用来安装锁销的径向孔。在气门杆上安装气门油封,可以防止发动机机油通过气门杆与导管之间的间隙被吸入汽缸,以减少机油的消耗和燃烧室产生积碳。

(二) 气门导管

气门导管的作用是给气门的运动导向,并给气门散热。

气门导管的结构如图3-7。为了保证导向,气门导管应有一定的长度。气门导管的工作温度也较高,约230 ℃。气门导管和气门是靠配气机构飞溅出来的机油进行润滑的,因此易磨损。为了改善润滑性能,气门导管常用灰铸铁、球墨铸铁或铁基粉末冶金制造。导管内、外圆面加工后压入汽缸盖的气门导管孔内,然后精铰内孔。为了防止气门导管在使用过程中松脱,有的发动机对气门导管用卡环定位。

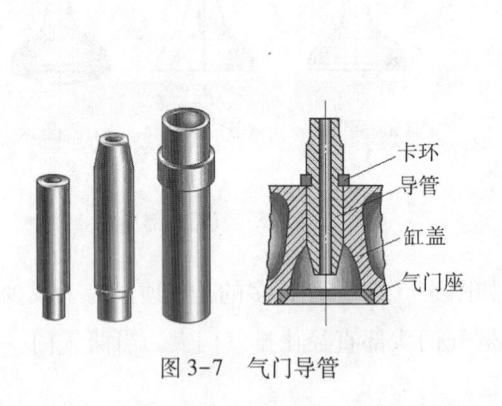

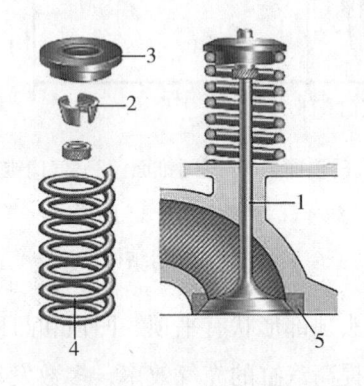

图3-7 气门导管

1—气门 2—气门锁片 3—弹簧座
4—气门弹簧 5—气门座圈

图3-8 气门组件

(三) 气门座

气门座与气门头部密封锥面配合密封汽缸,并吸收气门头部的热量。气门座可在缸盖或缸体上直接镗出,也可以采用镶嵌式结构(如图3-8)。镶嵌式结构气门座都采用较好的材料。镶嵌式气门座导热性好,加工精度要求较高,工作时容易脱落。因此当在缸盖上直接加工的气门座能满足要求时，最好不用镶嵌式气门座。

（四）气门弹簧

气门弹簧（如图3-8）的作用是克服气门关闭过程中气门及传动件的惯性力，保证气门回位。在气门关闭时，保证气门与气门座之间的密封；在气门开启时，保证气门不因运动时产生的惯性力而脱离凸轮。气门弹簧多为圆柱形螺旋弹簧，一端支撑在汽缸盖上，另一端压靠在气门杆尾端的弹簧座上，弹簧座用锁片固定在气门杆的尾端。为防止气门工作时发生共振，通常采用如下措施：

1. 提高气门弹簧的自然振动频率，提高弹簧自身刚度。
2. 可采用不等螺距的圆柱弹簧。
3. 采用双气门弹簧，直径不同，旋向相反的内外弹簧。

（五）锁片、卡簧

锁片、卡簧的功用是在气门弹簧力的作用下把弹簧座和气门杆锁住，使弹簧力作用到气门杆上。

气门旋转机构

二、气门组件检修

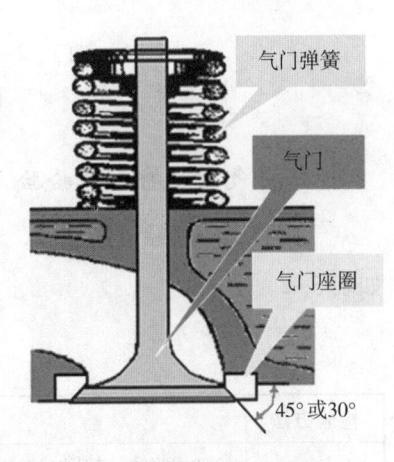

（一）气门与气门座的配合

气门与气门座配合良好与否是决定配气机构正常工作的重要环节，它直接影响到汽缸的密封性，对发动机的动力性和经济性关系极大。气门与气门座（如图3-9）的配合要求如下：

研磨工具的使用

1. 气门与气门座工作锥面角度应一致。
2. 气门与气门座的密封带位置在中部靠里。过于靠外，会使气门的强度降低；过于靠里，会造成与气门座接触不良。
3. 气门与气门座的密封带宽度应符合原设计规定，一般为 1.0~2.5 mm。排气门大于进气门的宽度；柴油机大于汽油机的宽度。密封带宽度过小，将使气门磨损加剧，形成凹陷；密封带宽度过大，影响密封性，并易引起气门烧蚀。
4. 气门工作锥面与杆部的同轴度和气门座与导管的同轴度应不大于 0.05 mm。
5. 气门杆与导管的配合间隙应符合原厂规定。

图3-9 气门与气门座

45°或30°
气门弹簧
气门
气门座圈

(二) 气门的耗损与检验

气门的常见耗损是：气门杆部及尾端的磨损、气门工作锥面的磨损与烧蚀、气门杆弯曲变形等。

气门应予换新的耗损情况：

1. 轿车的气门杆的磨损大于 0.05 mm，载货汽车的气门杆的磨损量大于 0.10 mm，或出现明显台阶形磨损。

2. 气门头圆柱面的厚度小于 1.0 mm，但气门头圆柱部分厚度过小会增加燃烧室容积，影响发动机工作的平稳性，同时使气门头的强度降低。此外，在气门落入气门座的瞬间，尤其是重型柴油机的气门，在高冲击波的作用下可能会出现振样，容易引起密封带的烧蚀。

3. 气门尾端的磨损大于 0.5 mm。

4. 当气门杆的直线度误差大于 0.05 mm 时，应予更换或校直，校直后的直线度误差不得大于 0.02 mm。气门的直线度按图 3-10 检查。

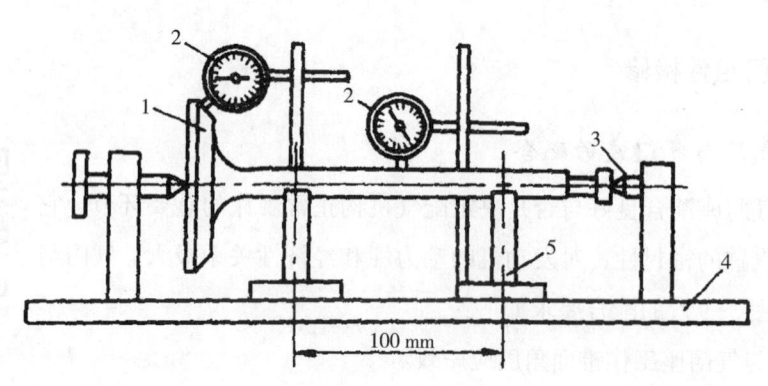

1—气门　2—百分表　3—顶尖　4—平板　5—V 型块

图 3-10　气门直线度的检查

(三) 气门的密封性检验

气门和气门座经过修理后，通常要进行气门的密封性检验。气门的密封性检验方法如表 3-2。

表 3-2　气门密封性检验

检验方法	检验过程
划线法	检验前将气门及气门座清洗干净，在气门锥面上用软铅笔沿径向均匀地划上若干条线，每条线相隔 4 mm（如图 3-11）。然后与相配气门座接触，略压紧并转动气门 45°~90°。取出气门，查看铅笔线条，如铅笔线条均被切断，则表示密封良好。否则，应重新研磨

续　表

检验方法	检验过程
涂红丹法	在气门工作面上涂抹一层轴承蓝或红丹，然后用橡皮捻子吸住气门在气门座上旋转$\frac{1}{4}$圈，再将气门提起，若轴承蓝或红丹布满气门座工作面一周而无间断，且十分整齐，即表示密封良好
渗油法	可用煤油或汽油倒在装好气门的燃烧室里，5 min 内检视气门与气门座接触处是否有渗漏现象，如无渗漏即合格（如图 3-12）
气压试验法	气门与气门座密封性试验器由气压表、空气容筒及橡皮球等组成。试验时，先将空气容筒紧密贴在气门头部周围，再压缩橡皮球，使空气容筒内具有一定压力（68.6 kPa 左右）。如果在半分钟内，气压表的读数不下降，则表示气门与气门座的密封性良好（如图 3-13）

图 3-11　划线法

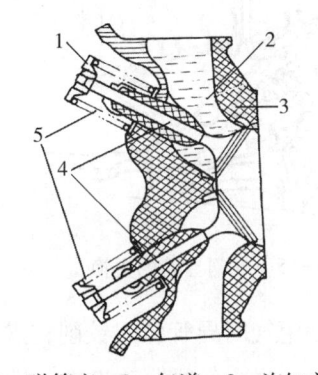

1—弹簧座　2—气道　3—汽缸盖
4—气门　5—气门弹簧

图 3-12　渗油法

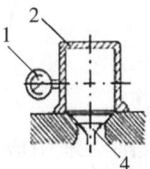

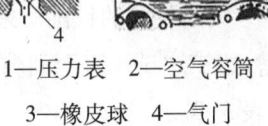

1—压力表　2—空气容筒
3—橡皮球　4—气门

图 3-13　气压试验法

（四）气门导管的修配

当气门导管与汽缸盖承孔过盈量过小或气门导管磨损严重，会使气门杆与气门导管的配合间隙超过限度，此时应予以更换。

气门与气门导管间隙检查如图 3-14，将气门插入导管中，用磁性座百分表测量配合间隙。

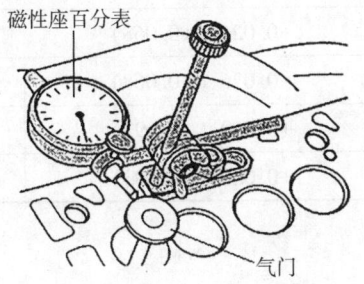

图 3-14　气门与气门导管间隙的测量

经验检查法：将气门杆和导管擦净，在气门杆上涂一层薄机油，将气门放入气门导管后，上下拉动数次后，气门在自重下能徐徐下落，表示气门杆与气门导管的配合间隙适当。

气门导管更换的步骤如下：

1. 用外径略大于气门导管内孔直径的阶梯轴压出气门导管。
2. 选择外径尺寸符合要求的新气门导管。
3. 安装气门导管。用细砂布打磨气门导管承孔口，在承孔内壁与导管外表面上涂少许机油，并放正气门导管，按住铜质的阶梯轴，用压力机或锤子将气门导管装入承孔内（如图3-15）。

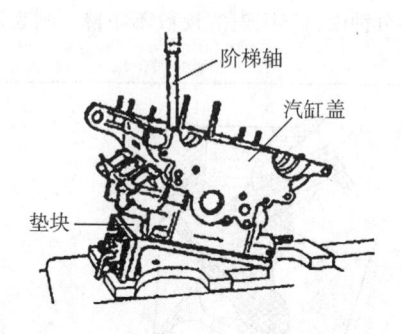

图3-15 气门导管的更换

4. 气门导管的铰削。采用成型专用气门导管铰刀铰削，进刀量不易过大，铰刀保持垂直，边铰边试，直至间隙合适为止。常见车型发动机进、排气门杆与气门导管配合间隙如表3-3。

表3-3 常见车型发动机进、排气门杆与气门导管配合间隙

车型	气门	配合间隙（单位：mm）	使用极限间隙（单位：mm）
桑塔纳	进气门	+0.035（+0.070）	+1.00
	排气门	+0.035（+0.070）	+1.30
捷达	进气门	+0.035（+0.065）	+1.02
	排气门	+0.035（+0.065）	+1.30
别克	进气门	+0.026（+0.068）	—
	排气门	+0.026（+0.068）	—
解放6102	进气门	+0.050（+0.093）	0.20
	排气门	+0.050（+0.093）	0.20

（五）气门弹簧的试验

气门弹簧经长期使用后会出现断裂、歪斜、弹力减弱等耗损。气门弹簧的歪斜将影

响气门关闭时的对中性，使气门关闭不严，容易烧蚀密封带，破坏气门旋转机构的正常工作。气门弹簧的外圆柱面在全长上对底面的垂直度公差为 1.5 mm，大于 1.5 mm 时，应予更换。气门弹簧的弹力应在弹簧检验仪上进行检验，检验结果应符合标准弹簧弹力。当弹簧弹力的减小值大于原厂规定的 10% 时，应予以更换。气门弹簧弹力降低，会使气门关闭时回弹振抖，不但影响汽缸的密封性，还容易烧蚀气门。在无弹簧的原厂数据时，一般可采用新旧弹簧对比或测量弹簧的自由长度减小值来判断，当其自由长度减小值超过 2 mm 时，应予更换。对于气门旋转机构的检验，如出现片弹簧和线圈弹簧变形、断裂、弹力减弱等现象，应予更换。

气门座的修理

任务三　气门传动组件结构认识和检修

知识目标

1. 理解气门传动组件的结构、类型和作用。
2. 熟悉汽车发动机气门传动组检修作业注意事项。
3. 熟练掌握发动机气门传动组检修信息。

能力目标

1. 能查阅资料，能对配气机构的气门传动组零部件进行拆卸。
2. 能制订汽车发动机配气机构气门传动组检修计划。
3. 能正确选用和使用维修工量具对气门传动组件进行检修。

相关知识

一、气门传动组件的组成及工作原理

气门传动组件包括凸轮轴及正时齿轮（或正时齿带或正时链条）、挺柱、推杆、摇

臂、摇臂轴、气门间隙调整螺钉等。不同类型的气门传动组组成不同，如图3-16为凸轮轴上置式气门传动组的组成。

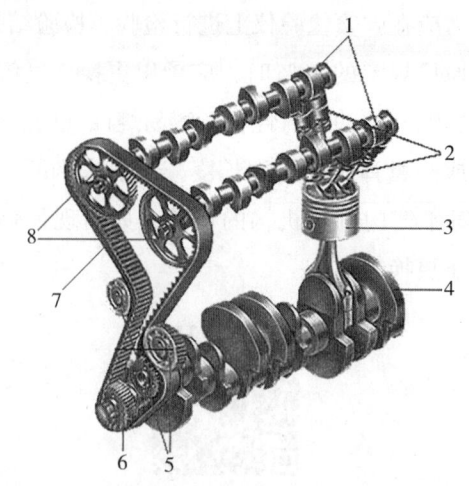

1—凸轮轴　2—气门组　3—活塞　4—曲轴　5—张紧轮
6—曲轴皮带轮　7—正时齿带　8—凸轮轴正时齿

图3-16　气门传动组

气门传动组件的功用是使进、排气门能按配气相位规定的时刻开闭，且保证有足够的开度。

（一）凸轮轴

1. 功用

控制气门的开启和关闭。每一个进、排气门分别有相应的进气凸轮和排气凸轮，使进、排气门能按配气相位规定的时刻开闭，并保证有足够的开度。

2. 工作条件

凸轮轴承受周期性的冲击载荷。凸轮与挺柱之间的接触应力很大，相对滑动速度也很快，因此，凸轮工作表面的磨损比较严重。

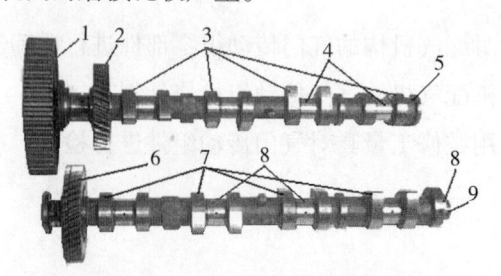

1—正时带轮　2、6—进排气凸轮轴正时齿轮　3、7—凸轮
4、8—凸轮轴颈　5—进气凸轮轴　9—排气凸轮轴

图3-17　丰田5A发动机凸轮轴及正时齿轮

凸轮轴的结构如图3-17。凸轮的形状影响气门的开闭时刻及高度，凸轮的排列影响气门的开闭时刻和工作顺序。

凸轮轴通常用曲轴通过一对正时齿轮驱动，其与曲轴正时齿轮的传动比为1∶2。在装配时，必须将正时记号对正，以保证正确的配气正时和点火时刻。凸轮轴的驱动如图3-18。

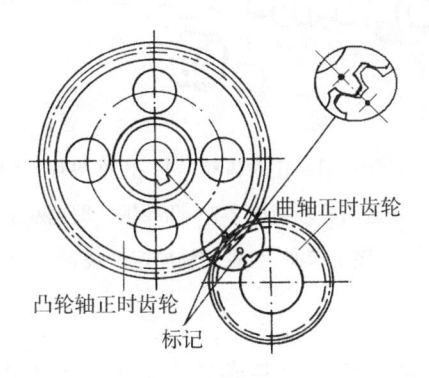

图3-18 凸轮轴的驱动

凸轮轴上主要配置有各缸进、排气凸轮，用以使气门按一定的工作次序和配气相位及时开闭，并保证气门有足够的升程。

为减小系统质量，有些发动机采用了空心凸轮轴。发动机各个汽缸的进气（或排气）凸轮的相对角位置应符合发动机各汽缸的点火次序和点火间隔要求。因此，根据凸轮轴的旋转方向及各进气（或排气）凸轮的工作次序，可判定发动机的点火次序。

例如，四缸四冲程发动机每完成一个工作循环，曲轴旋转两周而凸轮轴只旋转一周，每个汽缸都要进行一次进气、排气，且各缸进气、排气的时间间隔相等，即各缸进（排）气门的凸轮彼此间的夹角均为90°。图3-19（a）中的发动机的点火次序为1-3-4-2，图3-19（b）中的发动机的点火次序为1-5-3-6-2-4。

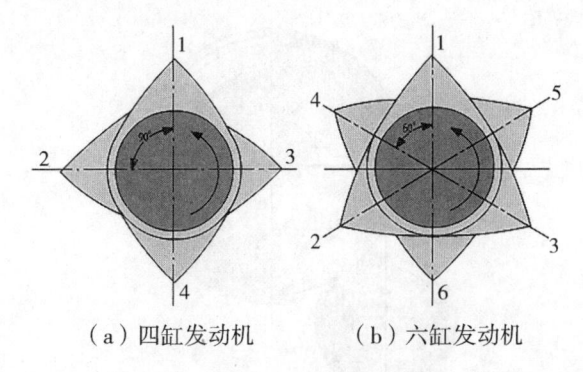

（a）四缸发动机　　（b）六缸发动机

图3-19 发动机进、排气门凸轮夹角

为防止凸轮轴轴向窜动，凸轮轴应有轴向定位装置。采用的方法之一如图3-20，在凸轮轴正时齿轮和凸轮轴第一轴颈端面之间有一块止推垫片 4 与止推垫圈 5。止推垫片用螺栓固定在缸体或缸盖上，以防止凸轮轴产生轴向移动。止推片磨损后可以更换。

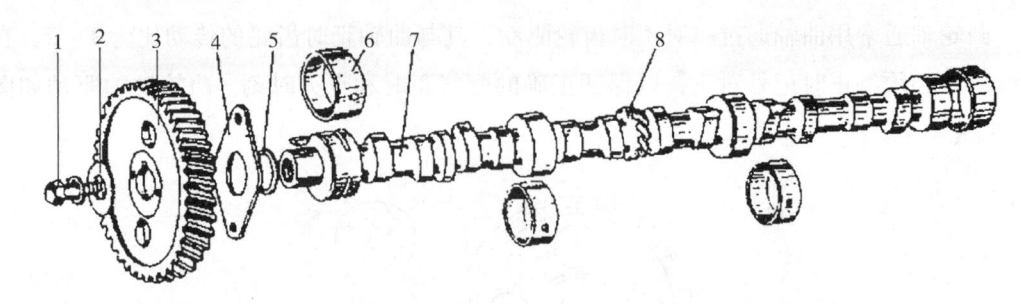

1—螺栓　2—垫圈　3—正时齿轮　4—止推垫片　5—止推垫圈
6—第一道凸轮轴衬套　7—凸轮轴　8—驱动齿轮

图 3-20　凸轮轴轴向定位装置

3. 凸轮轴轴承

中置式和下置式凸轮轴的轴承一般制成衬套先压入整体式轴承座孔内，再加工轴承内孔，使其与凸轮轴轴颈相配合。上置式凸轮轴的轴承多由上、下两片轴瓦对合而成，装入剖分式轴承座孔内。

轴承材料多与主轴承相同，在低碳钢钢背上浇敷减摩合金层。也有的凸轮轴轴承采用粉末冶金衬套或青铜衬套。

4. 凸轮轴传动机构

凸轮轴由曲轴驱动，其传动机构有齿轮式、链条式及齿形带式。

齿轮传动机构（如图 3-21）用于下置式和中置式凸轮轴的传动。汽油机一般只用一对正时齿轮，即曲轴正时齿轮和凸轮轴正时齿轮。柴油机需要同时驱动喷油泵，所以需增加一个中间齿轮。为了保证正确的配气正时和喷油正时，在传动齿轮上刻有定时记号，装配时必须对正记号。

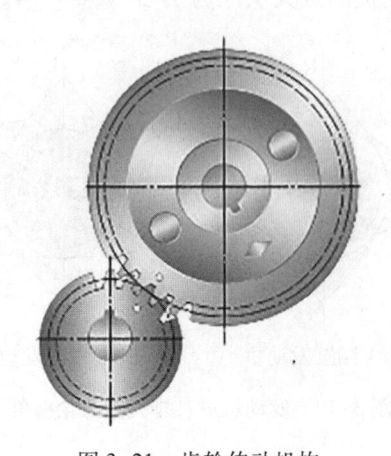

图 3-21　齿轮传动机构

链传动机构（如图3-22）用于中置式和上置式凸轮轴的传动，尤其是上置式。凸轮轴的高速汽油机采用链传动机构，很多链条一般为滚子链，工作时应保持一定的张紧度，避免其产生振动和噪声。为此在链传动机构中，应装有导链板并在链条的松边装置张紧器。

图3-22 链传动机构

图3-23 齿形带传动机构

齿形带传动机构（如图3-23）用于上置式凸轮轴的传动，与齿轮和链传动机构相比具有噪声小、质量轻、成本低、工作可靠和不需要润滑等优点。为了确保传动可靠，齿形带需保持一定的张紧力，为此在齿形带传动机构中设置有张紧轮与张紧弹簧组成的张紧器。

（二）挺柱

1. 功用

挺柱的功用是将来自凸轮的运动和作用力传给推杆或气门，同时承受凸轮所施加的侧向力，并将其传给机体或汽缸盖。挺柱的材料有碳钢、合金钢、镍铬合金铸铁和冷激合金铸铁等。

2. 分类

挺柱可分为机械挺柱和液力挺柱两大类，每一类中又有平面挺柱和滚子挺柱等多种结构形式。

3. 机械挺柱

机械挺柱（如图3-24）的功用是将凸轮的推力传给推杆（或气门杆），并承受凸轮轴旋转时所施加的侧向力。气门顶置式配气机构的挺柱一般采用筒式，以减轻质量。滚轮式挺柱一般用于大缸径柴油机上，这种挺柱结构复杂，质量较大，优点是降低了摩擦力。

挺柱工作时，由于受凸轮侧向推力的作用，会稍有倾斜，由于侧向推力方向是一定的，会引起挺柱与导管之间

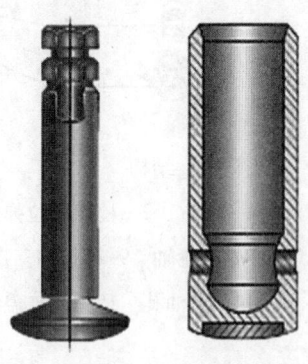

图3-24 机械挺柱

单面磨损,同时挺柱与凸轮固定不变地在一处接触,也会造成磨损不均匀。为了避免产生这种现象,有些汽车发动机挺柱底部工作面都制成球面,凸轮面制成带锥度的形状。

4. 液力挺柱

液力挺柱是具有气门间隙的配气机构,在发动机工作时会发生撞击而产生噪声。为了解决这一问题,有些发动机采用了液力挺柱,如图3-25。

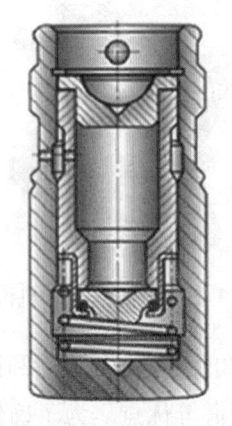

图3-25 液力挺柱

液力挺柱结构及工作原理

液力挺柱有挺柱体、柱塞、油缸、单向球阀、托架、球阀弹簧和柱塞回位弹簧等部件组成,如图3-26(a)。

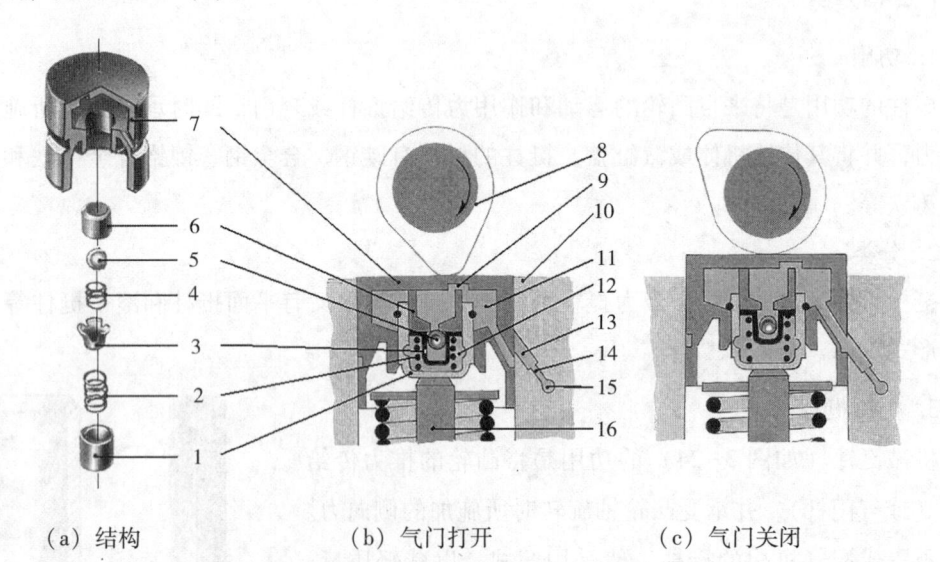

(a)结构　　　(b)气门打开　　　(c)气门关闭

1—油缸　2—柱塞回位弹簧　3—托架　4—球阀弹簧　5—单向球阀　6—柱塞　7—挺柱体　8—凸轮轴　9—键形槽　10—汽缸盖　11—低压油腔　12—高压油腔　13—斜油孔　14—量油孔　15—汽缸盖油道　16—气门杆

图3-26 液力挺柱结构及工作原理

（三）推杆

推杆（如图3-27）的作用是将从凸轮轴传来的推力传给摇臂。推杆是配气机构中最容易弯曲的零件，要求有很高的刚度。在动载荷大的发动机中，推杆应尽量做得短些。推杆的两端焊接有不同形状的端头，下端头通常是圆球形，以与挺柱的凹球形支座相适应；上端头一般制成凹球形，以与摇臂上的气门间隙调整螺钉的球形头部相适应。推杆可以是实心或空心的。

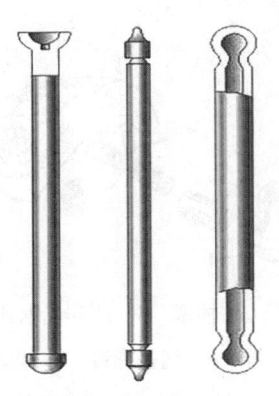

图3-27 推杆

（四）摇臂

摇臂是将推杆传来的力改变方向，作用到气门杆端推开气门。摇臂实际上是一个双臂杠杆，摇臂的两臂长的比值（称为摇臂比）为1.2~1.8，其中长臂一端是推动气门的。端头的工作表面一般制成圆柱形，当摇臂摆动时可沿气门杆端面滚滑，这样可使两者之间的力沿气门轴线作用。在摇臂的短臂一端装有用以调节气门隙的调节螺钉及锁紧螺母。为了防止摇臂的窜动，在摇臂轴上每两摇臂之间都装有定位弹簧。一些顶置凸轮轴发动机完全取消了摇臂，由凸轮轴凸轮直接驱动气门。

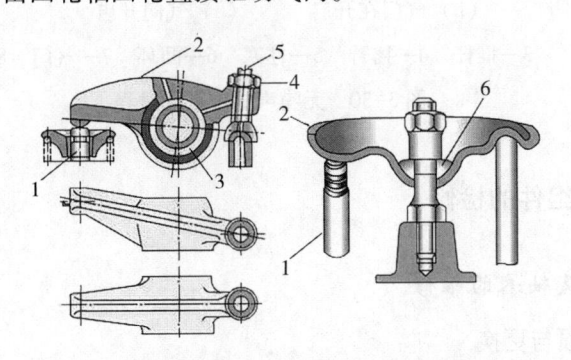

1—气门 2—摇臂 3—摇臂衬套 4—锁紧螺母
5—气门间隙调整螺钉 6—摇臂支点球座

图3-28 摇臂

无噪声摇臂，其组成零件如图 3-29。其中凸环的作用是消除气门和摇臂之间的间隙，从而消除由此产生的冲击噪声。无噪声摇臂的工作过程如图 3-30。凸环以摇臂的一端为支点，并靠在气门杆部的端面上，当气门处于关闭位置时，在弹簧的作用下，柱塞推动凸环向外摆动，消除了气门间隙。气门开启时，推杆向上运动推动摇臂，由于摇臂已经通过凸环和气门杆部接触，因而不会发生冲击噪声。

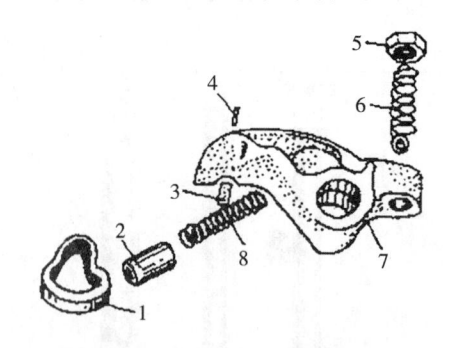

1—凸环 2—柱塞 3—凸环支承弹簧 4—销
5—锁止螺母 6—调整螺钉 7—摇臂 8—弹簧

图 3-29 无噪声摇臂

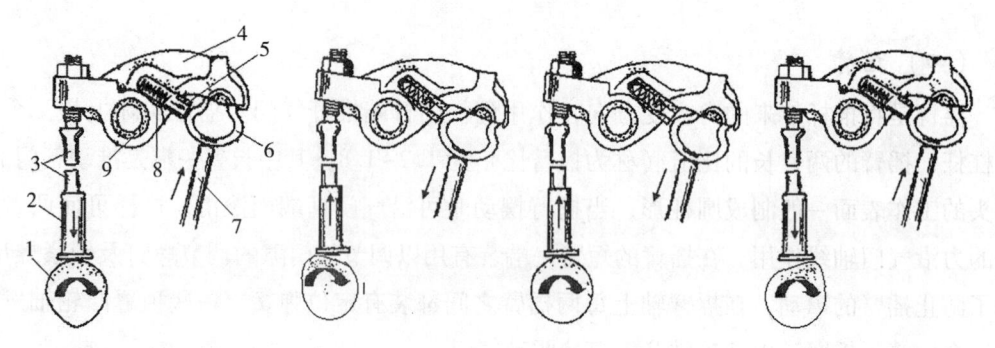

(a) 气门关闭　　(b) 气门在开启　　(c) 气门开启　　(d) 气门在关闭

1—凸轮轴 2—挺柱 3—推杆 4—摇臂 5—柱塞 6—凸环 7—气门 8—弹簧 9—摇臂轴

图 3-30 无噪声摇臂工作过程

二、气门传动组件的检修

（一）凸轮轴及轴承的维修

1. 凸轮轴的耗损与更换

（1）凸轮磨损的检修。当凸轮最大升程值小于规定值（一般轿车为 0.40 mm），或累积磨损量超过 0.80 mm 时，应更换凸轮轴。

（2）凸轮轴轴颈的检修。凸轮轴轴颈的圆度误差大于 0.015 mm，各轴颈的同轴度误差超过 0.05 mm 时，应更换凸轮轴。

2. 凸轮轴轴承的修理

（1）轴承与承孔的过盈量，剖分式轴承为 0.07~0.19 mm；整体式轴承为 0.05~0.13 mn，铝合金汽缸体为 0.03~0.07 mm。

（2）轴承内径与其承孔的位置顺序相适应。轴承内孔的修理有拉削、铰削和镗削等方法。轴颈与轴承的配合间隙一般为 0.02~0.10 mm。凸轮轴轴向间隙一般可用增减固定在汽缸体前端面上、位于凸轮轴第一道轴颈端面与正时齿轮（或链轮）之间的推力片的厚度来调整。

（二）气门挺柱的检修

1. 挺柱底部出现疲劳剥落时，应更换新件。
2. 底部出现环形光环，该光环说明磨损不均匀，应尽早更换新件。
3. 底部出现擦伤划痕时，应更换新件。
4. 挺柱圆柱部分与导孔的配合间隙一般为 0.03~0.10 mm。

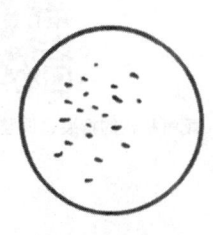

（a）接触良好　（b）底部裂纹　（c）底部疲劳剥落　（d）底部有划痕

图 3-31　挺柱底部配合表面

（三）液力挺柱的检修

液力挺柱与承孔的配合间隙一般为 0.01~0.04 mm，使用限度为 0.10 mm，超过限度或出现挺柱体外侧面及底部过度磨损，液力挺柱泄漏等情况，应更换液力挺柱。

（四）气门推杆的检修

直线度误差应不大于 0.30 mm，杆身不得有锈蚀和裂纹。磨损应控制在 0.03 mm 以内。超过上述参数应更换气门推杆。

（五）摇臂轴和摇臂的修理

摇臂头部应光洁无损。摇臂轴轴颈的磨损量大于 0.02 mm 或摇臂轴与摇臂承孔的配合间隙超过规定值应更换。

（六）正时链轮和链条的检查

1. 正时链条的检查：测量全链长，如图 3-32（a）。

2. 正时链轮的检查：测量最小的链轮直径，如图3-32（b）。超过维修极限尺寸时，应更换链轮和链条。

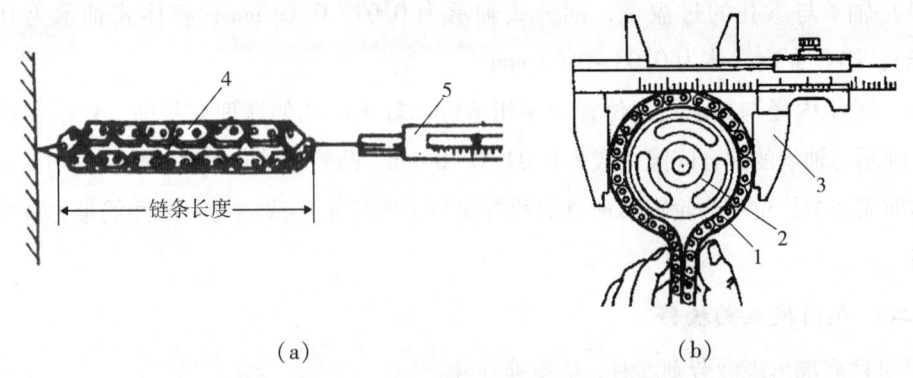

（a）　　　　　　　　（b）

1—链条　2—链轮　3—游标卡尺　4—链条　5—弹簧秤

图3-32　正时链轮和链条的检查

配气机构的拆装、调整和常见故障诊断、排除

课后测评

1. 配气机构的作用是什么？由哪两部分组成？
2. 配气机构的驱动方式有哪些？
3. 气门的排列方式有哪些？
4. 什么叫气门间隙？气门间隙不正常有哪些影响？
5. 什么是配气相位？画出进、排气门的配气相位图。
6. 什么叫气门重叠角？气门重叠角一般为多大？
7. 采用液力挺柱的优点有哪些？
8. 安装双气门弹簧的目的是什么？
9. 简述配气机构的拆装要点。
10. 简述气门间隙的调整步骤。
11. 汽缸压缩压力不足的原因有哪些？
12. 简述气门间隙响的诊断方法。

项目四　汽油机燃料供给系统检修

项目描述

目前汽油发动机几乎都采用了电子控制燃油喷射系统，该系统种类繁多，结构复杂。我们只有系统地学习汽油机燃料供给系统的相关知识，掌握其原理，熟悉其结构，才能更快、更准地进行检修工作。

本项目主要从汽车发动机电控喷射式燃料供给系统组成，介绍电控喷射式燃料供给系统的结构原理及零部件的检修等内容。

任务一　汽油机燃料供给系统认知

知识目标

1. 能理解和说出汽油机燃料供给系统的作用、类型及组成。
2. 能正确描述电控喷射式燃料供给系统可燃混合气的形成、可燃混合气浓度对发动机性能的影响。

能力目标

1. 能正确识别电控汽油发动机的类型。
2. 能正确指出各种传感器、执行器等电控元件的安装位置。

相关知识

汽油机燃料供给系统的任务是根据发动机各种工况的不同要求，供给一定数量的清洁空气和汽油，并形成一定浓度的可燃混合气供入汽缸，使之在临近压缩终了时点火燃烧而膨胀做功,最后将燃烧产生的废气排入大气。

汽油机燃料供给系统有化油器式燃料供给系统和电控喷射式燃料供给系统两大类。化油器式燃料供给系统的最大缺点是不能精确控制混合气的浓度,造成燃烧不完全,废气中有害成分增加,无法适应现代汽油机性能进一步提高的要求。因此,本项目主要以电控喷射式燃料供给系统为例介绍汽油机燃料供给系统。

一、电控喷射式燃料供给系统可燃混合气的形成

电控喷射式燃料供给系统可燃混合气的形成是在进气管或汽缸中进行的。喷油器将来自供油系统具有一定压力的汽油喷到进气道的进气门前(多点喷射),或喷到节气门前方的进气管内(单点喷射),或直接喷入汽缸(缸内喷射),与来自空气供给系统的新鲜空气在缸外(进气管喷射)或缸内(缸内喷射)混合,初步形成可燃混合气。在排气冲程终了,进气门打开,可燃混合气在进气吸力的作用下被吸入汽缸;在压缩冲程中,由于气流运动,在汽缸内进一步形成均匀的可燃混合气。

二、可燃混合气浓度对发动机性能的影响

(一)可燃混合气浓度的表示方法

可燃混合气中燃油占混合气的比例称为可燃混合气浓度。可燃混合气的浓度通常用过量空气系数或空燃比来表示。

1. 过量空气系数

过量空气系数(α)是指在燃烧过程中,燃烧 1 kg 燃料实际供给的空气质量与理论完全燃烧 1 kg 燃料所需要的空气质量之比,即

$$过量空气系数\ \alpha = \frac{燃烧\ 1\ kg\ 燃料实际供给的空气质量}{理论完全燃烧\ 1\ kg\ 燃料所需的空气质量}$$

由上式可知:当 $\alpha=1$ 时,称为理论混合气(又称为标准混合气);当 $\alpha<1$ 时,称为浓混合气;当 $\alpha>1$ 时,称为稀混合气。

2. 空燃比

空燃比(A/F)是指实际吸入发动机中空气的质量与燃料质量的比值,即

$$空燃比(A/F) = \frac{空气质量}{燃油质量}$$

1 kg 汽油理论上完全燃烧时所需的空气为 14.7 kg,即当 A/F=14.7 时,称为理论混合气(又称为标准混合气);当 A/F>14.7 时,称为稀混合气;当 A/F<14.7 时,称为浓混合气。

（二）可燃混合气的浓度对汽油机工作的影响

发动机工作时，采用 α=1（或 A/F=14.7）的理论混合气，只是在理论上保证完全燃烧，实际上，由于时间和空间条件的限制，汽油与空气之间不可能完全绝对地均匀混合，也就不可能实现理论上的完全燃烧。

当采用 α=0.85~0.95（或 A/F=12.50~13.97）的浓混合气时，燃烧速度最快，发动机的功率较大，故称之为功率混合气。

当采用 α=1.05~1.15（或 A/F=15.44~16.97）的稀混合气时，可以保证混合气的完全燃烧，经济性最好，故称之为经济混合气。

如果想要发动机输出较大功率，动力性好，应使用较浓的混合气，但要以牺牲经济性为代价；如果想要发动机油耗率低，则应使用较稀的混合气，但要以牺牲动力性为代价。当 α 在 0.88~1.11（或 A/F 在 12.94~16.32）时，可使发动机的动力性和经济性有较好的折中。

发动机各种工况对混合气浓度的要求

三、燃油喷射系统组成

汽车发动机电控喷射式燃料供给系统由进气系统、燃料供给系统、排气系统、电子控制系统组成，如图 4-1 所示，电控喷射式燃料供给系统组成框图如图 4-2 所示。

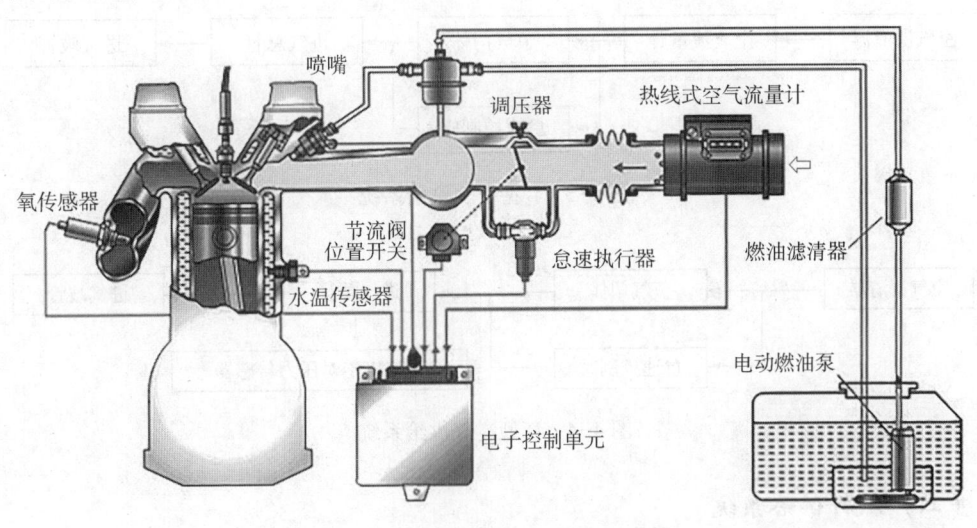

图 4-1 发动机电控喷射式燃料供给系统

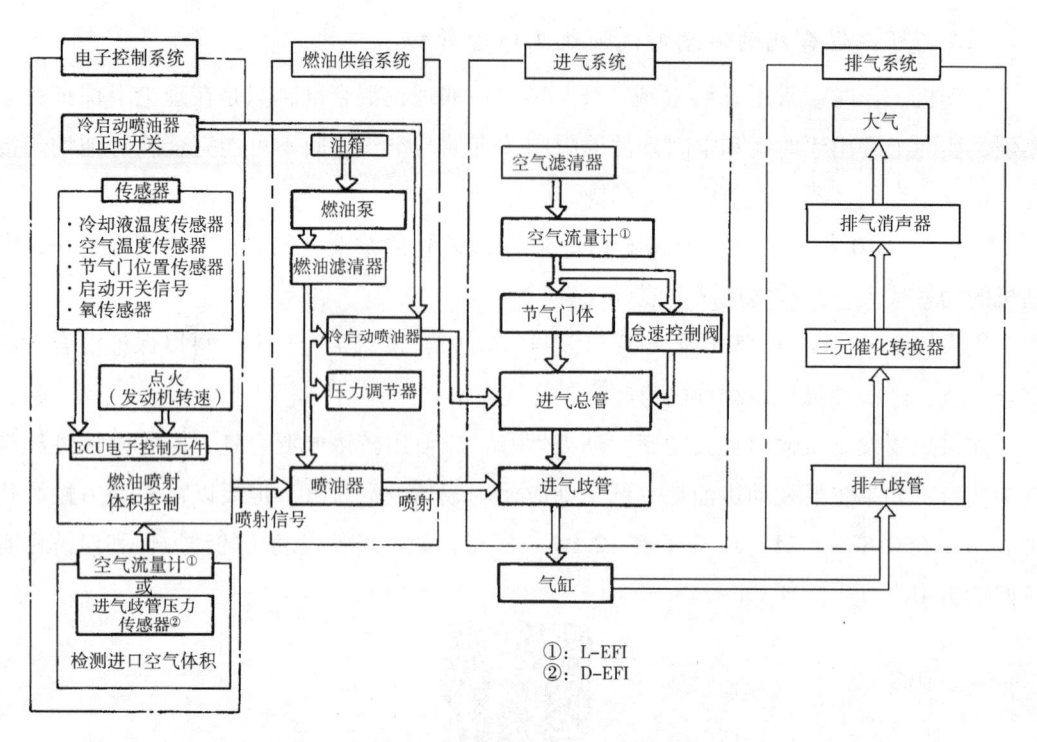

图 4-2 电控喷射式燃料供给系统组成框图

（一）进气系统

功用：向发动机提供与负荷相适应的清洁的空气，同时测量和控制进入发动机汽缸的空气量，使它们在系统中与喷油器喷出的汽油形成空燃比符合要求的可燃混合气；同时于有限的汽缸容积中尽可能多且均匀地供气。

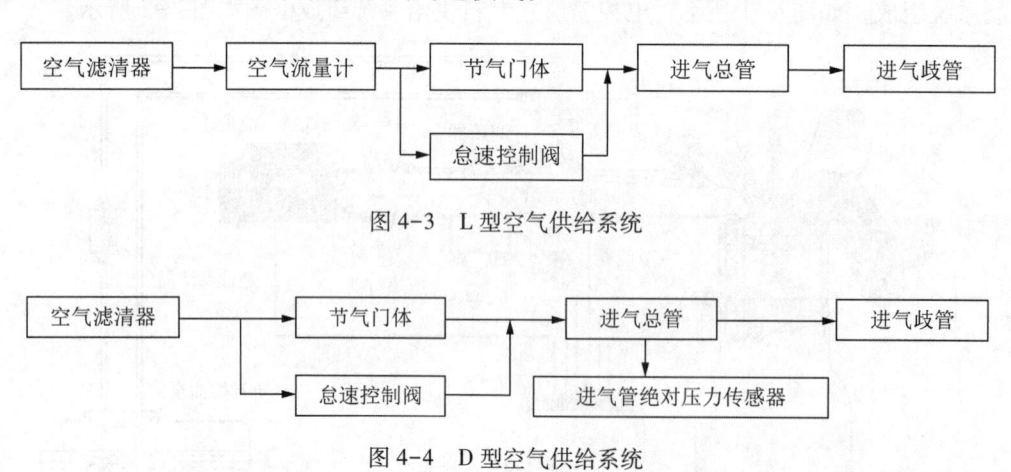

图 4-3 L 型空气供给系统

图 4-4 D 型空气供给系统

（二）燃料供给系统

功用：储存并滤清汽油，根据发动机各工况的要求向发动机供给清洁的、具有适当压力并经精确计量的汽油。

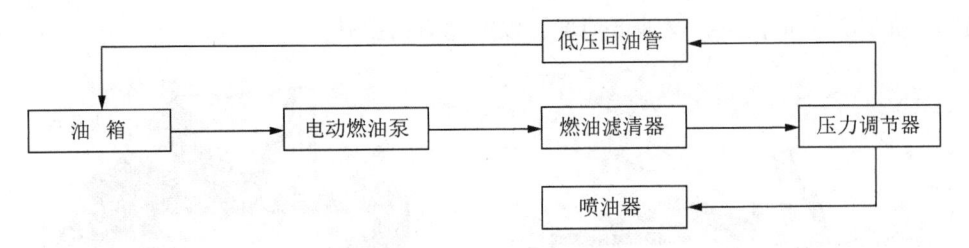

图 4-5 燃料供给系统

(三) 排气系统

功用：汇集各汽缸的废气，减小排气噪声和消除废气中的火焰和火星，使废气安全地排入大气，并对废气中的有害物质进行排放控制。

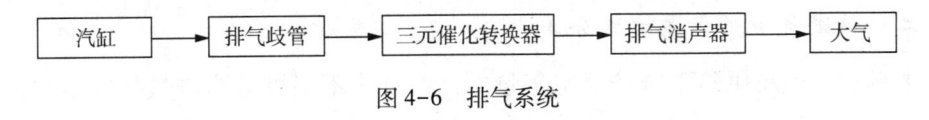

图 4-6 排气系统

(四) 控制系统

功用：根据发动机和汽车不同的运行工况，确定并执行发动机最佳的控制方案，保证发动机的动力性能、经济性能和排放性能在各种工况下都处于最佳工作状态。同时具有故障自诊断功能。

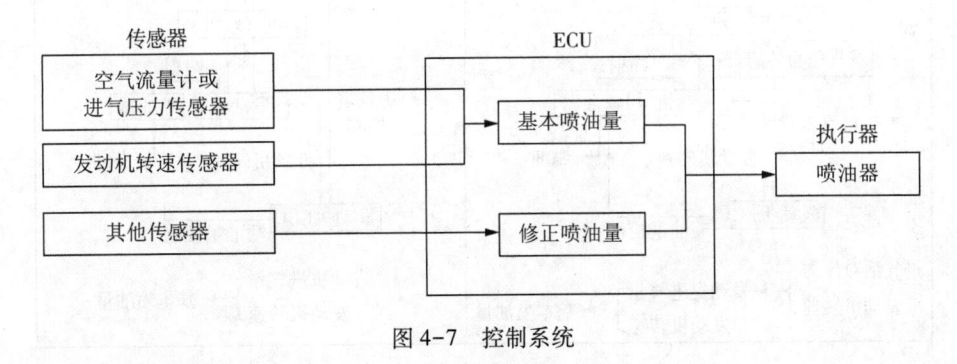

图 4-7 控制系统

四、汽油机电控喷射式燃料供给系统类型

(一) 按喷射位置不同分类

按喷射位置不同，电控喷射式燃料供给系统可分为进气管喷射和缸内直接喷射两种类型。进气管喷射由于喷油器离燃烧室有一定的距离，汽油同空气的混合情况受进气气流和气门开关的影响较大，并且微小的燃油颗粒会吸附在管道壁上。缸内直接喷射是将

高压燃油直接注入燃烧室，使其平顺高效地燃烧，以期通过均匀燃烧和分层燃烧实现在高负荷，尤其是低负荷下，燃油低消耗，以及动力的提升。

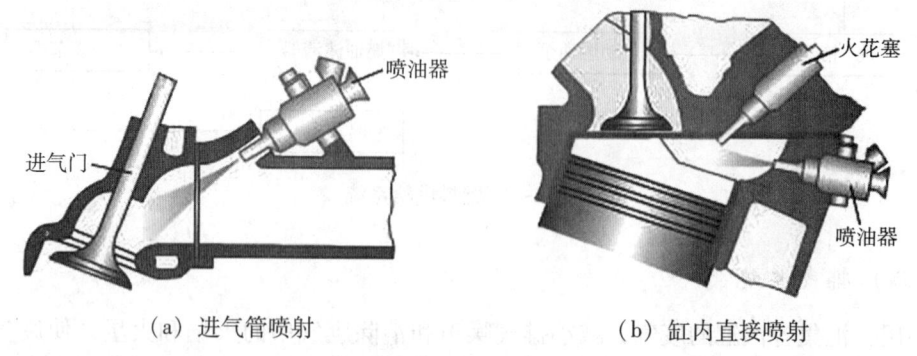

（a）进气管喷射　　　　　　（b）缸内直接喷射

图 4-8　喷射部位

（二）按进气量的计量方式分类

电控喷射式燃料供给系统按对空气量的计量方式不同可分为进气歧管压力计量式（D 型）和空气流量计量式（L 型）两类。

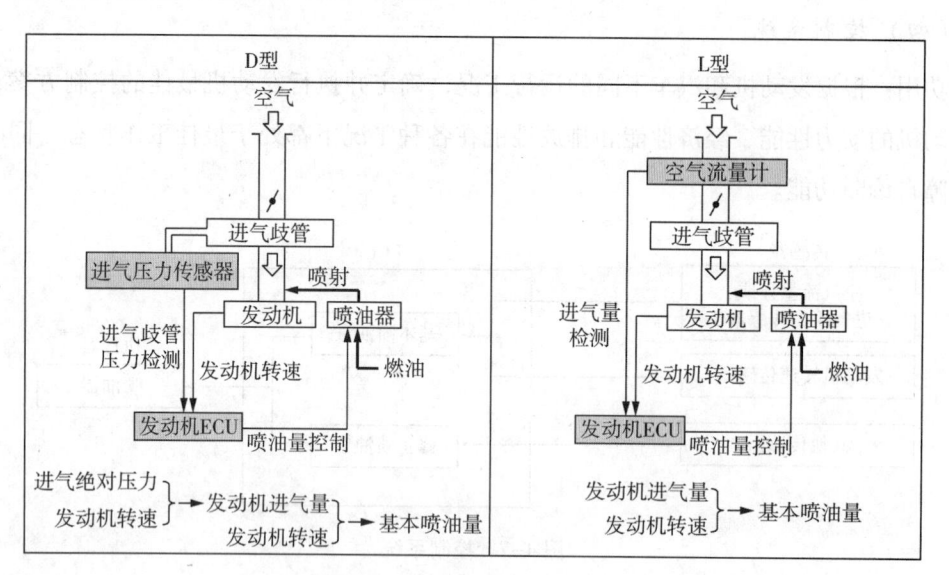

图 4-9　两种计量空气量的方式

（三）按喷油器数量不同分类

电控喷射式燃料供给系统按喷油量不同可分为单点喷射和多点喷射，如图 4-10。

单点喷射是指在进气总管中的节气体内设置一只（或两只）喷油器，对各缸实行集中喷射。

多点喷射是在每缸进气门前分别设置一个喷油器，实行各缸分别供油。多点喷射因其控制精度高而被广泛使用。

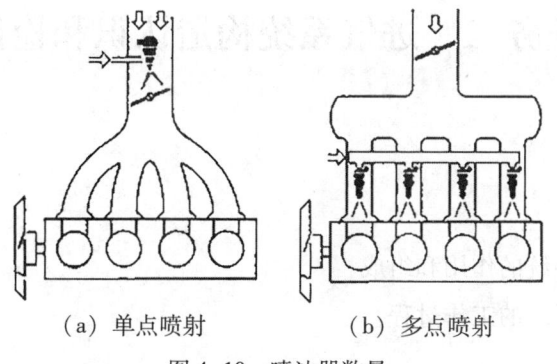

(a) 单点喷射　　(b) 多点喷射

图 4-10　喷油器数量

（四）按喷射方式不同分类

电控喷射式燃料供给系统按各缸喷油器的喷射顺序又可分为同时喷射、分组喷射和顺序喷射，如图 4-11。

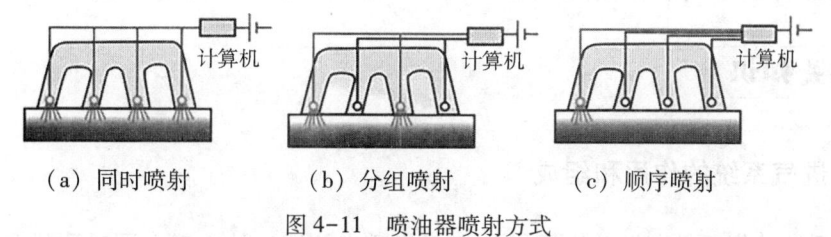

(a) 同时喷射　　(b) 分组喷射　　(c) 顺序喷射

图 4-11　喷油器喷射方式

（五）按有无反馈信号分类

电控喷射式燃料供给系统按有无反馈信号可分为开环控制系统和闭环控制系统，如图 4-12、图 4-13。目前普遍采用开环和闭环相结合的控制方案。

图 4-12　开环控制系统

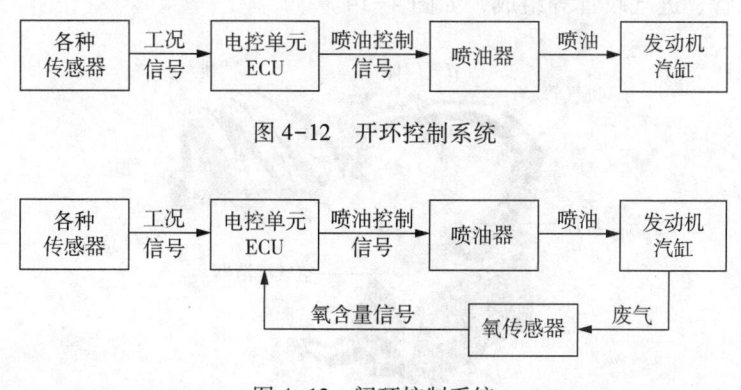

图 4-13　闭环控制系统

任务二 进气系统构造认识和检修

知识目标

1. 能说出进气系统的作用和组成。
2. 能说出进气系统的工作过程。

能力目标

1. 能制订正确可行的进气系统检修计划。
2. 能正确对进气系统的工作情况进行评价。
3. 能正确选用和使用维修工量具对进气系统的主要部件进行检修。

相关知识

一、进气系统的作用和组成

进气系统的作用是向发动机提供与负荷相适应的清洁的空气，同时测量和控制进入发动机汽缸的空气量，使它们在系统中与喷油器喷出的汽油形成空燃比符合要求的可燃混合气；同时于有限的汽缸容积中尽可能多地、均匀地供气。

进气系统由空气滤清器、空气流量计或进气管绝对压力传感器、节气门体、怠速控制阀、进气总管、进气歧管等组成，如图4-14。

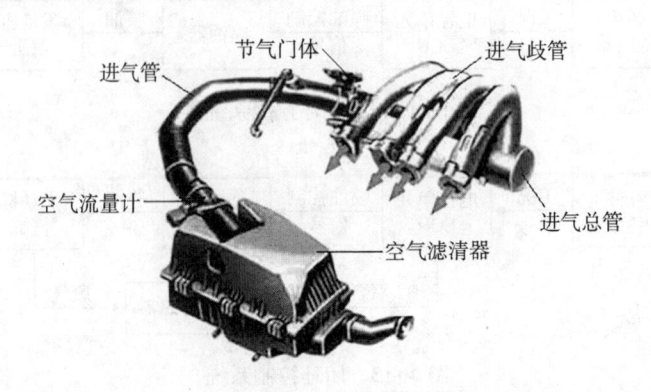

图4-14 空气供给系统

二、进气系统工作过程

（一）L型进气系统工作过程

在 L 型进气系统中，空气经空气滤清器过滤后，流经空气流量计、节气门体（或怠速控制阀）、进气总管及进气歧管，与喷油器喷出的汽油混合，形成可燃混合气吸入汽缸燃烧。进入发动机的空气量由空气流量计直接测量。

（二）D型进气系统工作过程

在 D 型进气系统中，空气经空气滤清器过滤后，流经节气门体（或怠速控制阀）、进气总管及进气歧管，与喷油器喷出的汽油混合，形成可燃混合气吸入汽缸燃烧。进入发动机的空气量由进气管绝对压力传感器间接测量。

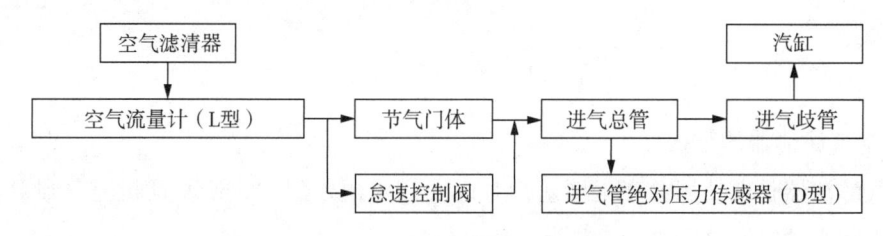

图 4-15 进气系统工作过程

三、进气系统的主要部件

发动机的进气系统不仅要对空气进行过滤、计量，为了增大进气量进而提高发动机的输出功率，还必须对进气实施各种电子控制。因此，进气系统中除了安装有空气滤清器、节气门体、进气管外，还设置了许多传感器和执行器。

（一）空气滤清器

空气滤清器的作用是滤去空气中的尘土和沙粒，以减少汽缸、活塞和活塞环的磨损，延长发动机的使用寿命。另外，空气滤清器也有降低进气噪声的作用。

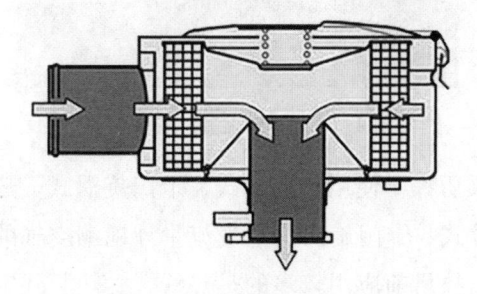

图 4-16 空气滤清器的作用

1. 空气滤清器的构造

空气滤清器有许多型号和形状，如图4-17。纸质干式空气滤清器的滤芯采用经过树脂处理的微孔滤纸制成，滤芯呈波折状，具有较大的过滤面积。滤芯的上、下两端有塑料密封圈，以保证滤芯两端的密封。

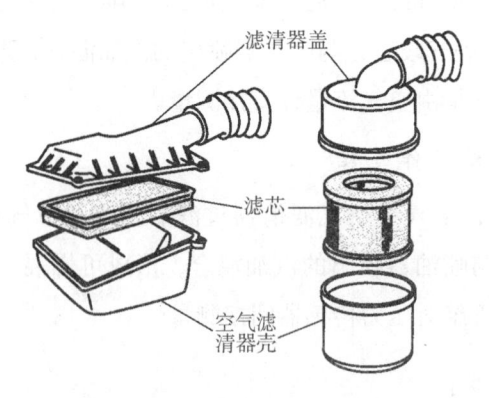

图4-17　空气滤清器的结构

2. 空气滤清器的维护

空气滤清器长期使用会产生堵塞，对进气产生额外阻力，使发动机充气量和动力性降低。因此必须定期进行维护。

（二）空气流量计

空气流量计的作用是对进入汽缸的空气量进行直接计量，并把空气流量的信息输送到ECU。它用在L型发动机进气系统中，安装在空气滤清器与节气门体之间，作为电控喷射式燃料供给系统的主控信号。

热线式空气流量计

图4-18　空气流量计安装位置

在L型发动机的发展历程中使用过翼片式、卡门旋涡式、热线式和热膜式等多种形式的空气流量计。用翼片式、卡门旋涡式空气流量计检测空气的体积流量，需要对进气温度和大气压力做修正，故目前应用较多的是热线式、热膜式空气流量计，可用其直接检测空气的质量流量，且测量精度高。

（三）进气歧管绝对压力传感器

进气歧管绝对压力传感器用于 D 型发动机进气系统中，它所起的作用和空气流量计相似。进气歧管绝对压力传感器根据发动机的负荷状态测出进气歧管内绝对压力的变化，并转换成电压信号，与转速信号一起输送到电控单元 ECU，作为燃油喷射和点火控制的主控信号。

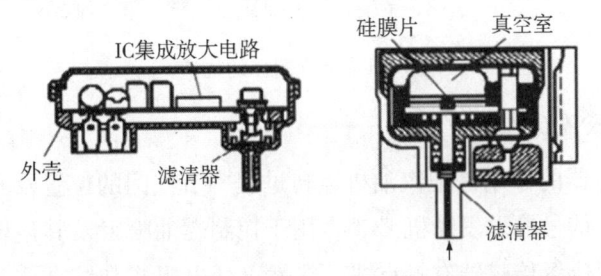

压敏电阻式进气歧管绝对压力传感器

进气歧管绝对压力传感器的安装位置较灵活，有的车型位于节气门体的后方，有的车型通过真空软管与进气总管连接，有的车型则将进气歧管绝对压力传感器直接安装在进气总管上。

在 D 型电控喷射式燃料供给系统中，进气压力传感器主要有压敏电阻式、膜盒电阻式和电容式等类型。其中以压敏电阻式应用广泛。

压敏电阻式进气歧管绝对压力传感器的结构如图 4-19，主要由真空室、压力转化元件和 IC 集成放大电路组成。

图 4-19　压敏电阻式进气歧管绝对压力传感器的结构

（四）进气温度传感器

进气温度传感器的作用是把进气温度转换为电信号并输入 ECU，ECU 根据此信号确定进气密度，并结合进气量传感器信号精确计算进气质量，从而控制喷油量。进气温度传感器通常安装在空气滤清器之后的进气软管上，也有一些安装在进气压力传感器内或安装在空气流量传感器内。进气温度传感器内部是一个具有负温度系数的热敏电阻，其结构如图 4-20。

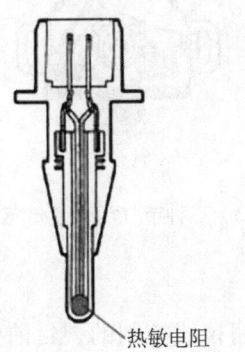

进气温度传感器结构和特性

图 4-20　进气温度传感器结构

（五）节气门体

节气门俗称"油门"，安装在空气流量计之后的进气管上，驾驶员可通过改变节气门的开度控制发动机的进气量从而控制发动机的转速。节气门体主要由节气门和怠速空气道组成，在节气门体上还安装有节气门位置传感器、怠速控制阀等装置。

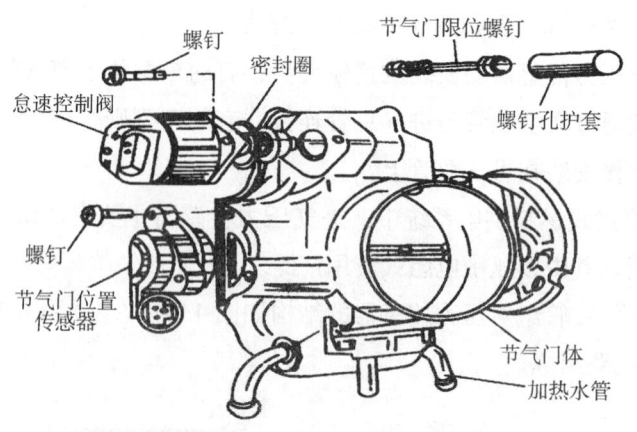

图4-21 节气门体的构造

（六）节气门位置传感器

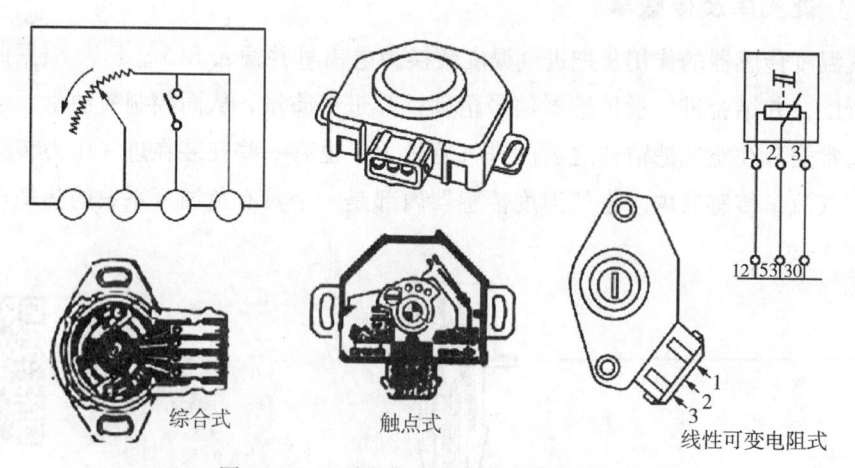

节气门位置传感器的作用是把汽油机运转过程中节气门的位置及开启角度的变化转换成电信号输入发动机ECU，用于控制燃油喷射及其他辅助控制。常见的节气门位置传感器有触点式、线性可变电阻式和综合式三种类型，如图4-22。

图4-22 三种节气门位置传感器的类型

（七）电子节气门

传统发动机的节气门是由油门拉线控制的，目前生产的小轿车大多配置了电子节气门系统。电子节气门是在电子控制单元的控制下，通过节气门体上的电动机驱动节气门。

可实现节气门开度的快速精确控制,使发动机在最适当的状态下工作,从而提高汽车动力性、安全性及舒适性,且降低排放污染。电子节气门系统主要由节气门体、加速踏板、加速踏板位置传感器、节气门位置传感器、节气门驱动电机、故障指示灯和 ECU 等组成,如图 4-23。

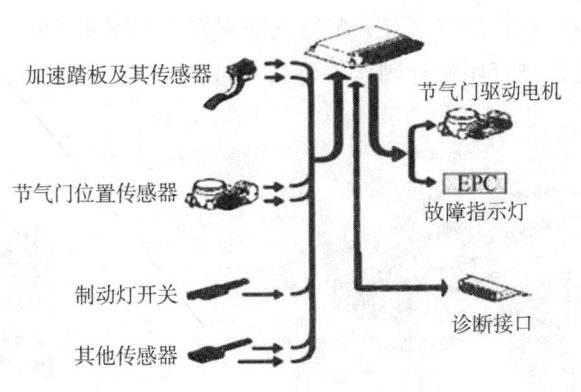

图 4-23 电子节气门系统组成

电子节气门系统组成及工作原理

(八) 加速踏板位置传感器

加速踏板位置传感器的英文缩写为 AP 或 APP,安装在加速踏板上。它主要产生反应加速踏板的踏量大小和变化速率的电信号,并输送给 ECU,作为节气门开度大小的主要信号。加速踏板上安装了两个相互独立的加速踏板位置传感器,分别称之为 APP1 和 APP2,结构及工作原理同传统节气门位置传感器。

加速踏板位置传感器的检测

(九) 怠速控制阀

怠速控制阀是通过控制进入汽缸的空气量来调整发动机怠速的。按照其控制方式可分为直接控制节气门最小开度的节气门直动式和控制节气门旁通气道截面积的旁通气道式两种类型,如图 4-24。

怠速控制阀类型

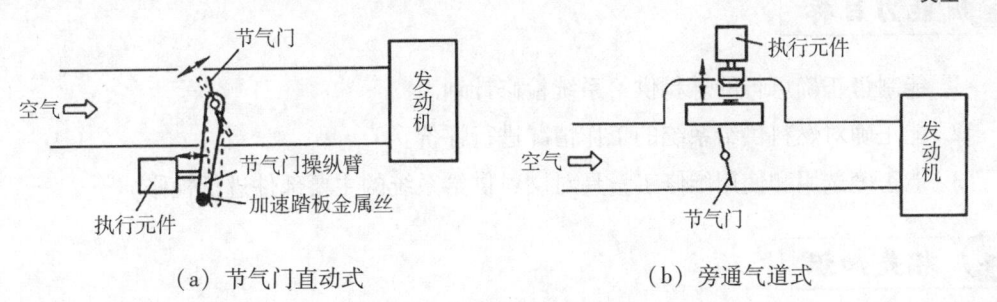

(a) 节气门直动式　　(b) 旁通气道式

图 4-24 怠速控制阀类型

(十) 进气管

进气管的作用是较均匀地分配可燃混合气(汽油机)或空气(柴油机)到各汽缸

中，对汽油机来说，进气管的另一作用是使可燃混合气和油膜继续得到汽化。

进气管有进气总管和进气歧管。进气总管是指空气滤清器至进气歧管之间的管道。在电控喷射式燃油发动机的进气总管上，装有空气流量传感器（或进气压力传感器），以便对进入汽缸的空气进行计量。

进气歧管是指进气总管向各汽缸分配空气的支管，如图 4-25。轿车发动机进气歧管多用铝合金制造，进气歧管用螺栓固定在汽缸体或汽缸盖上，其接合面处装有衬垫，以防止漏气。

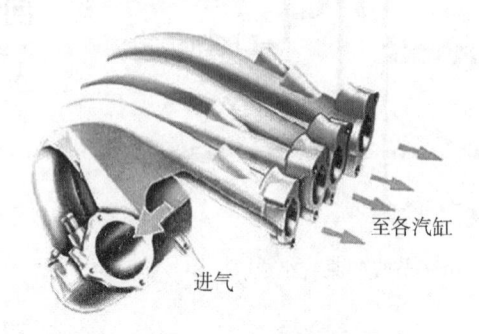

图 4-25　进气歧管

进气控制

任务三　燃料供给系统构造认识和检修

知识目标

1. 能说出燃料供给系统的作用和组成。
2. 能说出燃料供给系统的工作过程。

能力目标

1. 能制订正确可行的燃料供给系统检修计划。
2. 能正确对燃料供给系统的工作情况进行评价。
3. 能正确选用和使用维修工量具对燃料供给系统的主要部件进行检修。

相关知识

一、燃料供给系统的作用和组成

燃料供给系统的作用是储存并滤清汽油，根据发动机各工况的要求向发动机供给清

项目四　汽油机燃料供给系统检修

洁的、具有适当压力并经精确计量的汽油。

燃料供给系统由燃油箱、电动燃油泵、燃油滤清器等组成，如图 4-26 所示。

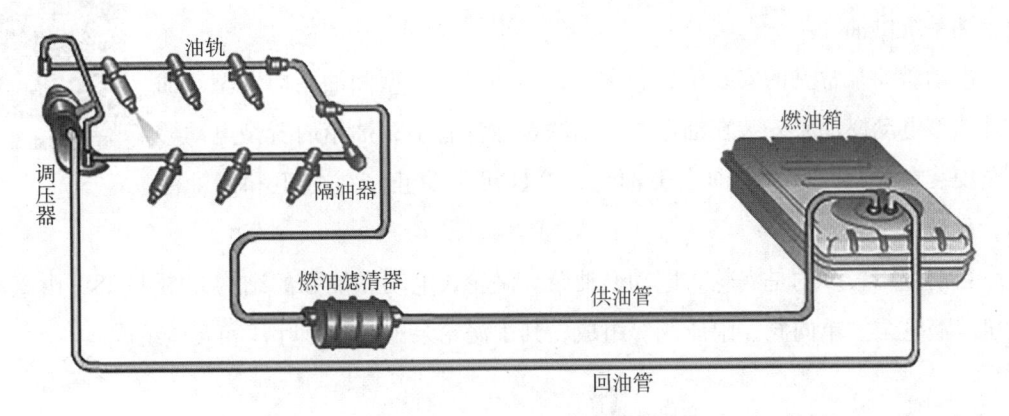

图 4-26　燃料供给系统

电动燃油泵将燃油从燃油箱中吸出并加压后，经燃油滤清器、燃油分配管输送到各喷油器，在 ECU 的控制下向各进气管中喷射，多余的燃油经燃油压力调节器流回油箱。

有些发动机的燃料供给系统采用了无回油管系统来减少燃油蒸发排放，将燃油滤清器、燃油压力调节器与燃油泵装入油箱，形成了单管路燃油系统。

二、燃料供给系统的主要部件

（一）汽油箱

汽油箱的作用是贮存汽油，其构造如图 4-27。

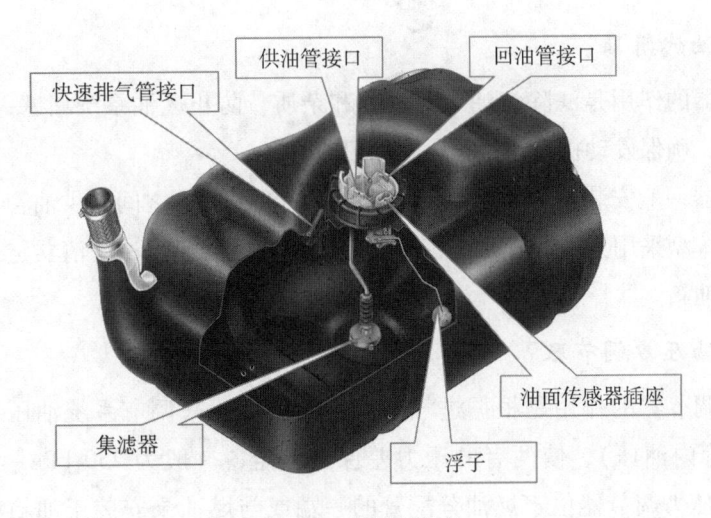

图 4-27　汽油箱结构

· 111 ·

（二）电动燃油泵

燃油泵的作用是将汽油从油箱中吸出，并以足够的泵油量和泵油压力向燃油系统供油。

电动燃油泵常见的安装位置有两种，即油箱外置型和油箱内置型。油箱外置型电动燃油泵安装在油箱外，串联在输油管上；油箱内置型电动燃油泵安装在油箱内部，浸泡在燃油里，这样可以防止产生气阻和燃油泄漏，且噪声小。

目前应用较多的是涡轮式电动燃油泵。涡轮式电动燃油泵的结构如图 4-28，由直流电机、涡轮泵、单向阀、限压阀等组成，其中涡轮泵由叶轮、叶片和壳体组成。

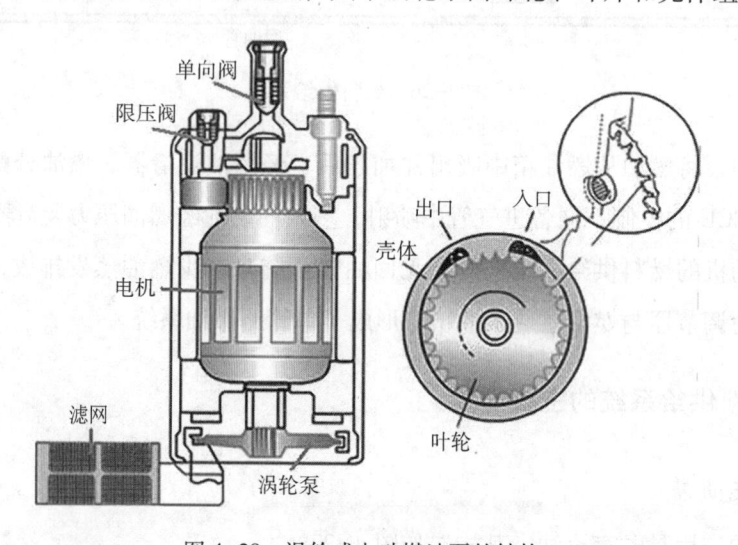

图 4-28　涡轮式电动燃油泵的结构

（三）燃油滤清器

燃油滤清器的作用是滤除汽油中的水分和杂质，防止燃油系统堵塞，减小机械磨损，确保发动机稳定运行，提高可靠性。

燃油滤清器一般安装在电动燃油泵出油管与燃油分配管之间的供油管路上，也有些车型采用无回油管系统，将燃油压力调节器、燃油滤清器与燃油泵装入燃油箱。

（四）燃油压力调节器

燃油压力调节器的作用是根据进气歧管压力的变化来调节系统油压（即燃油分配管内油压），使两者的压力差保持恒定，一般为 250 kPa～300 kPa。燃油压力调节器位于燃油分配管的一端或与燃油泵安装于油箱内，主要由膜片、弹簧和回油阀门等组成。

（五）燃油分配管

燃油分配管的作用是固定喷油器和燃油压力调节器，并将高压燃油输送给各个喷油器。它安装在进气歧管或汽缸盖上，燃油分配管与喷油器之间用 O 型圈和卡环密封，O 型圈可防止燃油渗漏，并具有隔热和隔振的作用。

（六）电磁喷油器

电磁喷油器是电控喷射式燃料供给系统中一个重要的执行元件，其作用是在 ECU 的控制下，将汽油呈雾状定时定量喷入进气歧管内。

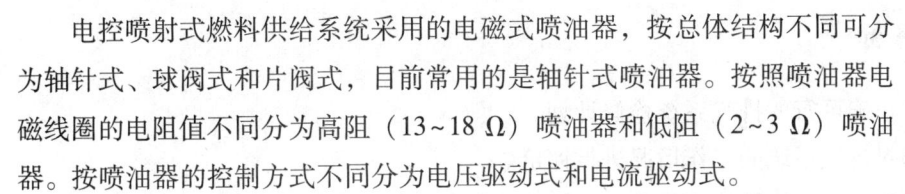

电控喷射式燃料供给系统采用的电磁式喷油器，按总体结构不同可分为轴针式、球阀式和片阀式，目前常用的是轴针式喷油器。按照喷油器电磁线圈的电阻值不同分为高阻（13~18 Ω）喷油器和低阻（2~3 Ω）喷油器。按喷油器的控制方式不同分为电压驱动式和电流驱动式。

电磁喷油器

电控喷射式燃料供给系统的喷油器安装在各进气歧管或进气道附近的缸盖上，并用燃油分配管固定，如图 4-29。

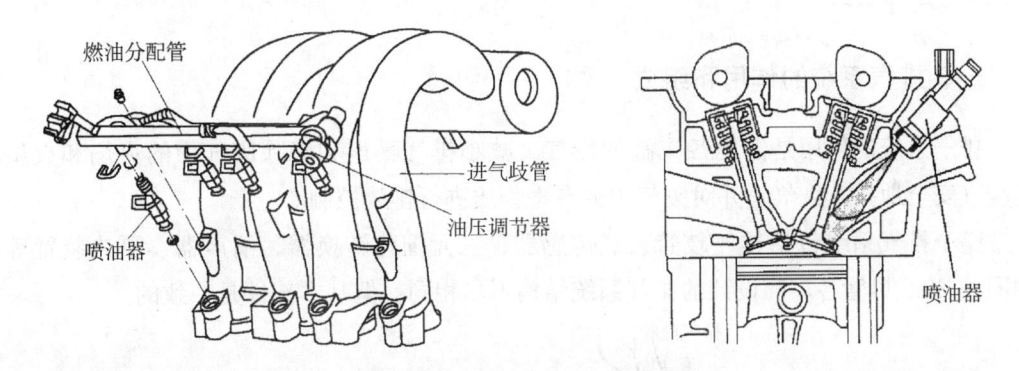

图 4-29　喷油器的安装位置

燃油喷射控制

燃油机缸内直喷技术

任务四　排气系统结构认识和检修

知识目标

1. 能说出排气系统的作用和组成。
2. 能说出排气系统的工作过程。

能力目标

1. 能制订正确可行的排气系统检修计划。
2. 能正确对排气系统的工作情况进行评价。
3. 能正确选用和使用维修工量具对排气系统的主要部件进行检修。

相关知识

一、排气系统的作用和组成

排气系统的作用是汇集各汽缸的废气，减小排气噪声和消除废气中的火焰和火星，使废气安全地排入大气，并对废气中的有害物质进行排放控制。

整个排气系统包括排气歧管、氧传感器、三元催化转换器、消声器、隔热装置等，如图4-30。尽管各厂商设计的排气系统结构不尽相同，但基本部件是一致的。

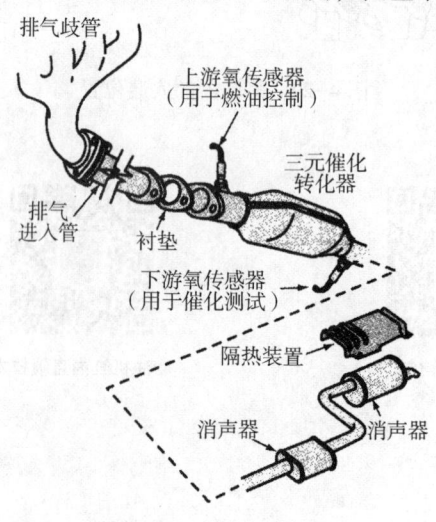

图4-30　排气系统组成

二、排气系统的主要部件

（一）排气歧管

排气歧管一般由铸铁铸造，其形状十分重要。为了不使各缸排气互相干扰及不出现排气倒流的现象，并尽可能利用惯性排气，应该将排气歧管做得尽可能长，且各缸支管相互独立、长度相等。其结构如图4-31。

图 4-31　排气歧管的结构

（二）三元催化转换器

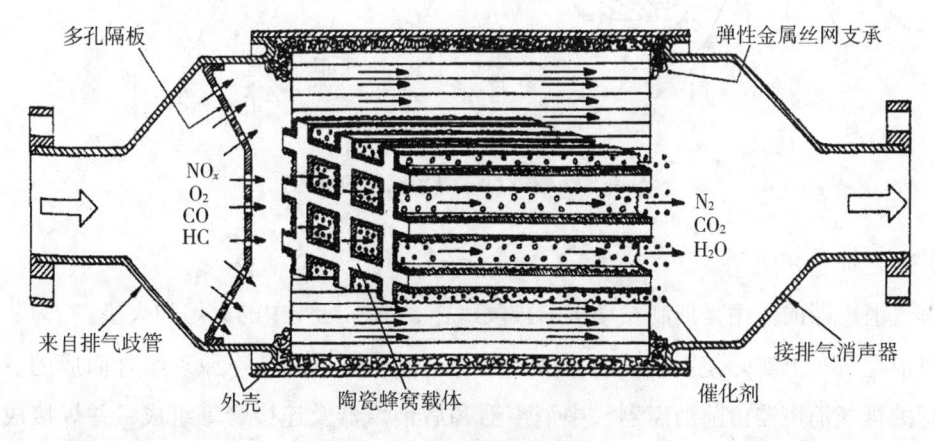

三元催化转换器的作用是利用转换器中的三元催化剂，将发动机排出废气中的有害气体转变为无害气体。三元催化剂中的铂、钯、铑等贵金属，如果遇到铅则会"中毒"，因此汽车必须使用无铅汽油。三元催化转换器一般安装在排气消声器前面。三元催化转换器由催化剂载体、催化剂和外壳等组成，其结构如图4-32。

三元催化转换器的工作原理

图 4-32　三元催化转换器构造

（三）氧传感器

氧传感器的作用是通过监测排气中的氧含量来获得混合气的实际空燃比信号，并将该信号转变为电信号输入ECU。ECU根据氧传感器信号，对喷油时间进行修正，实现空燃比反馈控制，将A/F控制在14.7，降低排放，节约燃油。

氧传感器的类型

氧化锆式氧传感器的结构如图 4-33，主要由锆管、电极等组成。

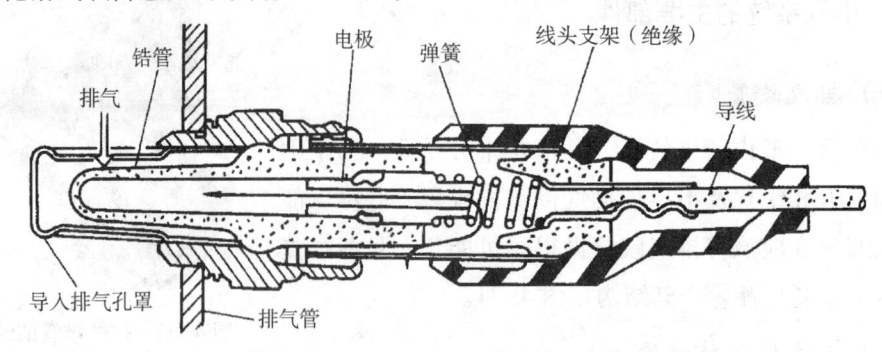

图 4-33 氧化锆式氧传感器的结构

氧化钛式氧传感器的结构如图 4-34，主要由二氧化钛传感元件、壳体、加热元件、电极引线等组成。

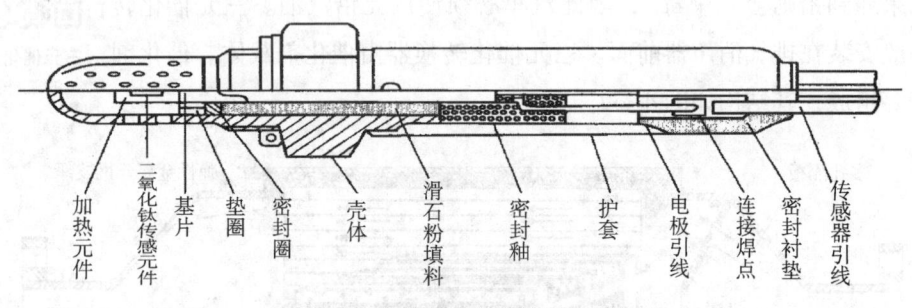

图 4-34 氧化钛式氧传感器的结构

（四）排气消声器

排气消声器的作用是抑制发动机的排气噪声，消除废气中的火焰和火星。

目前在汽车上实际使用的消声器多数是综合利用不同的消声原理组合而成的。轿车上流行的排气消声器由前消声器、中消声器和后消声器及连接管等组成，并焊接成一个整体，如图 4-35。

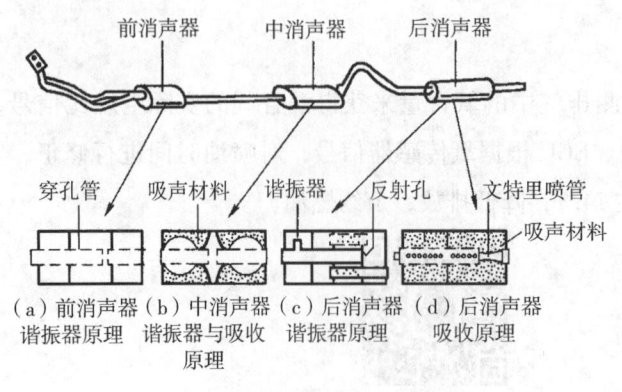

图 4-35 排气消声器组成

排放控制

项目四　汽油机燃料供给系统检修

任务五　电子控制系统结构认识和检修

知识目标

1. 能说出电子控制系统的作用和组成。
2. 能说出电子控制系统的工作过程。

能力目标

1. 能制订正确可行的电子控制系统检修计划。
2. 能正确对电子控制系统的工作情况进行评价。
3. 能正确选用和使用维修工量具对电子控制系统的主要部件进行检修。

相关知识

一、电子控制系统的功用

电子控制系统的功用是根据发动机的运行工况和车辆运行状况，确定并执行发动机的最佳控制方案（控制最佳空燃比和最佳点火提前角），保证发动机的动力性能、经济性能和排放性能在各种工况下都处于最佳的工作状态。同时具有故障自诊断功能。

二、电子控制系统的组成及主要部件的功用

电子控制系统一般由传感器、发动机控制单元（ECU）和执行器件组成，如图4-36。

图 4-36　电子控制系统组成

传感器的主要功用是收集控制系统所需要的反映发动机运行状态的各参数信息，将这些化学量或者物理量等信息转化成电信号，并传给 ECU。

ECU 的功用是根据自身储存的程序对发动机各传感器输入的各种信息进行运算、处理、判断，然后输出指令控制有关执行器动作，达到自动、快速、准确控制发动机工作的目的。

执行器受 ECU 控制，是具体执行某项控制功能的装置。

电子控制系统　　　　其他控制系统

课后测评

1. 电控喷射式燃料供给系统由哪几部分组成？各部分的功用是什么？
2. 电控喷射式燃料供给系统具有哪些特点？
3. 燃油压力调节器的结构有哪些？说明其工作原理。
4. 在电喷燃油机的燃油系统中，如果压力调节器失效将会产生什么后果？
5. L 型和 D 型系统的主要区别是什么？
6. 试述热线式空气流量计的工作原理。
7. 试述节气门位置传感器、温度传感器和曲轴位置传感器的工作原理。
8. 汽车上的电脑通常具有哪些功能？
9. 怎样检查燃油系统的压力？

项目五　柴油机燃料供给系统检修

项目描述

　　一辆捷达汽车发动机启动困难，启动机和发动机均有正常启动转速，但打不着火，有时经过多次长时间启动才可打着火。进厂经检测后需检查发动机燃料供给系统。首先要对柴油机燃料供给系统进行拆解。在对柴油机燃料供给系统进行拆解时，必须使用相应的工具，同时必须弄清柴油机燃料供给系统的组成和各部分的基本构造及工作原理。

　　要对柴油机燃料供给系统进行检修，必须学会常用维修工具及相关工量具和仪表的使用操作方法，明确维修车间各种劳动安全规范。

　　本项目的学习可以让我们认识柴油机燃料供给系统的结构，以及各个零部件的基本构造和工作原理；能正确选用和使用维修工量具拆检喷油泵、输油泵等，并能进行柴油机燃料供给系统的调整、维护和故障诊断与排除。

任务一　认识柴油机燃料供给系统

知识目标

1. 理解柴油机燃料供给系统的作用与分类。
2. 了解柴油机燃料供给系统的混合气形成特点及燃烧过程。
3. 理解柴油机燃料供给系统的基本组成和工作原理。
4. 理解柴油机燃料供给系统的主要零部件的结构和工作原理。

能力目标

1. 能正确描述柴油机燃料供给系统的供油线路。

2. 能制订正确有效的柴油机燃料供给系统分解计划。

3. 掌握分解工具的使用方法。

4. 能正确规范地对柴油机燃料供给系统进行分解。

相关知识

一、柴油机燃料供给系统的功用与分类

（一）柴油机燃料供给系统的功用

1. 贮存、过滤和输送燃料，保证汽车最大持续里程。

2. 根据柴油机的不同工况，以一定的压力及喷油质量将燃油定时、定量地喷入燃烧室，迅速形成良好的混合气并燃烧。

3. 根据柴油机的负荷变化，调节供油量并稳定柴油机转速。

4. 将燃烧后的废气从汽缸中导出并排入大气中。

（二）柴油机燃料供给系统的分类

表 5-1 柴油机燃料供给系统的分类

分类	类型	说明	图示
燃油喷射控制方式	普通柴油机燃料供给系统	由喷油泵、喷油器、调速器、柴油箱、输油泵、油水分离器、柴油滤清器、喷油提前器及高、低压油管等辅助装置组成。根据发动机负荷的变化，由喷油泵向喷油器提供定时、定量、定压的柴油，油量的调节是由机械式调速器完成的，供油提前角是由机械式提前角调节机构完成的。	
	电子控制柴油喷射系统	由高压油泵将高压燃油输送到公共供油管，通过公共供油管内的油压实现精确控制，使高压油管压力大小与发动机的转速无关，可以大幅度减小柴油机供油压力随发动机转速变化的程度。在高压油泵、压力传感器和电子控制单元（ECU）组成的闭环系统中，将喷射压力的产生和喷射过程彼此完全分开的一种供油方式。	

二、柴油机的燃烧室与可燃混合气的燃烧过程

(一) 燃烧室

当活塞到达上止点时，汽缸盖和活塞顶组成的密闭空间称为燃烧室。燃烧室的分类如表5-2。

表5-2 燃烧室的分类

分类	类型	说明	图示
按结构的不同	分隔式燃烧室	涡流室式燃烧室：它的副燃烧室为球形或圆柱形的涡流室，其容积约占燃烧室总容积的50%~80%，涡流室有切向通道与主燃烧室相通。 在压缩冲程中，汽缸内的空气被活塞推挤，经过通道进入涡流室，形成强烈地、有组织地高速旋转运动，柴油喷入涡流室中，在空气涡流的作用下，形成较浓的混合气。部分混合气在涡流室中着火燃烧，已燃与未燃的混合气高速（经通道）喷入主燃烧室，借助活塞顶部的双涡流凹坑，产生第二次涡流，促使混合气进一步混合和燃烧。 要求：顺气流方向喷射，由于涡流运动促进了混合气的形成与燃烧，可采用较大孔径的轴针式喷油器，喷射压力也较低（12~14 MPa） 优点：工作柔和，空气利用率较高，喷射压力低。 缺点：热损失大，经济性差，启动困难。 预燃室式燃烧室：燃烧室的辅助燃烧室叫作预燃室。预燃室的容积约为燃烧室总容积的25%~45%，与主燃烧室之间用一个或几个小孔相连，通道面积为活塞顶的0.25%~0.7%。单孔喷油器面对通道喷油，使油集中在通道口附近。 在压缩冲程中，主燃烧室的部分空气经直径较小的通道压入预燃室，形成强紊流。在空气紊流运动的作用下，预燃室中一部分燃料被更好地雾化并燃烧，而且预燃室中的燃烧会产生较大的涡流，促使混合气完全燃烧。着火后预燃室中的压力和温度迅速升高，巨大的预燃能量形成的压力差将混合气高速喷入主燃烧室，在主燃烧室内形成强烈的燃烧紊流，促使大部分燃料在主燃烧室与大部分空气混合而燃烧。因为有强烈的空气紊流作用，这种燃烧室对喷油的雾化质量要求也不高，可采用喷油压力较低的轴针式喷油器。 优点：对燃油品质不敏感，对喷射要求低，转速变化适应性好，发动机工作柔和。 缺点：耗油率高，启动性能差	涡流室式燃烧室 预燃室式燃烧室

续　表

分类	类型	说明	图示
按结构的不同	统一式（直喷）燃烧室	缸盖底面是平的，活塞顶部下凹（ω型、浅盆型、球型、U型） ω型燃烧室：柴油直接喷射在活塞顶的浅凹坑内，要求喷射压力高，一般为17~22 MPa，要求雾化质量高，因此，采用多孔喷嘴，孔数一般为6~12个。 优点：形状简单，结构紧凑，燃烧室与水套接触面积小，散热少，可减少热损失，热效率高，经济性较好。 缺点：工作粗暴，喷射压力高，制造困难，喷孔易堵。 球形燃烧室：空气由缸盖螺旋形进气道以切线方向进入汽缸，绕汽缸轴线做高速螺旋转动，并一直延续到压缩冲程。喷油器沿气流运动的切线方向喷入柴油，使绝大部分柴油直接喷射在燃烧室壁面上形成油膜。小部分柴油雾珠散布在压缩空气中，并迅速蒸发燃烧，形成火源。油膜一方面受灼热的燃烧室壁面的加温，另一方面受已燃柴油的高温辐射，使柴油逐层蒸发，与涡流空气边混合边燃烧。 优点：工作柔和，噪声小。 缺点：启动困难，螺旋形进气道，结构复杂，制造困难	ω型燃烧室 球型燃烧室

（二）可燃混合气的形成与燃烧过程

1. 可燃混合气的形成特点

由于柴油的蒸发性和流动性都比汽油差，因此柴油机不能像汽油机那样在汽缸外部形成可燃混合气。柴油机的混合气只能在汽缸内部形成，即在接近压缩冲程终点时，通过喷油器把柴油喷入汽缸内。柴油油滴在炽热的空气中受热、蒸发、扩散，并与空气混合形成可燃混合气，最终自行着火燃烧。其主要特点如下：

（1）柴油黏度大，不易挥发，必须以雾状喷入。

（2）混合气不均匀，燃烧室内过量空气系数变化很大。

（3）混合气在燃烧室内形成，所以混合空间小，而且时间短，只占15°~35°曲轴转角。

（4）可燃混合气的形成和燃烧过程是同时、连续重叠的，即边喷射边混合边燃烧，成分不断变化。

2. 可燃混合气的燃烧过程

可燃混合气的形成与燃烧大体分为下面 4 个时期,如图 5-1。

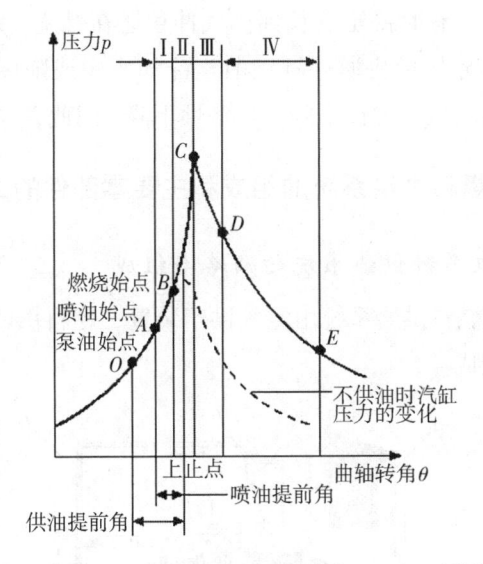

Ⅰ—备燃期　Ⅱ—速燃期　Ⅲ—缓燃期　Ⅳ—后燃期

图 5-1　柴油机的燃烧过程

(1) 备燃期:从喷油开始→开始着火燃烧为止

喷入汽缸中的雾状柴油并不能马上着火燃烧,汽缸中的气体温度,虽然已高于柴油的自燃点,但柴油的温度不能马上升高到自燃点,要经过一段物理和化学的准备过程。也就是说,柴油在高温空气的影响下,吸收热量,温度升高,逐层蒸发而形成油气,向四周扩散并与空气均匀混合。

随着柴油温度升高,少量的柴油分子首先分解,并与空气中的氧分子进行化学反应,具备着火条件后着火,形成火源中心,为燃烧做好了准备。这一时期很短,一般仅为 0.0007~0.003 s。

(2) 速燃期:从燃烧开始→汽缸内出现最高压力时为止

火源中心已经形成,已准备好的混合气迅速燃烧,在这一阶段由于喷入的柴油几乎同时着火燃烧,而且是在活塞接近上止点,汽缸工作容积很小的情况下进行燃烧的,因此,汽缸内的压力 p 迅速增加,温度升高很快。

(3) 缓燃期:从出现最高压力开始→出现最高温度时为止

这一阶段喷油器继续喷油,由于燃烧室内的温度和压力都高,导致柴油的物理意义和化学反应准备时间很短,几乎是边喷射边燃烧。但因为汽缸中氧气减少,废气增多,燃烧速度逐渐减慢,汽缸容积增大。所以汽缸内压力略有下降,温度达到最高值,通常喷油器已结束喷油。

（4）后燃期：缓燃期以后的燃烧

这一时期，虽然不喷油，但仍有少部分柴油没有燃烧完，随着活塞下行继续燃烧。后燃期没有明显的界线，有时甚至延长到排气冲程还在燃烧。后燃期放出的热量不能充分用来做功，很大一部分热量将通过缸壁散至冷却水中或随废气排出，使发动机过热，排气温度升高，造成发动机动力性下降，经济性下降。因此，要尽可能地缩短后燃期。

三、普通柴油机燃料供给系统的组成和主要零部件的结构

（一）普通柴油机燃料供给系统的油路与组成

如图5-2，柴油机燃料供给系统由空气供给装置、燃料供给装置、混合气形成装置、废气排出装置四部分组成。

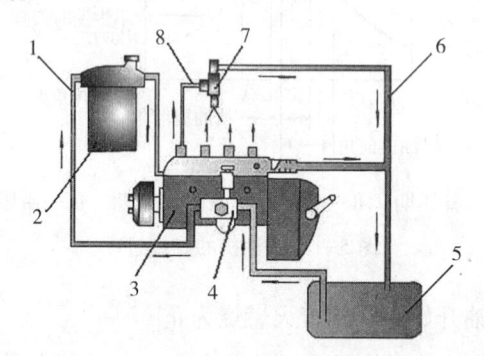

1—低压油管；2—柴油滤清器；3—喷油泵；4—输油泵；
5—柴油箱；6—回油管；7—喷油器；8—高压油管

图5-2　柴油机燃料供给系统

1. 空气供给装置：由空气滤清器、进气管道等组成，有的还有增压器。
2. 燃料供给装置（油路）：油箱→输油泵→油水分离器→柴油滤清器→喷油泵（调速器）→喷油器。
3. 混合气形成装置：燃烧室。
4. 废气排出装置：由排气管道及排气消声器组成。

当柴油机工作时，输油泵从燃油箱吸出柴油，经油水分离器除去柴油中的水分，再经柴油滤清器滤除柴油中的杂质，然后输入喷油泵。在喷油泵内，柴油经过增压和计量之后，经高压油管供入喷油器，最后通过喷油器将柴油喷入燃烧室。喷油泵前端装有喷油提前器，后端与调速器组成一体。输油泵供给的多余柴油及喷油器顶部的回油均经回油管返回燃油箱。

（二）输油泵

1. 作用

输油泵的作用是使柴油产生一定的压力，用以克服滤清器及管路的阻力，并以足够

的数量（为全负荷最大喷油量的 3~4 倍）向喷油泵输送柴油。

图 5-3 输油泵的位置

2. 工作原理

输油泵的结构图如图 5-4。

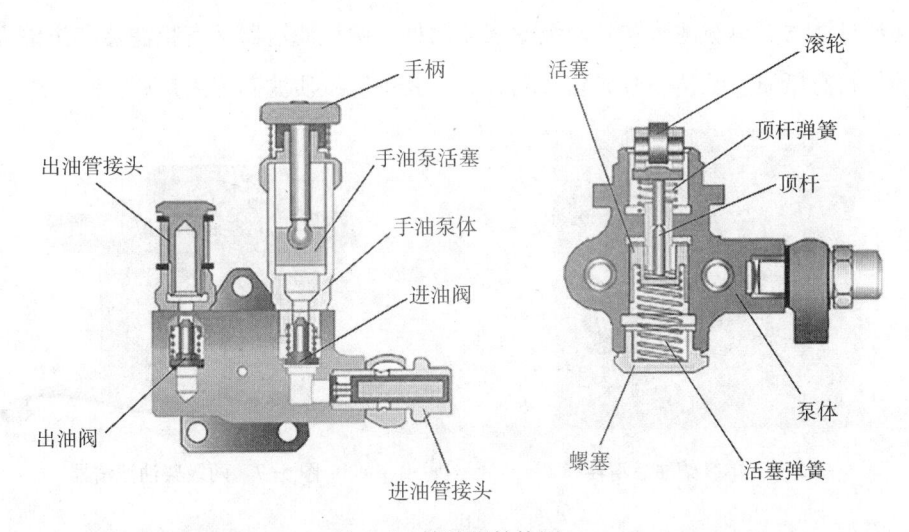

图 5-4 输油泵结构图

工作过程示意图如图 5-5。

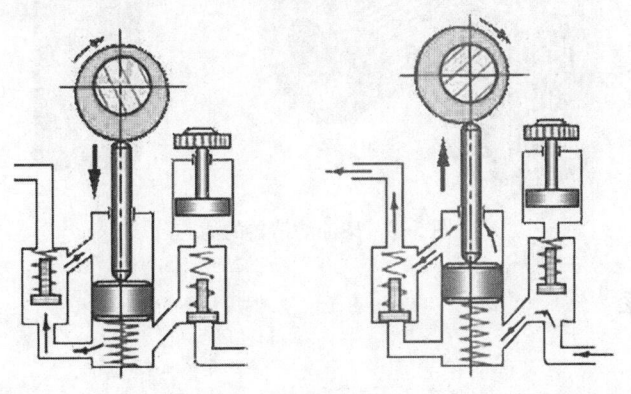

图 5-5 输油泵工作示意图

喷油泵凸轮轴转动→轴上的偏心轮与活塞弹簧配合→活塞做往复运动。

偏心轮的凸起部将滚轮、顶杆和活塞推动上移→进油阀关闭、出油阀开启→柴油自内室经单向阀流入外室。

偏心轮越过最大升程→活塞被弹簧推动下移→进油阀开启，柴油被吸入内室。与此同时，活塞下方的外室容积减小，油压增高，出油阀关闭→外室中的柴油被压出→经输油泵出油口流往柴油滤清器。

当输油泵的供油量大于喷油泵的需要量，或柴油滤清器阻力过大时，油路和输油泵外室的油压升高。若此油压与弹簧的压力平衡，则活塞停在某一位置，不能回到下止点，即活塞的有效行程减小，从而减少了输油量，并限制油压的进一步提高，实现了输油量和供油压力的自动调节。

（三）柴油滤清器

柴油过滤器有单级滤清器和两级滤清器两种。两级滤清器又有粗滤器和细滤器之分。滤芯的材料有纸质、毛毡、金属丝及绸布等，其中以纸质滤芯应用最广。

图 5-6　单级柴油滤清器 　　　　　图 5-7　两级柴油滤清器

图 5-8　柴油滤清器的滤芯

（四）喷油泵

1. 功用

（1）提高油压（定压）：将喷油压力提高到 10~20 MPa。

(2) 控制喷油时间（定时）：按规定的时间喷油和停止喷油。

(3) 控制喷油量（定量）：根据柴油机的工作情况，改变喷油量，以调节柴油机的转速和功率。

2. 喷油泵的分类

表 5-3　喷油泵的分类

类型	特点	图示
柱塞式喷油泵	1. 性能良好，工作可靠，应用广泛。 2. 依靠直列式柱塞的上下往复运动将低压油转变成高压油，柱塞数目与发动机缸数相同。 3. 喷油泵安装在发动机机体一侧，由柴油机曲轴通过齿轮驱动，齿轮轴和喷油泵的凸轮轴用联轴节连接，调速器装在喷油泵的后端	
转子式喷油泵	1. 零件少、体积小、质量轻、故障少。 2. 精密偶件加工精度高，依靠一套柱塞做往复、旋转运动将低压油转变成高压油，供油均匀性好。 3. 在轿车、轻中型货车上应用	

（五）柱塞式喷油泵的结构

柱塞式喷油泵由泵体、分泵、油量调节机构、分泵驱动机构组成，如图 5-9。

图 5-9　柱塞式喷油泵的结构

1. 泵体

泵体分为上体和下体两部分，由铝合金或灰铸铁铸成。分泵、油量调节机构及驱动机构都装在泵体上。上体上有纵向油道，即低压油腔。下体内加入柴油机机油，保证驱动机构的润滑。

2. 分泵

分泵由柱塞副（柱塞、柱塞套筒）、回位弹簧、弹簧座、出油阀、出油阀座、出油阀弹簧、出油阀压紧螺帽等零件组成，如图 5-10。

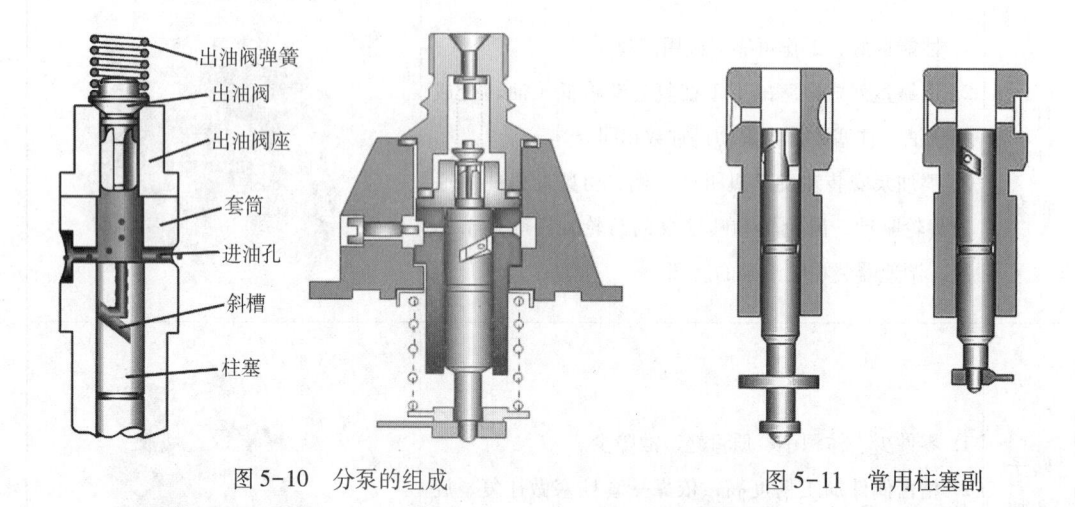

图 5-10　分泵的组成　　　　图 5-11　常用柱塞副

（1）柱塞副的结构

如图 5-11，柱塞为一光滑的圆柱，在其上部铣有斜槽，斜槽中钻有径向孔与柱塞的轴向孔相通，使槽和柱塞上端的泵油室相通。柱塞的下部置有安装弹簧座的圆柱和十字凸块，以便使柱塞能往复运动，调节供油量。

柱塞套筒为光滑的圆柱形长孔，套筒上部开有一个进油和回油用的小孔，或开有两个径向孔，两孔中一孔进油一孔回油，它们与壳体上的低压进油室相通。

柱塞套筒装在壳体座孔内，并用定位螺钉和定位孔来固定，以防止柱塞套筒转动。

柱塞和柱塞套筒是一对精密的偶件，不能互换。柱塞副用耐磨性高的优质合金钢（轴承钢）制成，并进行热处理和时效处理。

工作过程：

①进油：柱塞自下止点上移→柱塞上部的圆柱面→两个油孔完全封闭。

②压油：柱塞继续上升→柱塞上部泵腔的燃油压力立即增高→克服出油阀弹簧的弹力→出油阀开始上升。

③回油：柱塞继续上移到图 5-12（c）所示位置→斜槽同油孔接通→泵腔内的燃油流向低压油腔→泵腔内油压剧降→出油阀立即回位→喷油泵供油停止→柱塞继续上行至

上止点，但不再泵油。

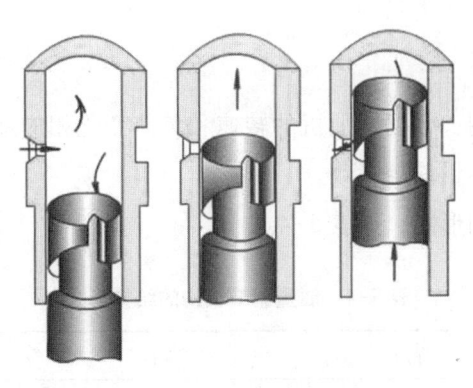

(a) 进油　　(b) 压油　　(c) 回油

图 5-12　泵油过程

（2）出油阀的结构

出油阀能够防止喷油前滴油，提高喷射速度；防止喷油后滴油，提高关闭速度；防止燃油倒流，使高压油管内保持一定的残余压力。

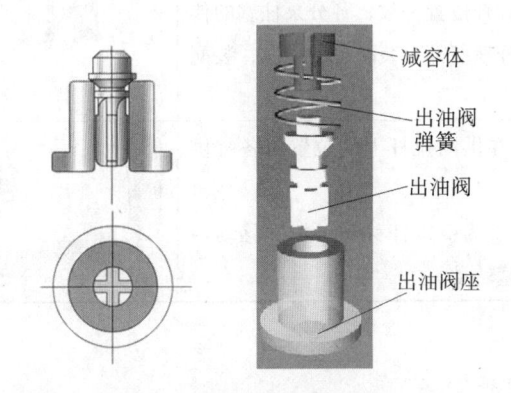

图 5-13　出油阀

出油阀和阀座是精密偶件，采用优质合金钢制造，其导孔、上下端面及底座都经过精密的加工和研磨，配对以后不能互换。

出油阀的圆锥部是阀的轴向密封锥面，阀的锥部在导孔中滑动配合起导向作用。尾部加工有切槽，形成十字形断面，以便燃油通过。出油阀中部的圆柱面叫减压带，它与密封锥面间形成了一个减压容积。

阀座的下端面和柱塞套筒的上端面经过精密加工严密贴合，它是通过压紧螺帽以规定的扭紧力矩来压紧的。压紧螺帽与阀座之间有一定厚度的铜制高压密封垫圈。出油阀压紧螺帽和壳体上端面间还有低压密封垫圈。

在出油阀压紧螺帽内腔装有带槽的减容器,以减小内腔空间的容积,促进喷停迅速,限制出油阀的最大升程。

3. 油量调节机构

油量调节机构的作用:根据柴油机的转速和负荷变化相应地转动柱塞,可改变供油有效行程,保证各缸供油量均匀一致。

油量调节机构的结构形式,如表5-4。

表 5-4 油量调节机构的结构形式

类型	特点	图示
齿杆式油量调节机构	1. 由齿杆、齿扇和传动套等组成,各缸通过改变齿扇与传动套圆周方向的相对位置来实现均匀性调整。齿杆的轴向位置由驾驶员或调速器控制,齿扇通过传动套带动柱塞相对于柱塞套筒转动,便可调节供油量。 2. 由于齿杆式油量调节机构零件较多,为了保证各分泵柱塞和齿杆位置一致,各分泵柱塞的传动套、齿扇、齿杆柱塞都有装配位置记号,装配时记号应对齐	
拨叉式油量调节机构	1. 通过改变拨叉在供油拉杆上的位置对各缸供油量进行调整。 2. 传递的方式依次为:拉杆移动→拨叉移动→调节臂转动→柱塞转动	

4. 分泵驱动机构

(1) 作用

分泵驱动机构的作用是推动柱塞往复运动,完成进油、压油、回油过程;保证供油正时。

(2) 组成

如图 5-14,由凸轮轴、滚轮体组成。

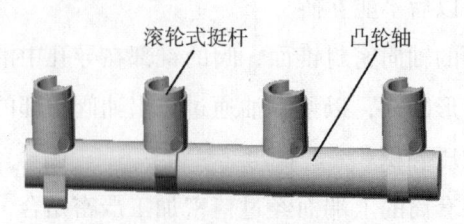

图 5-14 柱塞泵的驱动机构

凸轮轴传送推力使柱塞运动,产生高压油,同时保证各分泵按柴油机的工作顺序和一定的规律供油。

凸轮轴上的凸轮数目与缸数相同，排列顺序与柴油机的工作顺序相同。四冲程柴油机曲轴转两周，喷油泵的凸轮轴转一周，各分泵都供一次油。曲轴与凸轮轴之间多加入中间传动齿轮，喷油泵凸轮轴的旋转方向与曲轴相同。相邻工作两缸凸轮间的夹角叫供油间隔角，角度的大小同配气机构凸轮轴同名凸轮的排列相关，四缸柴油机为90°，六缸柴油机为60°，凸轮轴的构造如图5-15。

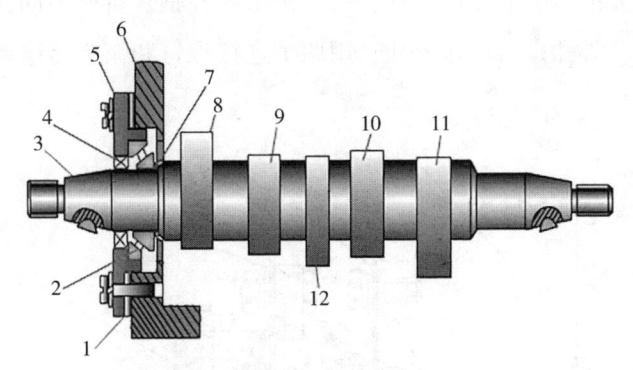

1—密封调整垫　2—锥形滚柱轴承　3—连接锥面　4—油封　5—前端盖
6—壳体　7—调整垫　8、9、10、11—凸轮　12—输油泵偏心轮
图5-15　凸轮轴的构造

（六）喷油泵的驱动与供油正时

1. 喷油泵的驱动。喷油泵是由柴油机曲轴前端的正时齿轮通过一组齿轮传动来驱动的，如图5-16。喷油泵驱动齿轮和中间齿轮上都刻有正时记号。

有的喷油泵直接利用其前端壳体上的凸缘盘固定在驱动齿轮后面的箱体上，固定螺栓处使用弧形槽连接，可利用壳体相对于凸轮轴的转动来调节供油提前角的大小。

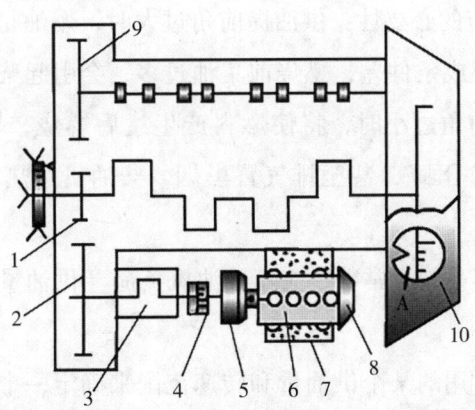

1—曲轴正时齿轮　2—喷油泵驱动齿轮　3—空气压缩机曲轴　4—联轴器　5—供油提前角自动调节器
6—喷油泵　7—托板　8—调速器　9—配气机构驱动齿轮　10—飞轮上的喷油正时标记
图5-16　喷油泵的驱动与供油正时

2. 联轴器

（1）作用：补偿喷油泵安装时凸轮轴和驱动轴的同轴度偏差；用少量的角位移调节供油提前角，以获得最佳的喷油提前角。

（2）构造：传统的联轴器多采用胶木盘交叉连接，现已被挠性片式联轴器所代替，如图5-17。其挠性作用是通过两组圆形弹性钢片来实现的。靠其挠性可使驱动轴与凸轮轴在少量同轴度偏差的情况下无声传动。两组圆形弹性钢片有所不同，钢片的内孔与主动连接叉紧固连接，外孔是两个弧形孔，用两个连接螺钉和调节器连接，以便调节供油提前角的大小。

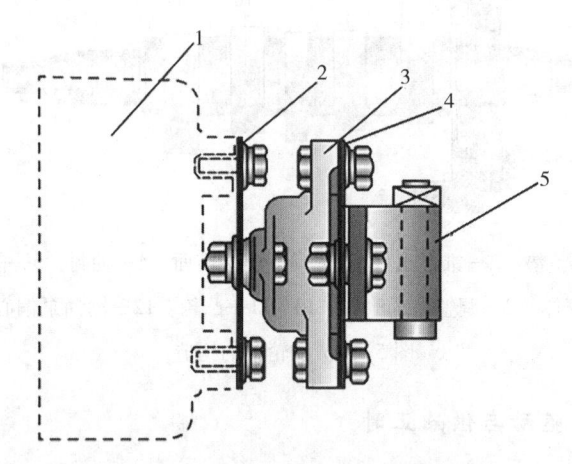

1—供油提前角自动调节器　2、4—弹簧钢片　3—连接叉　5—喷油泵凸轮轴

图5-17　挠性片式联轴器

3. 供油提前角调节装置

（1）供油提前角调节的必要性：供油提前角过大时，燃油是在汽缸内空气温度较低的情况下喷入，混合气形成条件差，燃烧前集油过多，会引起柴油机工作粗暴，怠速不稳和启动困难；供油提前角过小时，将使燃料产生过后燃烧，燃烧的最高温度和压力下降，燃烧不完全和功率下降，甚至排气冒黑烟，柴油机过热，导致动力性和经济性降低。

最佳的供油提前角不是一个常数，应随柴油机负荷（供油量）和转速变化，随转速的增大而加大。

车用柴油机根据其常用的某个供油量和转速范围来确定一个供油提前初始角，其初始角的获得，可通过联轴器或转动喷油泵的壳体来进行微量的变化。因柴油机转速变化范围较大，应使供油提前角在初始角的基础上随转速而变化。因此车用柴油机多装有供油提前角自动调节器。

(2) 供油提前角自动调节器的构造和工作原理：如图 5-18，它装于喷油泵凸轮轴的前端，用联轴器来驱动，由主动件、从动件和离心件三部分组成。

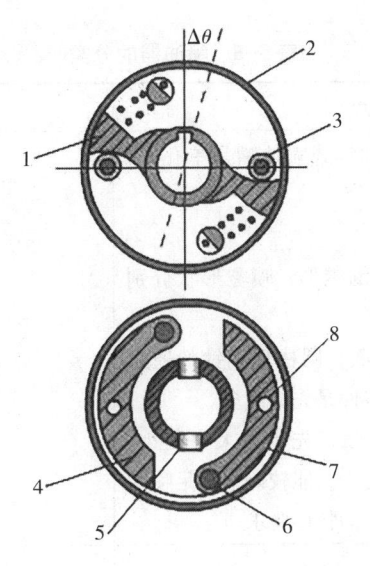

1—从动盘臂　2—从动盘　3—滚轮　4—飞块　5—凸块　6—弹簧座　7—主动盘　8—飞块销钉
图 5-18　供油提前角自动调节器的工作原理图

当柴油机转速达设定值时，两个飞块在离心力的作用下绕其轴销向外甩开，滚轮迫使从动盘带动凸轮轴沿旋转方向向前转动一个角度 $\Delta\theta$，直到弹簧的张力与飞块的离心力平衡为止，这时主动盘又与从动盘同步旋转。此时，供油提前角等于初始角加上 $\Delta\theta$。

当柴油机转速再升高时，飞块进一步张开，从动盘相对于主动盘又沿旋转方向向前转动一个角度，这样，随转速的升高，提前角不断增大，直到达到最大转速。

当柴油机转速降低时，飞块收拢，从动盘便在弹簧力的作用下相对于主动盘后退一个角度，供油提前角便相应减小。

分配泵的结构

(七) 喷油器

1. 喷油器的功用和要求

喷油器的功用是使柴油雾化并能按燃烧室的类型合理分布。喷油器喷油时：

(1) 应具有一定喷射压力和射程、合适的喷雾锥角和雾化质量。

(2) 喷停要迅速，不发生燃油滴漏。

(3) 前期喷油少，中期喷油多，后期喷油少。

2. 喷油器的分类

闭式喷油嘴按其结构形式分为轴针式和孔式两种基本形式，如表格 5-5。

表 5-5 喷油器的分类

类型	特点	图示
轴针式喷油器	应用：分隔式燃烧室，轴针式喷油嘴是单孔式，喷孔直径 1~3 mm。 特点： 1. 其轴针制成圆柱形或倒锥形，喷雾形状分别为空心柱形和扩散的锥形。 2. 轴针式有两个可变断面，圆柱形轴针的通过断面是先大后小，喷油特性是先少后多。 3. 倒锥形轴针的通过断面是先小后大又变小，喷油特性是先少后多又变少，能较好地满足喷油前期少、中期多、后期少的特性要求	
孔式喷油器	应用：直接喷射燃烧室，孔数 1~8 个，孔径 0.2~0.8 mm。 特点： 1. 喷孔的位置和方向与燃烧室形状相适应，以保证油雾直接喷射在燃烧室壁上。 2. 喷射压力较高。 3. 喷油头细长，喷孔小，加工精度高。 工作过程：（1）喷油：油泵泵油→环形高压油腔进油→承压锥面承受油推针阀上行→密封锥面离座→喷油孔喷油。针阀最大升程：针阀关闭时其凸肩与针阀体下端面的距离大小决定喷油量的多少。 （2）停喷：油泵停止泵油→高压油腔油压下降→调压弹簧伸张→顶杆推针阀下行→密封锥面落座→喷孔关闭→不喷油。 （3）回油：少量高压油经针阀偶件间的间隙挤出，经回油管流回柴油箱或柴油滤清器，同时润滑、冷却针阀偶件并防背压增加。 （4）调压：旋动调压螺钉或增减垫片，改变调压弹簧对针阀的压紧力，即可改变喷油压力。 注意：喷油嘴（针阀和阀体）采用耐热、强度好的优质轴承钢制成，为不可互换的高压精密偶件，配合间隙为 0.001~0.003 mm	

(八) 柱塞泵调速器

1. 调速器的作用

车用柴油机工作时负荷经常变化,调速器的功用是根据柴油机负荷的变化,自动调节喷油泵的供油量,以保证柴油机在各种工况下稳定运转。对在良好的道路上行驶的汽车来说,调速器多用于限制柴油机的最高转速和保持稳定的最低转速(怠速)。

(1) 限制最高转速。全负荷时,由于负荷的减小,转速将升高。当转速超过额定转速时,调速器开始自动减油,使扭矩迅速减小,防止飞车。

(2) 稳定怠速。柴油机怠速时由于各种原因会引起启动力的变化,使怠速升高或降低。转速降低,调速器自动加油,扭矩增加;转速升高,调速器自动减油,扭矩减小,使怠速保持稳定。

2. 调速器的种类

调速器按作用原理可分为机械离心式调速器、真空膜片式调速器和复合调速器。

调速器按调节范围可分为两速式调速器和全速式调速器。

(1) 两速式调速器,不仅能保持柴油机平稳怠速,防止游车或熄火,还能限制柴油机不超过某一最大转速,从而防止超速(飞车)。至于中间转速,则利用人工调节供油量。多用于车用柴油机。

(2) 全速式调速器,不仅能保持柴油机最低稳定转速和限制最大转速,还能根据负荷的大小保持和调节任一选定的转速。多用于工况多变和突变的柴油机。

RQ 型两极调速器为机械离心式调速器,结构如图 5-19。

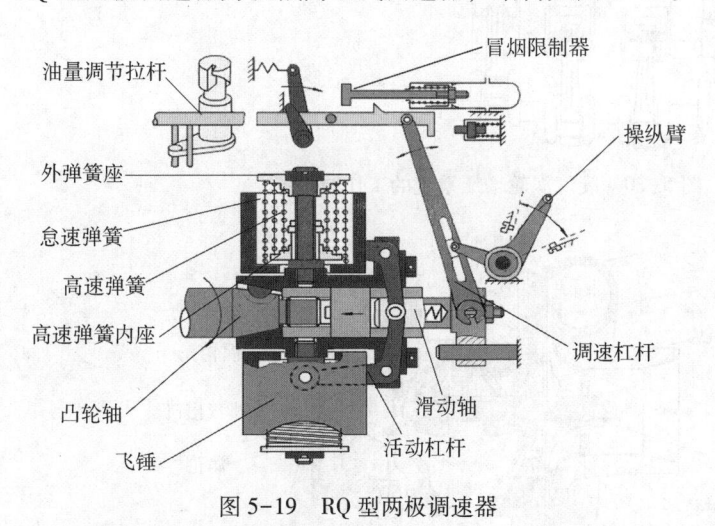

图 5-19 RQ 型两极调速器

(九) 废气涡轮增压器

所谓增压,是在增压器中压缩进入发动机进气管前的充气量,增加其密度,使进入汽缸的实际进气量比自然吸气发动机的进气量多，达到增加发动机功率、改善燃料经济性和排放性能的目的。在增压发动机中，充气量将受到两次压缩，一次是在增压器中，一次是在汽缸中。

发动机的增压方法有：机械增压、气波增压、废气涡轮增压和复合增压。废气涡轮增压（简称为涡轮增压）最早在柴油机上得到应用，是发动机增压的主要方式。

废气涡轮增压系统的工作原理如图5-20。涡轮机和压气机这一套系统称为增压器。涡轮增压器实际上就是一个空气压缩机，它以发动机排出的废气作为动力来推动涡轮室内的涡轮（位于排气道内），涡轮带动同轴的叶轮（位于进气道内），叶轮压缩由空气滤清器管道送来的新鲜空气，再送入汽缸，最后排入大气。当发动机转速加快时，废气排出速度与涡轮转速也同步加快，空气压缩程度得以加大，发动机的进气量相应地得到增加，发动机的输出功率增加。涡轮增压的最大优点是可以在不增加发动机排量的基础上，大幅度提高发动机的功率。具体结构如图5-21。

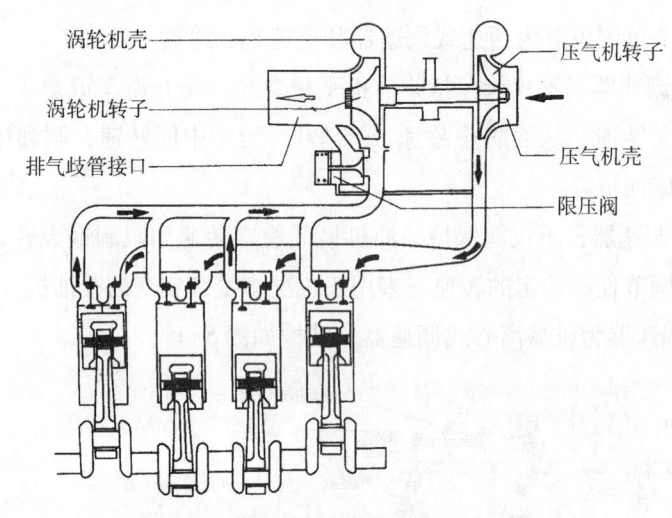

图5-20 废气涡轮增压系统的工作原理图

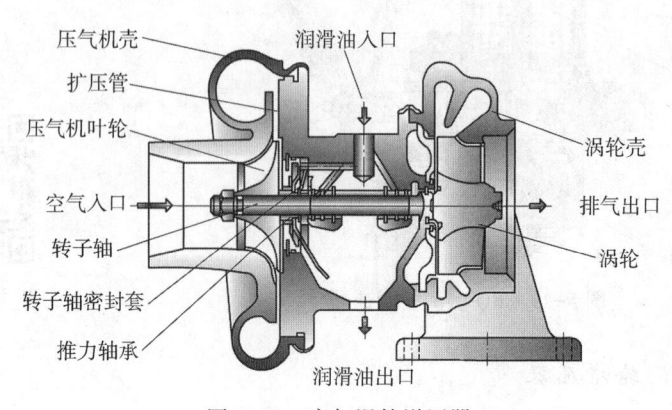

图5-21 废气涡轮增压器

废弃涡轮增压　　　　　共轨电控柴油机

注意：

1. 增压器的全浮动轴承对润滑油的要求很高，应按照规定使用"增压柴油机机油"或"柴Ⅲ系列机油"。

2. 定期清洗空气滤清器，以防止进气口阻力过大，增压器性能恶化。

任务二　柴油机燃料供给系统的拆检

知识目标

1. 了解柴油的性能、牌号与选用注意事项。
2. 理解柴油机燃料供给系统的维护作业步骤。
3. 理解柴油机燃料供给系统的典型故障分析、诊断和排除方法。

能力目标

1. 能正确使用柴油，合理规范地对柴油机燃料供给系统进行维护。
2. 能制订正确有效的喷油泵分解计划。
3. 掌握分解工具的使用方法，正确分解喷油泵。
5. 能准确判断柴油机燃料供给系统的故障部位。

一、柴油机的性能、牌号与选用

（一）柴油的性能

柴油是石油经过提炼加工而成的，其主要特点是自燃点低，密度大，稳定性强，使用安全，成本低，但其挥发性差。在环境温度较低时，柴油机启动困难。轻柴油用于高速柴油机，重柴油用于中、低速柴油机，柴油的性质对柴油机的功率、经济性和可靠性都有很大影响。主要性能如表5-6：

表 5-6 柴油的主要性能与牌号

性能	指标	说明	影响
发火性	十六烷值	十六烷值是代表柴油在一个标准试验发动机中着火性能的一个约定数值。它是在规定条件下的标准发动机试验中，通过和标准燃料着火性质进行比较来测定的，采用和被测定燃料具有相同着火延迟期的标准燃料中十六烷的体积百分数来表示的	十六烷值过高或过低都不好，过高，虽然着火容易，工作柔和，但稳定性能差，燃油消耗率大；过低，柴油机工作粗暴。一般柴油机使用的柴油十六烷值为 30~65
蒸发性	馏程	柴油馏程的测定项目有 50%，90% 和 95% 馏出温度	50% 馏出温度，此温度越低，说明柴油中的轻质馏分含量多，柴油机易于启动。但柴油中轻质馏分含量过多，会使喷入汽缸的柴油蒸发太快，易引起全部柴油迅速燃烧，造成压力剧增，使柴油机工作粗暴。90% 与 95% 馏出温度，此温度越低，说明柴油中重质馏分含量低，这就使得柴油的燃烧更加充分，使油耗降低
	闪点	闪点是石油产品在一定试验条件下加热后，当油料蒸气与周围空气形成的混合气接近火焰时，发生瞬间闪火时的最低温度。柴油的闪点既是控制柴油蒸发性的指标，又是确保柴油安全性的指标	闪点低的柴油，其蒸发性好，但柴油的闪点也不能过低。闪点过低，柴油含轻质馏分过多，使得柴油蒸发性过强，汽缸内混合气燃烧过猛，汽缸压力骤增而致柴油机工作粗暴，影响柴油在运输和使用中的安全

续 表

性能	指标	说明	影响
流动性	凝点	柴油在规定温度下冷却至停止移动时的最高温度，以℃表示	柴油的凝点直接影响着柴油在各种气候条件下的使用特性。 国产柴油分为轻柴油和重柴油两种，轻柴油的挥发性能好，按质量分为优等品、一等品和合格品三个等级，每个等级按其凝固点又分为六个牌号，分别为10#、5#、0#、-10#、-20#、-35#和-50#；重柴油挥发性差，密度和黏度较大，杂质多，重柴油按黏度大小分为10#、20#、30#三个等级，号数越大，其黏度越大
黏度	黏度	黏度是液体流动时内摩擦力的量度	柴油黏度对柴油机工作的影响主要有： 1. 影响供油量。柴油黏度过小，会使有效供油量减少；黏度过大，会使有效供油量超过标准，虽然提高了功率，但会造成燃烧不完全，排气冒黑烟及造成油耗上升。 2. 影响供油系统精密偶件的润滑。柱塞偶件、针阀与针阀体等精密配合的运动偶件，主要靠柴油润滑，柴油黏度若过小，则会使上述偶件相对运动阻力增大，加剧磨损

（二）柴油的选用

柴油机的构造、性能、工作状态和环境温度是选用柴油的依据。对于全负荷转速高于 960 r/min 的柴油机，应选用轻柴油。

表 5-7 轻柴油的选用

轻柴油的牌号	适用于地区、季节的最低气温
10#	适合于在有预热设备的高速柴油机上使用
0#	适合于风险率为10%且最低气温在4℃以上的地区使用
-10#	适合于风险率为10%且最低气温在-5℃以上的地区使用

续 表

轻柴油的牌号	适用于地区、季节的最低气温
-20#	适合于风险率为10%且最低气温在-5 ℃~-14 ℃的地区使用
-35#	适合于风险率为10%且最低气温在-14 ℃~-29 ℃地区使用
-50#	适合于风险率为10%且最低气温在-29 ℃~-44 ℃的地区使用

重柴油的选用如表5-8。

表5-8 重柴油的选用

重柴油的牌号	选用原则
10#	额定转速为500~1000 r/min 的中速柴油机
20#	额定转速为300~700 r/min 的中速柴油机
30#	额定转速为300 r/min 以下的低速柴油机

二、柴油机燃料供给系统的维护

普通柴油机燃料供给系统的维护如表5-9。

表5-9 普通柴油机燃料供给系统的维护

项目	作业内容	图示
油箱维护	不必从车上拆下油箱，清洗时，可用压缩空气吹洗	
柴油滤清器的维护	1. 排除沉淀物 首先关闭油箱开关，松开滤清器上的放气螺钉，然后拧下滤清器底部放污螺塞，放出沉淀物后，将螺塞装复并拧紧。然后打开油箱开关，用手油泵泵油排气，待气泡排除干净后拧紧放气螺钉。 2. 拆洗滤清器 车用柴油滤清器一般是两级滤清式。拆开清洗时，若是纸质滤芯应予以更换；若是毛毡及绸布的滤芯，应先在干净汽油中浸洗，然后将毛毡及绸布分别在汽油中清洗，最后用压缩空气吹干毛毡及绸布再组合装配。总成装复时应注意衬垫平整，防止漏油	

续表

项目	作业内容	图示
喷油器的维护	1. 喷油器的检查与清洗 检查喷油嘴有无积碳	
	2. 喷油器喷油压力的检查 在试验台上进行，也可就车检查，用一根三通管，一个接头装在喷油泵的任一分泵上，另一接头装上新的标准喷油器，第三个接头安装被测喷油器。 用启动机带动柴油机转动，观察两个喷油器是否同时喷油，若是同一时刻喷油，说明被测喷油器的喷油压力符合要求。 根据喷油开始的迟早（喷油压力过大或过小），通过喷油器调压螺钉进行调整。 油压低，应拧入油压调节螺钉，反之，应拧出油压调节螺钉；无调节螺钉则分解喷油器，更换调整垫片	
	3. 喷油器密闭性检查 保持喷油器的压力，使其低于喷油压力 1~2 MPa，10 s 后，检查喷油器下方，应无滴漏现象	
	4. 喷油器喷雾质量检查 喷出的油束应细小均匀，不偏斜；雾化良好，可听到断续清脆的声音。喷油一次后看压力表指示压力下降是否超过 10%~15%，若下降过多则喷雾质量差	
喷油泵的维护	1. 供油量均匀性的检查与调整 （1）拆下喷油泵在试验台上检查调整	

续表

项目	作业内容	图示
喷油泵的维护	（2）拆去供油齿条盖帽，安装齿条位移测量仪，并在齿条上的记号与泵体平齐位置对百分表进行调零	
	（3）将供油齿条调整到相应位置，转速调整到规定转速，测量各缸供油量及不均匀度。 若不在规定范围，应松开控制夹紧齿条螺钉，用工具向左或向右转动控制套筒	
	2. 喷油泵供油提前角的检查与调整 （1）拆下喷油泵第一缸高压油管，逆时针转动曲轴，观察喷油泵出油阀接头油面，油面刚刚上升时立即停止转动曲轴。 （2）查看皮带轮端或飞轮壳，观察孔上的指针所指角度是否上止点前 14°（CA6110），必要时重复检查。 （3）若不符合规定，逆时针旋转曲轴到第一缸压缩上止点前规定的角度（飞轮上有刻度线），然后松开联轴节上的固定螺栓，按喷油泵的旋转方向转动喷油泵传动端，将喷油泵壳体上的刻线与联轴节上的刻线对正，再拧紧固定螺栓	

项目五　柴油机燃料供给系统检修

续　表

项目	作业内容	图示
柴油机供油系统的排气	1. 低压油管和燃油滤清器排气 拧松固定于进油管接头上的放气螺钉，扳动输油泵手摇臂，放出空气直至放气螺钉处排出的柴油内不含气泡为止，然后以 8 N·m 的力矩拧紧放气螺钉。 2. 排出高压油管内空气 旋松喷油嘴上的高压油管螺母，启动发动机，让管内空气排出，再拧紧螺母，逐个放出各高压油管内的空气，直到发动机转速稳定为止。 注意：发动机排空气不得在热机状态下进行，以免燃油喷到炽热的排气管上引起火灾	

柴油机燃料供给系统的典型故障

课后测评

1. 试述柴油机燃油系统的工作过程。
2. 喷油提前角指的是什么？喷油提前角过大或过小有何危害？
3. 柴油机通常采取哪些措施改善混合气的形成条件？当汽缸压力和喷油压力降低时对混合气的形成条件有何影响？
4. 说明活塞式输油泵的工作过程。
5. 简述柱塞式喷油泵的泵油原理。
6. 柱塞式喷油泵是如何改变供油量的？
7. 出油阀有何作用？
8. RQ 型调速器是如何自动限制最高转速和稳定怠速的？
9. 喷油提前角调节装置通常有哪些类型？
10. VE 型分配泵是如何使柴油增压并进行高压柴油分配的？它是如何改变供油量的？
11. 精密偶件的磨损对柴油机的工作有何影响？

项目六　润滑系统检修

项目描述

一辆华晨 H330 汽车最近出现发动机热车和行驶过程中机油报警灯亮等现象，有时在急速状态下也会出现，进厂检测后，确定需要对润滑系统进行检修。首先要对发动机润滑系统进行检查，找出具体的故障原因，为此我们必须弄清发动机润滑系统的基本构造及工作原理。

在对发动机润滑系统进行维修前，汽车维修人员必须清楚维修车间各种劳动安全规范。维修过程中如何做才能更安全、更环保，是新一代汽车维修人员必须努力去思考的问题。

本项目主要介绍了发动机润滑系统的基本构造、工作原理及故障检查和排除，发动机润滑系统常用维修工量具及其操作方法。

任务一　认识润滑系统

知识目标

1. 掌握润滑的功用和润滑方式的分类。
2. 掌握润滑油的相关知识。
3. 能对润滑系统进行拆检和维修。

能力目标

1. 能说出润滑系统的结构。
2. 能正确选用和使用维修工量具拆检润滑系统组件。
3. 能进行润滑系统的总体拆装、调整和故障诊断与排除。

相关知识

一、润滑系统的功用与润滑方式

发动机工作时，相对运动的零件表面（如曲轴与轴承、活塞与汽缸壁、正时齿轮副等）间必然会产生摩擦，摩擦会使零件表面迅速磨损，而且摩擦产生大量的热可能导致零件表面烧蚀，致使发动机无法正常运转，同时零件表面之间的摩擦还会增大发动机的功率消耗。因此，为保证发动机正常工作，必须对相对运动的零件表面加以润滑。发动机的润滑是由润滑系统来实现的。

（一）润滑系统的功用

润滑系统的功用是在发动机工作时连续不断地把数量足够的洁净润滑油输送到全部传动件的摩擦表面，并在摩擦表面间形成油膜，从而减小摩擦阻力，降低功率损耗，减轻机件磨损，以达到提高发动机工作可靠性和耐久性的目的。润滑系统的具体功用可归纳为以下七个方面。

1. 润滑功用

润滑运动零件表面，减小零件表面间的摩擦阻力和磨损，降低发动机的摩擦功率损失。

2. 清洗功用

油在润滑系统内不断循环，清洗零件间的摩擦表面，带走磨屑和其他异物。

3. 冷却功用

机油在润滑系统内循环带走零件摩擦产生的热量，起到冷却作用，使零件温度不致过高。

4. 密封功用

在运动零件之间形成油膜，提高它们的密封性，有利于防止漏气或漏油。

5. 防锈蚀功用

在零件表面形成油膜，对零件表面起保护作用，防止零件与水分、空气及燃气接触而发生氧化和锈蚀。

6. 液压功用

润滑油可用作液压油，起液压作用，如液力挺柱。

7. 减震缓冲功用

在运动零件表面形成油膜，利用润滑油膜的不可压缩性，缓解配合件之间的冲击并减小振动，起减震缓冲作用。

（二）润滑方式

1. 压力润滑

压力润滑是利用机油泵，将具有一定压力的润滑油源源不断地送往摩擦表面的间隙处。主要应用于负荷大、运动速度高的零件，如曲轴主轴承、连杆轴承及凸轮轴轴承、摇臂等，在接触处形成油膜以保证润滑。

2. 飞溅润滑

飞溅润滑是利用发动机工作时运动零件飞溅起来的油滴或油雾来润滑摩擦表面的润滑方式。主要应用于裸露在外面承受载荷较轻的零件（如汽缸壁）、相对滑动速度较小的零件（如活塞销，以及配气机构的凸轮表面、挺柱等），使其得到润滑。

3. 定期润滑（不属于润滑系统）

对于负荷较小的发动机辅助装置只需定期、定量加注润滑脂进行润滑。主要应用于辅助机件，如水泵、发电机轴承与汽车底盘等。

一般的汽车发动机都同时采用两种以上的润滑方式，称为复合式润滑。

（三）滤清方式

汽车发动机润滑系统一般设有润滑滤清装置，润滑油滤清方式通常有三种：全流过滤式、分流过滤式与并联过滤式，如图6-1。

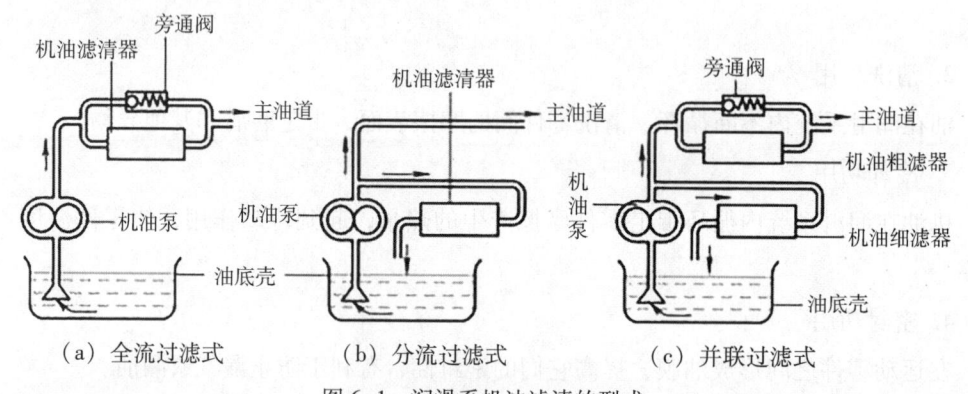

（a）全流过滤式　　（b）分流过滤式　　（c）并联过滤式

图6-1　润滑系机油滤清的型式

1. 全流过滤式

滤清器串联（并联）于机油泵与主油道之间，从机油泵压送出的油全部经过滤清器供给各个摩擦部位，能滤清进入主油道的所有润滑油。若滤清器被堵塞，就会出现润滑不良的后果，因此常将旁通阀和滤清器并联使用，这样在滤清器被堵塞的情况下，可越过滤清器向各摩擦部位供油。

2. 分流过滤式

分流过滤式滤清器与主油道并联，该方式仅将油路中的一部分油滤清。

3. 并联过滤式

并联过滤式滤清器有两个滤清器分别与主油道串、并联。该方式是将全流过滤式与分流过滤式合起来使用。

二、润滑系统的组成

润滑系统一般由机油泵、油底壳、润滑油道、润滑油管、滤清器、阀类、机油散热器、机油压力表、温度表、机油标尺等组成，如图6-2所示。

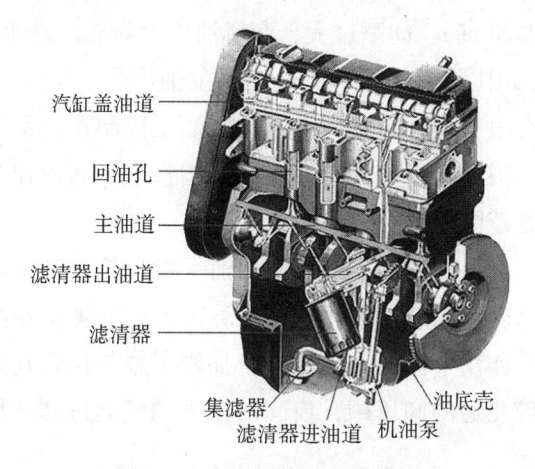

图6-2 润滑系统的组成结构

（一）机油泵

提高机油压力，保证机油在润滑系统内不断循环，目前发动机润滑系中广泛采用的是齿轮式机油泵和转子式机油泵两种。

1. 齿轮式机油泵

（1）外啮合式齿轮泵的结构

外啮合式齿轮泵的结构如图6-3。

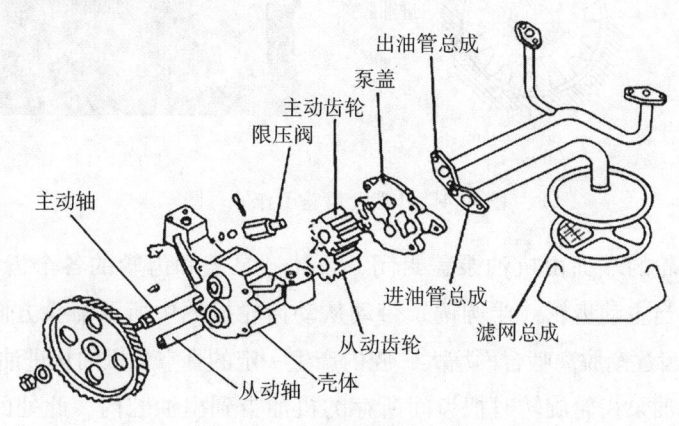

图6-3 外啮合齿轮结构图

组成：主动轴、主动齿轮、从动轴、从动齿轮、壳体等。

①主动轴下端用半圆键固装着主动齿轮，上端有长槽与分电器传动轴连接。分电器轴通过齿轮由凸轮轴驱动。

②主、从动齿轮的齿数相同且相互啮合，装在壳体内，齿轮与壳体的径向和端面间隙很小。主动轴与主动齿轮用半圆键连接，从动齿轮空套在从动轴上。

③密封垫。泵盖与壳体间的密封垫做得很薄。密封垫用来调整泵盖与主、从动齿轮的间隙和防止漏油。齿轮式机油泵齿轮与泵体的径向间隙一般不超过 0.20 mm，齿轮端面间隙不超过 0.05~0.20 mm。间隙过大，润滑油压力降低，泵油量减少。齿轮与壳体内壁及泵盖的间隙很小，用以保证机油泵产生必要的油压。

④机油泵盖上装有限压阀。它可将主油道的油压控制在正常范围内。若油压超出正常范围，可增加或减小限压阀内垫片的厚度，以调整限压阀内弹簧的预紧力，从而保证主油道内的油压在正常范围内。

⑤泵盖有卸压槽。为保证油泵连续供油，前一对齿轮在未脱离啮合时，后一对齿轮已进入啮合，在两对齿轮之间形成封闭的间隙，因齿间间隙不断减小，封闭在齿间的机油会产生很大的推力，作用于齿轮和齿轮轴，加剧了轴与齿轮孔间的磨损。为此可在泵盖上铣出一条与出油腔相通的卸压槽，齿间的压力油则通过卸压槽导向出油腔，以降低其压力。

（2）外啮合式齿轮泵的工作原理

外啮合式齿轮泵的工作原理，如图 6-4。

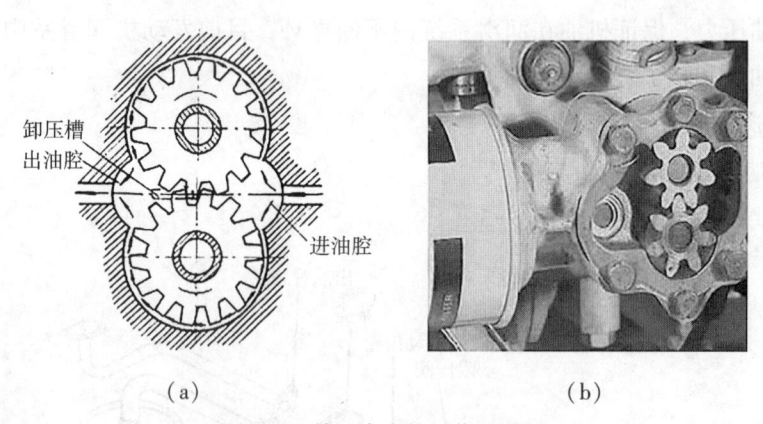

图 6-4 外啮合齿轮工作原理图

①吸油。齿轮的端面由机油泵盖封闭，泵体、泵盖和齿轮的各个齿槽组成工作腔。发动机工作时，当主动齿轮（半圆键）带动从动齿轮按图中所示箭头方向旋转时，进油腔的容积由于轮齿逐渐脱离啮合而增大，腔内产生一定的真空，机油从进油口吸入进油腔。

②压油。机油泵齿轮旋转时把齿间所存的机油带到出油腔内，此处的容积由于轮齿逐渐进入啮合而减小，压力升高，机油经出油口压入润滑油道。

只要发动机连续运转，润滑油就不断地被机油泵输送到各润滑部位，且输出的油量与发动机的转速成正比。

（3）外啮合齿轮式机油泵的安装位置及驱动方式

外啮合齿轮式机油泵的安装位置一般在曲轴箱内，通常由曲轴或凸轮轴经中间传动机构驱动。

（4）外啮合齿轮式机油泵的特点

外啮合齿轮式机油泵的优点是结构简单、制造较容易、效率高、功率损失小、工作可靠、使用寿命长；缺点是需要中间传动机构，体积大，制造成本较高，供油不均匀等。

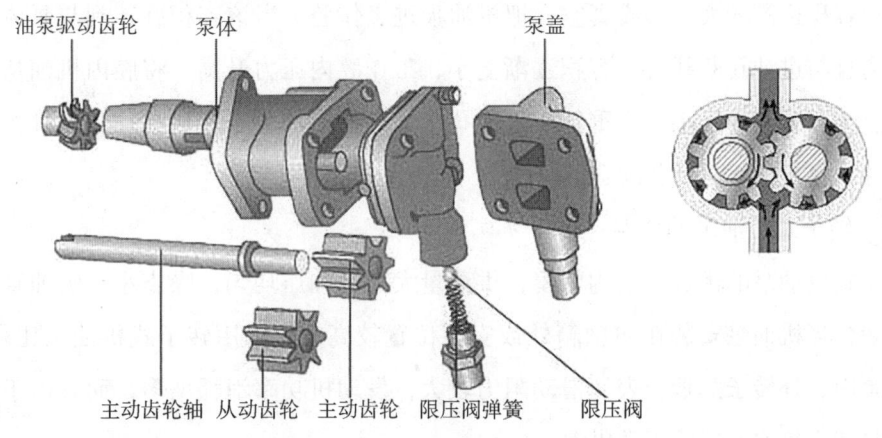

图 6-5　发动机的齿轮式机油泵构造图

2. 转子式机油泵

（1）转子式机油泵的结构

转子式机油泵通常安装在曲轴箱前端，由曲轴带轮或链轮驱动，其结构原理如图 6-6。它主要由内转子、外转子和油泵壳体等组成。内转子有外齿，通过键固定于主动轴上。外转子有内齿，其外圆柱面与壳体配合安装在泵体内。内、外转子有一定的偏心距，内转子一般有四个或以上的凸齿，外转子的凹齿数比内转子的凸齿数多一个，外转子在内转子的带动下转动，内、外转子的齿形轮廓为次摆线。壳体上设有进油口和出油口。

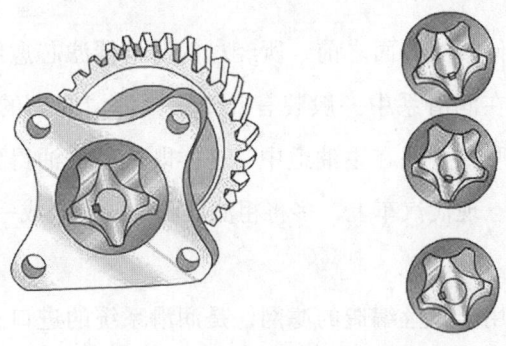

图 6-6　转子式机油泵结构原理图

(2) 转子式机油泵的工作原理

机油泵传动轴通过半圆键带动内转子转动，内转子通过与外转子啮合，同方向带动外转子转动（外转子与机油泵体内孔间隙配合）。在内、外转子的转动过程中，转子每个齿的齿形齿廓线上总能互相成点接触。因此，在内、外转子之间形成了四个互相封闭的工作腔。由于外转子总是慢于内转子且内、外转子中心偏置，故四个工作腔容积随着转子的转动发生了变化，容积增大的区域形成了一定真空，进油口设在这里；容积减小的区域压力提高，出油口设在这里。每个工作腔总是在容积最小时与壳体上的进油孔接通，随后容积逐渐变大，形成真空，把机油吸进工作腔。当该容积旋转到与泵体上的出油孔接通且与进油孔断开时，容积逐渐变小，工作腔内压力升高，将腔内机油从出油孔压出，直至容积变为最小，又重新与进油孔接通开始进油为止。如此往复循环，不断吸油、压油，将机油压送到各配合面。

(3) 转子式机油泵的特点

转子式机油泵的优点是结构紧凑，供油量大而且油压均匀，噪声小，吸油真空度较高。一般，当机油泵安装在曲轴箱外或安装位置较高时，采用转子式机油泵比较合适。其缺点是内、外转子的啮合表面滑动阻力较大，发动机功率消耗增多，而且由于转速较高，容易产生气泡，影响正常供油。

（二）机油滤清器

发动机工作时，金属磨屑和大气中的尘埃及燃料燃烧不完全所产生的碳粒会渗入机油中，机油本身也因受热氧化而产生胶状沉淀物，使机油中含有杂质。如果把这样的机油直接送到运动零件表面，机油中的机械杂质就会成为磨料，加速零件的磨损，并且引起油道堵塞及活塞环、气门等零件胶结。因此必须在润滑系中设有机油滤清器，使循环流动的机油在送往运动零件表面之前得到净化处理。保证摩擦表面的良好润滑，可以延长其使用寿命。

机油在流到运动零件摩擦表面之前，所经过的滤清器滤芯愈细，滤清次数愈多，将使机油阻力增大。为此在润滑系中一般装有几个不同滤清能力的滤清器，如将集滤器、粗滤器和细滤器分别串联或并联在主油道中，这样既能使机油得到较好的滤清，又不至于造成很大的流动阻力。现代汽车上，多将粗滤器和细滤器制成一体，定期更换。

(1) 集滤器

①功用。集滤器是用金属丝编造的滤网，是润滑系统的进口，装在机油泵之前，用来滤除润滑油中粗大的杂质，防止其进入机油泵。

②类型。汽车发动机所用的集滤器有浮筒式集滤器和固定式集滤器两种,如图6-7。

③构造与工作原理。浮筒式集滤器漂浮在润滑油中,位于油面下面吸油,这样可防止吸入泡沫。浮筒式集滤器的固定油管装在机油泵上,吸油管一端和浮子焊接,另一端与固定管连接,这样可以使浮子自由地随润滑油液面升起或降落。

当机油泵工作时,润滑油从罩与滤网间的狭缝被吸入吸油管进入机油泵,通过滤网缝隙时,杂质被滤去。若滤网被杂质淤塞时,机油泵所形成的真空,迫使滤网上移,使滤网的环口离开罩,润滑油便直接从环口进入吸油管,以保证机油供给不致中断。

与浮筒式集滤器相比,固定式集滤器虽然吸入润滑油的清洁度稍差,但结构简单,并可防止油面上的泡沫被吸入润滑系统,所以应用广泛。

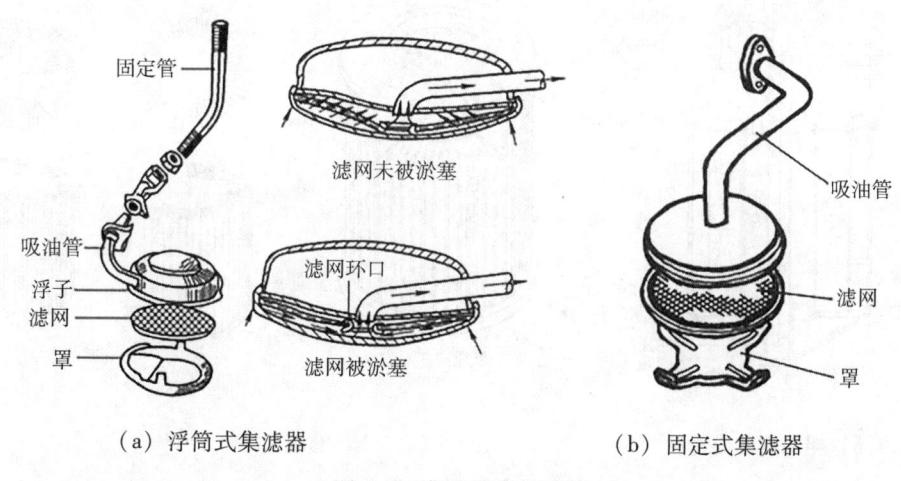

(a) 浮筒式集滤器　　(b) 固定式集滤器

图6-7　集滤器的结构图

(2) 粗滤器

①功用。用来过滤润滑油中颗粒较大(直径为0.04 mm以上)的杂质。它对机油的流动阻力较小,通常串联于机油泵与主油道之间,属于全流过滤式滤清器。

②类型。粗滤器根据滤芯的不同,有多种不同的结构形式。传统的粗滤器多采用金属片缝隙式和绕线式,现在发动机多采用纸质式或锯末式。

③构造与工作原理。图6-8为货车用纸质粗滤器,主要由外壳、端盖和滤芯等组成。滤芯通过滤芯密封圈、滤芯压紧弹簧压靠在外壳滤芯底座与端盖之间,外壳与端盖由密封垫圈、螺杆连接,端盖通过螺栓固定于缸体,并和缸体上相应的油孔对齐。

从机油泵输出的压力油经端盖上的进油孔进入粗滤器与滤芯之间,经滤芯过滤后,进入滤芯筒并经端盖上的出油孔进入主油道。

旁通阀装于端盖上，当滤芯发生淤塞而阻力增加时，旁通阀打开，外壳内的机油经旁通阀和端盖出油孔进入主油道，以保证主油道所需的机油量。

当滤芯阻力增大使油压超过规定值时，指示器将驾驶室仪表上的指示灯接通，指示灯闪亮，表明需要更换滤芯或者对粗滤器进行维护。发动机冷启动时，由于机油黏度大，使滤芯阻力增加，指示灯闪亮，但当发动机温度升高机油变热时，该灯熄灭。

图6-8（b）为纸质滤芯的构造。芯筒是滤芯的骨架，用薄铁皮制成，其上加工出许多圆孔。微孔滤纸一般都折叠成扇形和波纹形，以保证在最小体积内有最大的过滤面积，并可提高滤芯刚度。滤芯用塑胶与上、下端盖黏合在一起。

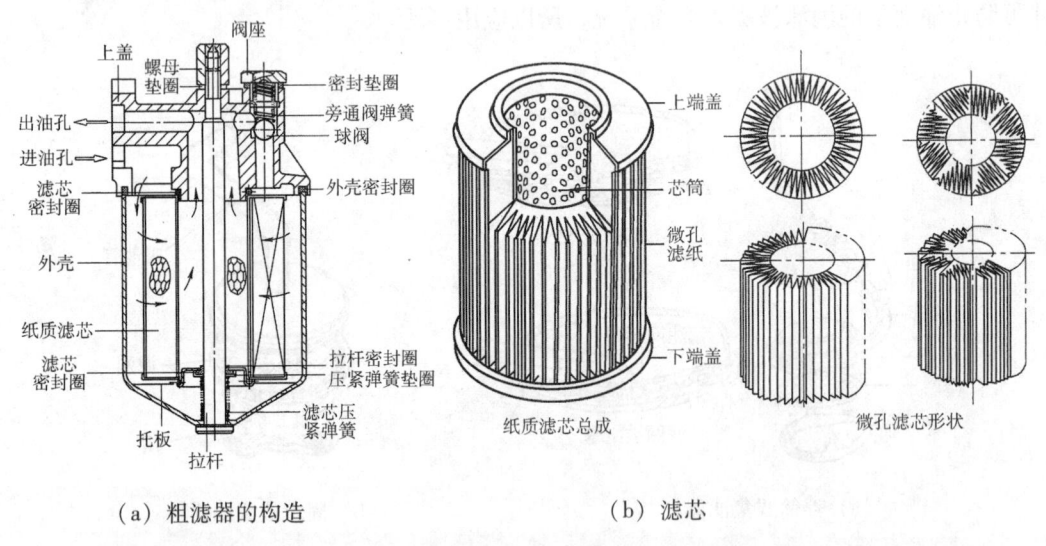

（a）粗滤器的构造　　（b）滤芯

图6-8　粗滤器

微孔滤纸经过酚醛树脂处理后，具有较高的强度、抗腐蚀能力和抗水湿性能。因此，纸质滤清器具有质量小、体积小、结构简单、过滤阻力小、滤清效果好、成本低和保养方便等优点。为了维护方便，目前越来越多的发动机，采用旋装式滤芯结构。

（3）细滤器

①功用。用来清除微小杂质（直径在0.001 mm以上）、胶质、水分。大多为分流过滤式滤清器，全流过滤式滤清器则需装旁通阀。

②类型。按过滤方式不同分为过滤式和离心式两种。过滤式细滤器与粗滤器结构基本相同，只是滤芯能过滤掉更细小颗粒的杂质。过滤式机油细滤器存在滤清能力与通过能力的矛盾。为此，汽车发动机多采用离心式机油细滤器。细滤器过滤能力强，流动阻力大，与主油道并联安装，属于分流过滤式滤清器。

③构造与工作原理。离心式细滤器一般应用在载重货车和工程机械上。它主要由三部分组成：壳体与滤清器盖、转子轴、转子体与转子盖。EQ6100-1型发动机的离心式细滤器的结构和工作原理如图6-9。

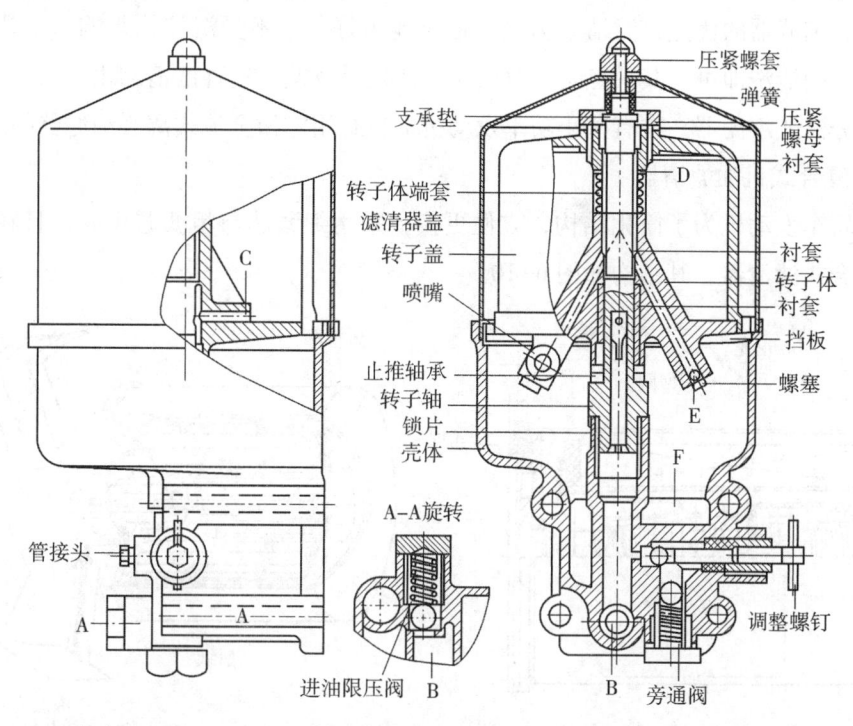

F-滤清器出油口　B-滤清器进油孔　C-出油孔　D-进油孔　E-通喷嘴油道

图6-9　汽车发动机离心式细滤器结构

转子轴固定于滤清器外壳上，转子体上压有三个衬套，并与转子体端套连成一体，套在转子轴上可以自由转动。压紧螺套将转子盖与转子体紧固在一起后，须对其进行动平衡检验。转子下面装有止推轴承，转子上面装有支承垫，并用弹簧压紧以限制转子轴向窜动。转子下端有两个水平安装的互成反向的喷嘴。滤清器盖用压紧螺母装在滤清器壳体上，使转子密封。滤清器盖与壳体具有高度的对中性，使转子达到一定转速，以保证机油的滤清质量。

发动机工作时，从机油泵来的机油进入滤清器进油孔B。若机油压力低于0.1 MPa，进油限压阀不开启，机油则不进入细滤器而全部流向主油道，以保证发动机可靠润滑。若机油压力超过0.1 MPa，进油限压阀被顶开，机油沿壳体中的转子轴内的中心油道，经出油孔C进入转子内腔，然后经进油孔D、通喷嘴油道E从喷嘴喷出。在机油喷射的反作用力的推动下，转子及转子内腔的机油做高速旋转。在离心力作用下，机油中的杂质被甩向转子盖内壁并沉淀，清洁的机油由进油孔D进入，再经喷嘴喷出。喷出的机油经滤清器出油孔F流回油底壳。管接头与机油散热器相连，当机油温度过高时，可旋松机油散热器开关，使部分机油流向散热器进行冷却。滤清器还设有机油散热器安全阀，当油压高于 0.4 MPa 时，旁通阀被顶开，部分机油流回油底壳，以防油压过高而损坏机油散热器。

离心式细滤器的优点：滤清能力高，通过能力好，且不受沉淀物影响，不须更换滤芯，只需定期清洗即可。其缺点是：对胶质滤清效果较差。这种滤清器由于出油无压力，一般只做分流式细滤器。在有些小功率发动机上也有用它做全流式离心细滤器的。

（4）复合式机油滤清器

某些轿车发动机为了简化结构，方便更换，采用细滤芯与粗滤芯串联，且在同一壳体内的复合式滤清器，其结构如图 6-10。

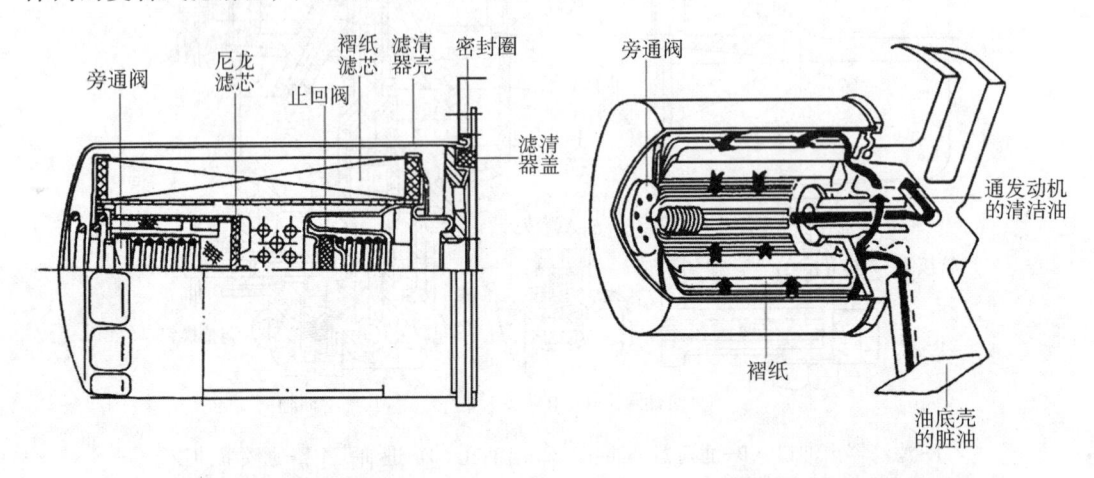

（a）发动机机油滤清器结构图　　　（b）复合式滤清器的工作过程

图 6-10　发动机复合滤清器

复合式机油滤清器的工作过程：从油底壳来的脏机油从端盖周边的油孔进入滤清器内，经褶纸和尼龙滤芯过滤后进入滤清器中心油腔。当机油压力大于止回阀的弹簧弹力时，推开止回阀，过滤后的机油流向端盖油道后进入发动机主油道。

褶纸粗滤芯由棉花、毛绒、人造纤维等不同类型的材料制成，能吸附不同类型和不同直径的杂质。细滤芯则由尼龙制成。复合式滤清器的工作流程，如图 6-10（b）。

为了安全起见，滤清器有一个旁通阀，当滤芯被堵塞机油压力增大时，旁通阀打开，机油绕过滤芯直达中心油腔，可防止发动机缺油。发动机停止工作，机油泵停止泵油。滤清器中心油腔的压力下降，止回阀在弹簧的作用下关闭，以维持发动机内有足够的机油，利于下次启动。

（三）机油冷却器

热负荷较大的发动机，如大功率柴油机、大排量汽油机等，除利用油底壳对机油进行散热外，还设有专门的机油冷却装置，以便对润滑油进行强制性冷却，使润滑油保持在最有利的温度范围内工作。

机油冷却器有风冷式和水冷式两种形式。

（1）风冷式机油冷却器。风冷式机油冷却器像一个小型散热器一般安装在发动机冷却系统散热器的前面，与主油道并联，利用汽车行驶时的迎面风和冷却风扇的风力使机油冷却，如图6-11。

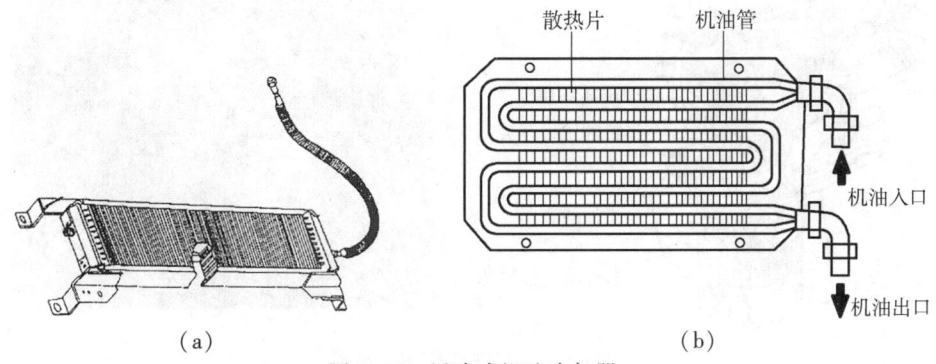

图 6-11 风冷式机油冷却器

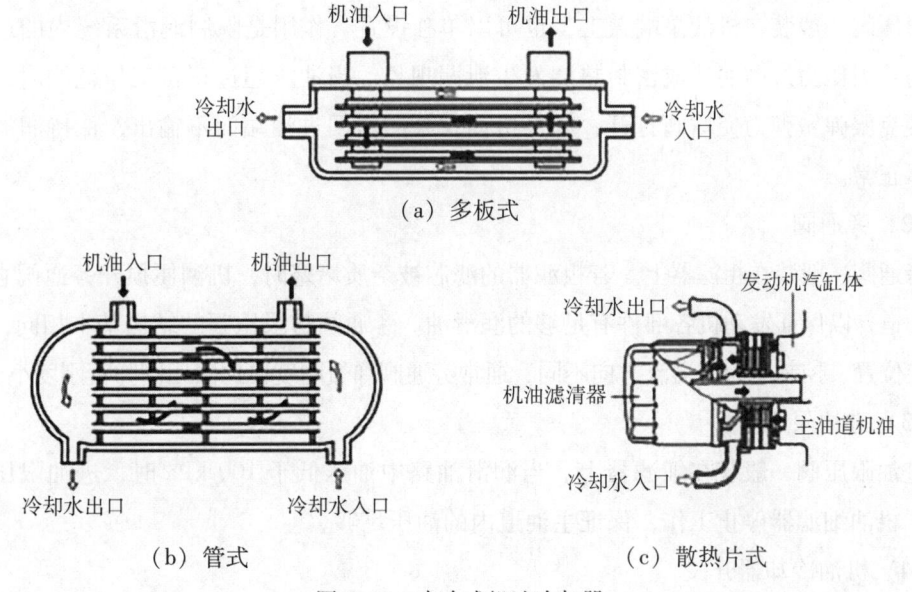

（2）水冷式机油冷却器。水冷式机油冷却器（机油散热器）装在发动机冷却水路中，当油温较高时靠冷却液降温，启动期间油温较低时，则从冷却液吸热迅速提高机油温度。水冷式机油冷却器外形尺寸小，布置方便，且不会使润滑油冷却过度，润滑油温度稳定，因而在轿车上应用较广。图6-12为几种常见的水冷式机油冷却器，冷却器串接于机油泵与主油道之间。发动机冷却液流经散热片间缝隙，带走机油热量，冷却后的机油再流入主油道。

图 6-12 水冷式机油冷却器

图 6-13 为布置在机油滤清器上的水冷式机油滤清器的实例。润滑油进入滤清器滤清之后直接进入冷却器，在冷却器芯内流动，从散热器出水管引来的冷却液在冷却器芯外流过。两种流体在冷却器内进行热交换，使高温润滑油得以冷却降温。

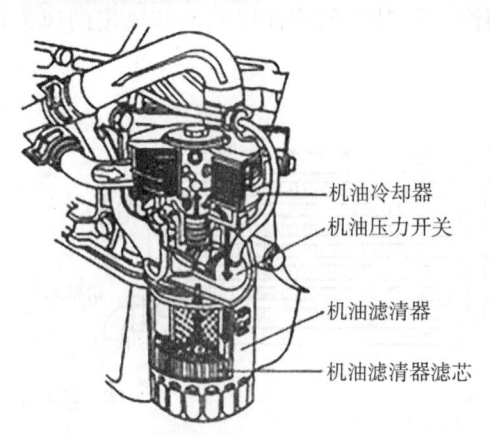

图 6-13 水冷式机油滤清器

（四）主油道

直接在缸体与缸盖上铸出，向各润滑部位输出润滑油。

（五）阀类

在发动机的润滑油路中，设有各种阀，如限压阀、旁通阀、进油限压阀等，以确保润滑系统正常工作。

（1）限压阀

限压阀一般装在机油泵端盖上，也可以单独设置。作用是限制润滑系统内的最高油压，防止因压力过高而造成密封垫圈发生泄漏现象。当油压超过正常工作范围时，机油压力便克服弹簧弹力使球阀打开，部分机油在泵内泄回进油端而不输出，保持润滑油路内油压正常。

（2）旁通阀

旁通阀一般装在粗滤器上。若粗滤器的滤芯被杂质堵塞时，机油便顶开旁通阀直接进入主油道，以保证发动机各部件有足够的润滑油。旁通阀与限压阀的结构基本相同，只是其安装位置、控制压力、溢流方向不同，通常旁通阀弹簧刚度要比限压阀弹簧刚度小得多。

（3）进油限压阀

进油限压阀一般装在细滤器上。当润滑油路中油压低于 100 kPa 时，进油限压阀不开启，机油细滤器停止工作，保证主油道内的油压足够。

（4）机油冷却器开关

机油冷却器开关装在细滤器上。当气温高于 293 K 时，驾驶员可打开此开关，使部分机油流经机油散热器冷却，以保持机油的散热性能。

（5）机油冷却器安全阀

机油冷却器安全阀装在细滤器上。当油压高于 400 kPa 时，机油冷却器安全阀开启，使部分机油经此阀泄入油底壳，防止冷却器损坏。

（六）润滑油压力表和机油压力过低警告灯

机油压力表用来指示机油压力，便于驾驶员能随时掌握润滑系统的工作状况。当主油道内的油压低于 100 kPa 时，警告灯亮，此时应立即停车检查。

（七）油尺

油尺是用来检查油底壳内油量和油面高低的。它是一金属杆，下端扁平，并有刻线。机油油面必须处于油尺上下刻线之间。

三、润滑系的油路

现代汽车发动机的润滑油路方案大致相似，如图 6-14，只是某些具体的结构略有差别。

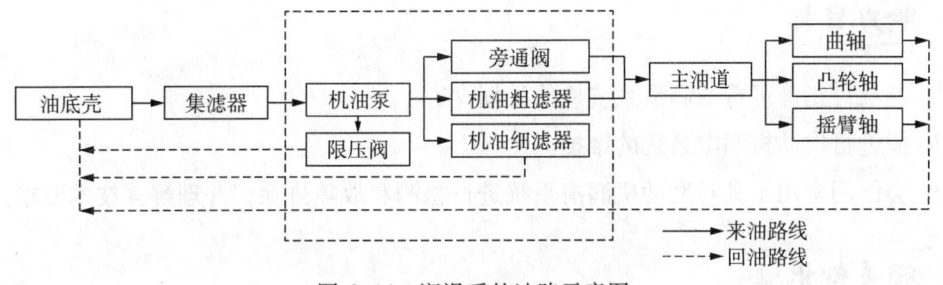

图 6-14 润滑系的油路示意图

发动机润滑油路：机油泵位于曲轴箱内，由曲轴通过链轮驱动。机油集滤器安装于机油泵进油口。机油滤清器串联安装于机油泵出口与主油道之间。在此系统中，曲轴的主轴颈、曲柄销、凸轮轴颈及中间轴（分电器和机油泵的传动轴）颈均采用压力润滑，其余部分则用飞溅润滑或润滑脂润滑。

当发动机工作时，润滑油从油底壳经集滤器被机油泵送入机油滤清器。如果油压太高，则润滑油经机油泵上的安全阀返回机油泵入口。全部润滑油经滤清器滤清之后进入发动机主油道。滤清器盖上设有旁通阀，当滤清器堵塞时，润滑油不经过滤清器滤清，而经旁通阀直接进入主油道。润滑油经主油道进入五条分油道分别润滑五个主轴承。然后，润滑油经曲轴上的斜油道，从主轴承流向连杆轴承润滑曲柄销。主油道中的部分润滑油经分油道供入中间轴的后轴承。中间轴的前轴承由机油滤清器出油口的一条油道供油润滑。主油道的另一条分油道直通凸轮轴轴承润滑油道，此油道也有五个分油道，分别向五个凸轮轴轴承供油。在凸轮轴轴承润滑油的后端，也就是整个压力润滑油路的终端，装有最低润滑油压力报警开关。当发动机启动之后，润滑油压力较低时，最低油压报警开关闭合，油压指示灯亮。当润滑油压力超过 31 kPa 时，最低油压报警开关断开，指示灯熄灭。另外，在机油滤清器上也装有润滑压力开关。发动机转速超过 2150 r/min 时，润滑油压力若低于 180 kPa，这时开关触点闭合，报警灯亮，同时蜂鸣器也鸣响报警。

任务二　润滑系统的检修

知识目标

1. 理解润滑系统润滑油的相关知识。
2. 掌握润滑系统维护内容。
3. 掌握润滑系统的检修。

能力目标

1. 能制订正确可行的润滑系统检修计划。
2. 能进行发动机润滑系统的维护。
3. 会使用常用工具对发动机润滑系统进行检测和故障排除，并理解其技术要求。

相关知识

一、润滑油相关知识

（一）润滑剂的种类及选用

汽车发动机润滑系统所用的润滑剂包括润滑油（简称机油）和润滑脂两种。

国际上广泛采用美国汽车工程师协会（SAE）使用的机油黏度等级分类法和美国石油协会（API）使用的质量等级分类法，而且它们已被国际标准化组织（ISO）确认。

1. SAE 黏度分类法

美国汽车工程师学会（SAE）按照润滑油的黏度等级，把润滑油分为冬季用润滑油和非冬季用润滑油。

冬季用润滑油有 6 种牌号：SAE0W、SAE5W、SAE10W、SAE15W、SAE20W 和 SAE25W。

非冬季用润滑油有 4 种牌号：SAE20、SAE30、SAE40 和 SAE50。

SAE 黏度分类指标指明油料使用的环境温度。号数较大的润滑油黏度较大，适于在较高的环境温度下使用。

上述牌号的润滑油只有单一的黏度等级，当使用这种润滑油时，汽车驾驶员须根据季节和气温的变化随时更换润滑油。目前使用的润滑油大多数具有多黏度等级，其牌号有 SAE5W-20、SAE10W-30、SAE20W-40 等。例如，SAE10W-30 在低温下使用时，其黏度与 SAE10W 一样，而在高温下使用时，其黏度又与 SAE30 相同。第一个数字越小，如"10"，油在低温时变黏的可能越小。第二个数字越高，如"30"，油在高温下变稀的可能性越小。"W"表示"冬季"，表示这个黏度是用于低温的。因此，多等级润滑油可以冬夏通用。

2. API 质量分类法

API 质量分类法是美国石油研究所学会（API）根据润滑油的性能及其最适合的使用场合，把润滑油分为 S 系列和 C 系列，如表 6-1 所示。

表 6-1 汽油机和柴油机的 API 质量分类

汽油机			柴油机		
API	维修及机油说明	质量	API	维修及机油说明	质量
SL SJ SH SG	适用于在各种条件下工作的发动机	高 ↑ ↓ 低	CF-4 CF	提供比 CF 分类更好的特性和质量	高 ↑ ↓ 低
				提供比 CE 分类更好的洗洁剂弥散和抗热性能	
SF	适用于连续高速、高温并且反复停机-开机条件下工作的发动机		CE	适用于在低速、高负载条件和高速、高负载条件下工作的发动机	
SE	适用于在比 SD 分类更严酷的条件下工作的发动机		CD	适用于在高速、高功率输出条件下工作的发动机	
			CC	适用于在比 CB 分类更严酷的条件下工作的发动机	

我国发动机润滑油的分类

（二）发动机润滑油的选用

选用发动机油，首先根据车辆使用说明书或发动机的工作条件确定发动机油的质量等级；其次，根据车辆使用地区的气温情况选择合适的机油黏度等级。

1. 质量等级的选用

发动机润滑油质量等级的选用必须严格按照汽车使用说明书的规定。在无车辆使用说明书的情况下，可根据发动机工作条件的苛刻程度，选用与之质量等级适合的润滑油。具体方法参照如下：

（1）汽油发动机润滑油质量等级的选用

汽油发动机工作条件的苛刻程度与发动机进、排气系统中有无附加装置及其类型有关。因此，可按附加装置选用发动机润滑油质量等级，如装有 EGR 装置的汽车可选用 SE 级润滑油；装有废气催化转换装置的汽车可选用 SF 级润滑油；采用电喷燃油系统的汽车使用 SF 级以上的润滑油。

（2）柴油发动机润滑油质量等级的选用

柴油发动机工作条件的苛刻程度可用柴油发动机强化系数来表示。强化系数越高，表示发动机工作条件越苛刻，要求选用的润滑油质量等级越高。强化系数小于 50 的柴油发动机应选用 CC 级，强化系数大于 50 的柴油发动机应选用 CD 级以上的机油。

2. 黏度等级的选用

黏度等级的选用是根据车辆使用地区和季节气温来选择的，我国机油黏度等级与适用温度范围如表 6-2。由于单级油不可能同时满足低温及高温的要求，因此只能根据当地季节气温适当选用；而多级油的优越性是它的黏温性能好，适用温度范围宽，特别是在严寒地区、短途运输、低温启动较多时，其优越性更为明显，故应尽量选用多级油。

表 6-2 发动机机油黏度等级与适用范围

SAE 黏度级别	适用气温
5 W/30	−30 ℃ ~ 30 ℃
10 W/30	−25 ℃ ~ 30 ℃

续 表

SAE 黏度级别	适用气温
15 W/30	−20 ℃~30 ℃
15 W/40	−20 ℃~40 ℃及40 ℃以上
20 W/20	−15 ℃~20 ℃
30	−10 ℃~30 ℃
40	−5 ℃~40 ℃以上

（三）润滑油的使用注意事项

1. 如果不是通用油，则汽油发动机润滑油不能用于柴油发动机上。同样，柴油发动机润滑油也不能用于汽油发动机上。不同牌号的机油不得混用。

2. 质量等级较高的机油可替代质量等级较低的机油，反之则不能。

3. 经常检查机油的液面高度。检查时应使发动机处于水平位置，发动机停转几分钟后进行，机油标尺上的油痕应在最大标记与最小标记之间。

4. 注意车辆使用地区的气温变化，及时换用温度等级适宜的机油。在满足使用要求的前提下，机油的黏度应尽可能选择小一些。

5. 适时（定期或按质）换油。可按车辆使用说明书或该车型规定的换油里程要求换油。

6. 严防水分、杂质等污染润滑油。

（四）润滑剂的使用特性及添加剂

1. 合成润滑油

合成润滑油是利用化学合成方法制成的润滑剂。其主要特点是有良好的黏度-温度特性，可以满足大温差的使用要求；有优良的热氧化安定性，可长期使用不需更换。使用合成润滑油，发动机的燃油经济性会有改善，并可降低发动机的冷启动转速。

2. 润滑脂

润滑脂是将稠化剂掺入液体润滑剂中所制成的一种稳定的固体或半固体产品，其中可以加入改善润滑脂某种特性的添加剂。润滑脂在常温下可附着于垂直表面而不流淌，并能在敞开或密封不良的摩擦部位工作，具有其他润滑剂所不能代替的特点。因此，在汽车的许多部位都使用润滑脂润滑。

二、润滑系统的维护

（一）润滑系统维护的作用

润滑系统中流动的介质是润滑油，润滑油是由基础油和添加剂组成

润滑系统常见的问题

的。润滑油在系统中具有润滑、抗磨、抗氧化、密封、降噪和降温等重要作用。随着汽车工业的发展，现代高温化发动机对润滑油的功能要求越来越高。同时我们发现，汽车在使用一段时间后，润滑系统中会沉积大量的油泥，影响润滑系统的正常工作，甚至出现严重的机械故障。

（二）润滑系统维护的方法

对发动机的维护最重要的是对润滑系统的维护。润滑系统工作正常与否，以及润滑油品质的好坏，直接关系到发动机各部机件的磨损和使用寿命，直接影响着发动机各种性能的发挥，甚至决定着发动机能否正常运转。因此，必须认真做好润滑系统的日常检查和定期维护工作。

润滑系统的定期维护与保养

发动机润滑系统的日常检查主要是每天出车前检查机油的数量、机油的品质。如果机油油面下降，油质改变较快，就需要及时找出原因，予以维护。除此外，我们还要随时关注机油压力，机油压力过高或过低，预示发动机曲柄连杆机构、润滑系统、机油泵等状况不良。

三、润滑系统的检修

（一）发动机润滑油的质量和发动机润滑油的黏度的检查

1. 发动机润滑油的黏度：发动机润滑油的黏度是评价发动机润滑油品质的主要指标，它随温度的变化而变化，温度高则黏度小，温度低则黏度大。夏季气温高，要用黏度大的发动机润滑油，否则会因发动机润滑油过稀而不能使发动机得到可靠的润滑。冬季气温低，要用黏度低的发动机润滑油，否则会因发动机润滑油黏度过大而流动性差，不能送到摩擦副的间隙中。特别是严寒地区，要选择合适的发动机润滑油保障汽车良好的冷启动性能。因此，发动机润滑油黏度应满足低温启动和高温润滑的性能。

2. 发动机润滑油的质量：在检查发动机润滑油数量的同时，还需注意观察发动机润滑油是否变质。如果发动机润滑油呈褐黑色或墨黑色，致使发动机润滑油尺上的标记模糊不清，或油中具有乳白色泡沫及变稀、变稠等，均需及时更换发动机润滑油。

3. 发动机润滑油的选择：根据环境温度，选择适合当时环境的黏度级别的发动机润滑油。发动机润滑油的黏度级别采用 SAE 分类法，分为冬用、夏用、冬夏通用三类。如"15W"中 W 表示冬用，冬用发动机润滑油数值愈小，表示其低温流动性越好。"20"后无"W"表示夏用发动机润滑油，数值越大，表明其高温下的最低黏度越好。"5W/20"表示冬夏通用发动机润滑油，有"W"的数值愈小，无"W"的数值愈大，表明其黏度特性愈好，适用的环境温度范围愈大。

项目六　润滑系统检修

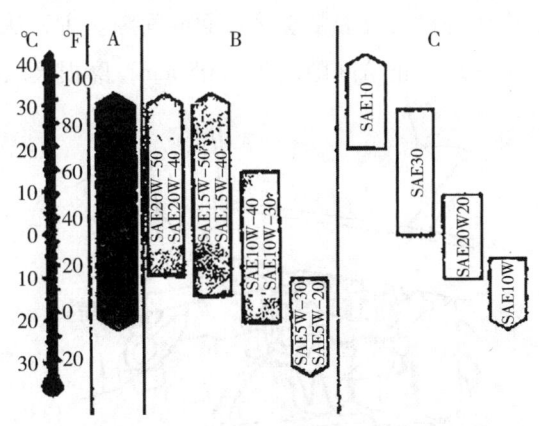

A-冬夏通用　B-改良型冬夏通用　C-冬用或夏用

图 6-15　发动机润滑油的黏度和温度

（二）油面高度的检查

检查润滑油油面高度时，首先必须将车辆停放在水平路面上，启动发动机，当发动机温度上来后停机 3 min，待发动机润滑油全部流回油底壳后再检查标尺液面。拔出机油尺，擦净后再插进油底壳油面，液面应处于最大与最小标记之间。夏季若长期在高速公路上运行，发动机润滑油油面应保持在最大标记处。若发现油量不足，应及时加注。

注意：如果发现发动机润滑油明显变稀或有乳白色泡沫，说明发动机缸体有裂纹或汽缸垫损坏；若发动机润滑油中有许多金属磨屑，说明发动机的零件磨损异常。出现这些情况时应立即送往修理厂，请专业维修人员检修。

（三）机油泵的检修

1. 检查齿轮啮合间隙。检查时，将机油泵盖拆下，用塞尺在互成 120°角三个位置测量机油泵主、从动齿轮的啮合间隙，如图 6-16。新机油泵齿轮啮合间隙为 0.05 mm，磨损极限值为 0.20 mm。

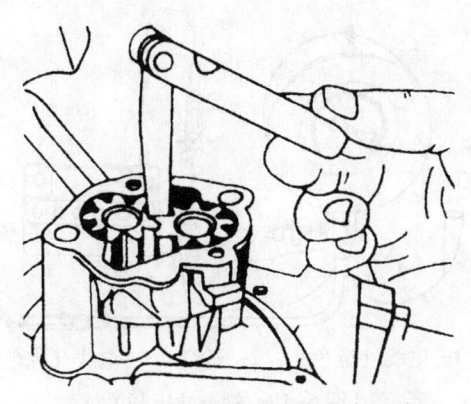

图 6-16　检查机油泵齿轮啮合间隙

2. 检查机油泵主、从动齿轮与机油泵盖接合面的间隙。主、从动齿轮与机油泵盖接合面间隙的检查方法如图6-17，正常间隙应为0.05 mm，磨损极限值为0.15 mm。

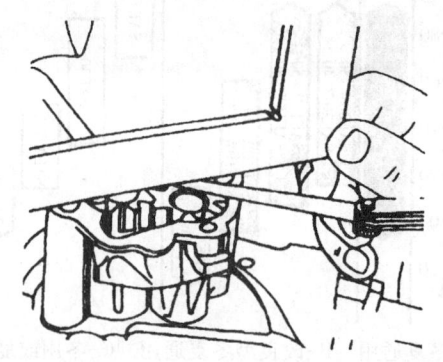

图6-17 检查机油泵主、从动齿轮端面间隙

3. 检查机油泵主动轴的弯曲度。将机油泵主动轴支撑在V型架上，用百分表检查弯曲度。如果弯曲度超过0.03 mm，则应对其进行校正或更换。

4. 检查主动齿轮轴与机油泵壳配合间隙。主动齿轮轴与机油泵壳配合间隙应为0.03~0.075 mm，磨损极限值为0.20 mm。否则应对轴孔进行修复。

5. 检查机油泵盖。机油泵盖如有磨损、翘曲和凹陷超过0.05 mm，应以车、研磨等方法进行修复。

6. 检查限压阀。检查限压阀弹簧有无损伤、弹力是否减弱，必要时予以更换。检查限压阀配合是否良好、油道是否堵塞、滑动表面有无损伤，必要时更换限压阀。

（四）机油压力开关的检查

检查油压开关功能的步骤如下：

1. 拆下一个油压开关，旋进测试器，插上电线1（蓝色）。
2. 将测试器代替油压开关，旋进汽缸盖机油滤清器盖。
3. 将测试灯2夹住电线1和蓄电池正极。

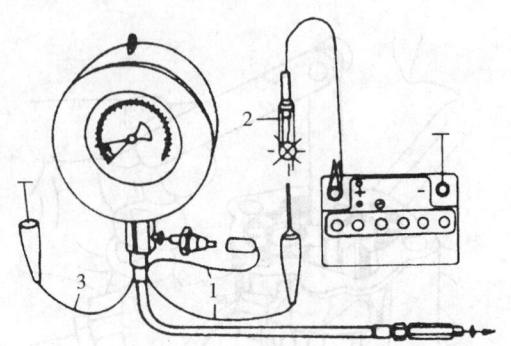

1—电线（蓝色） 2—试灯 3—电线（棕色）
图6-18 检查油压开关

项目六 润滑系统检修

4. 电线3（棕色）接搭铁线（-）。此时0.031 MPa油压开关应使测试灯发亮，0.18 MPa油压开关则相反。

5. 启动发动机，逐渐提高转速。0.031 MPa油压开关，在0.015~0.045 MPa时，测试灯必须熄灭，否则就要更换油压开关。0.18 MPa油压开关，在0.16~0.20 MPa时，测试灯必须熄灭，否则换油压开关。

6. 继续提高转速，在2000 r/min和油温80 ℃时，机油压力至少达到0.2 MPa。

润滑系常见故障及诊断

课后测评

1. 润滑系的作用是什么？润滑系是由哪些装置和机件组成的？
2. 润滑系采用了哪几种润滑方式？通常发动机的哪些部位是采用压力润滑的？
3. 分别说明转子式、内啮合齿轮式和外啮合齿轮式机油泵的结构和工作原理。
4. 说明转子式机油细滤器的结构和工作原理。
5. 润滑油路中装设机油泵限压阀、粗滤器旁通阀和离心式机油细滤器进油限压阀的作用是什么？三个阀的开启压力如何排序？
6. 水冷式机油散热器的优点是什么？
7. 如何检查机油泵是否可以继续使用？
8. 如何检查机油泵的泵体间隙、啮合间隙、端面间隙和泵轴间隙？
9. 更换机油滤清器纸质滤芯时，如果漏装了滤芯两端的环形密封圈，会造成什么后果？

项目七 冷却系统检修

项目描述

一辆华晨 H530 汽车，怠速一切正常，加大油门使发动机转速升到 2500 r/min 也未见异常。但在行驶过程中，只要车速升至 100 km/h，不到半分钟的时间，冷却液温度立即升高，冷却液温度报警灯开始闪烁，进厂检测后，确定需要对冷却系统进行检修。首先要对发动机冷却系统进行检查，找出具体的故障原因，为此我们必须弄清发动机冷却系统的基本构造及工作原理。

在对发动机冷却系统进行维修前，维修人员必须清楚维修车间各种劳动安全规范，以及思考在维修过程中如何做到更安全、更环保。

本项目主要介绍了发动机冷却系统的基本构造、工作原理及故障检查和排除，发动机冷却系统常用维修工量具及其操作方法。

任务一 认识冷却系统

知识目标

1. 能阐述冷却系统的功用、组成与原理。
2. 能正确描述发动机冷却系统的冷却方式与冷却路线。
3. 能对冷却系统进行拆检和维修。

能力目标

1. 能说出冷却系统的结构。
2. 能正确选用和使用维修工量具拆检冷却系统组件。
3. 能进行冷却系统的总体拆装、调整和故障诊断与排除。

项目七 冷却系统检修

> 相关知识

一、冷却系统的作用与分类

在发动机工作时,可燃混合气燃烧的温度可达 2500 ℃ 以上。活塞、汽缸、汽缸盖和气门等直接与高温可燃混合气接触的零部件会强烈受热,这将导致发动机工作温度过高(过热),从而引起充气系数下降和燃烧不正常(会产生爆震或早燃),若不及时冷却,则其中运动机件会因受热膨胀而破坏正常间隙,还会使汽油润滑油燃损或变质,造成润滑能力下降,使零部件急剧磨损,甚至出现卡死、损坏等现象。因此,为保证发动机正常工作,使其具有较高的经济性、动力性、耐久性和可靠性,必须采用合理的冷却方法。现代汽车发动机上采取的冷却措施主要是使发动机在工作中得到适度的冷却,从而保持发动机在最适宜的温度范围内工作,只有这样才能保证发动机长期正常运转。

(一)冷却系统的工作原理

发动机的冷却系统为强制冷却系统,即通过水泵的作用,提高冷却液的压力,强制冷却液在发动机水套和散热器中循环流动。水套布置在汽缸的周围,利用冷却液吸收水套周围的热量,冷却液再流到散热器内,将热量传给散热片使之被流经散热器的空气带走,经过冷却后的冷却液再进入水套,如此不断循环进行散热,以保持发动机的最佳工作温度。

(二)冷却系统的功用

冷却系统的功用就是使工作中的发动机得到适度的冷却,从而保持发动机在最适宜的温度范围内工作。在采用水冷却系统的发动机中,冷却液温度一般为 85 ℃~105 ℃。

(三)冷却系统的类型

汽车发动机的冷却系统按冷却介质的不同可以分为两种,即水冷却系统和风冷却系统,如图 7-1。目前汽车发动机上大都采用水冷却系统,只有少数汽车发动机采用风冷却系统。

水冷发动机　　　　　风冷发动机

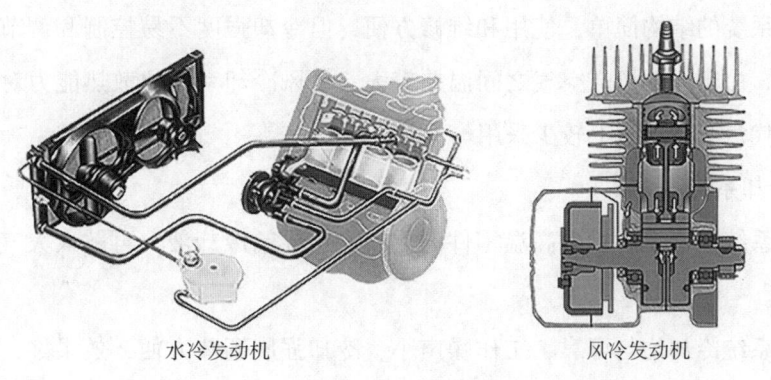

图 7-1　冷却系的两种类型

1. 风冷却系统

风冷却系统是将发动机中高温零件的热量直接散入大气，使发动机的温度降低，如图 7-2。

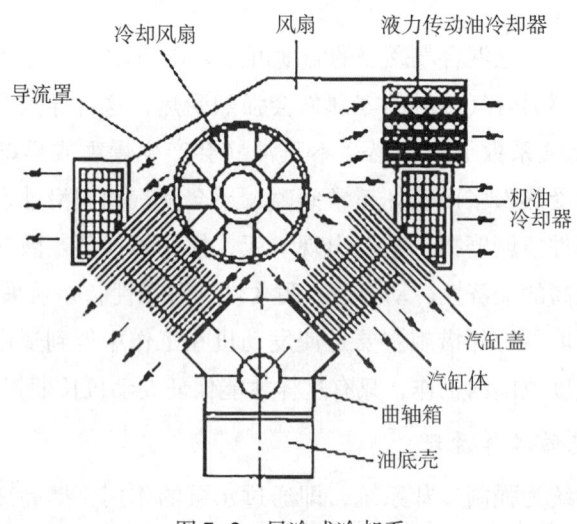

图 7-2　风冷式冷却系

发动机最热的部分是汽缸盖，为了加强冷却，现代风冷却系统发动机汽缸盖都用导热性能良好的铝合金铸造，而且为了增大散热面积，在汽缸体和汽缸盖上制有许多散热片。

采用风冷的发动机，利用车辆前进中的空气流或特设的风扇鼓动空气，吹过散热片，将热量带走。为了更有效地利用空气流加强冷却，发动机上一般都装有导流罩，并设有分流板，以保证各缸冷却均匀。对于 V 型风冷发动机，有的采用一个风扇，装在发动机前方中间位置，靠导流罩将气流分别引向左、右两列汽缸外侧表面；有的采用两个风扇，分别装在左右两列汽缸前端。

风冷却系统的结构简单，使用和维修方便，但冷却强度不易控制和调节，功率消耗大，噪声大，由于发动机与空气之间温差较大，故风冷却系统的散热能力对气温变化不敏感，在现代汽车发动机上较少采用。

2. 水冷却系统

水冷却系统是将发动机中高温零件的热量先传导给冷却液，再散入大气，使发动机的温度降低。

水冷却系冷却均匀可靠，工作噪声小，冷却强度调节方便，效果好，因此被广泛应用于现代汽车发动机中。

二、水冷却系统的主要零件及作用

(一) 组成

水冷却系统一般由散热器、水泵、水管、水套、节温器、散热器、百叶窗、膨胀水箱、冷却液温度表和风扇等组成，如图7-3。

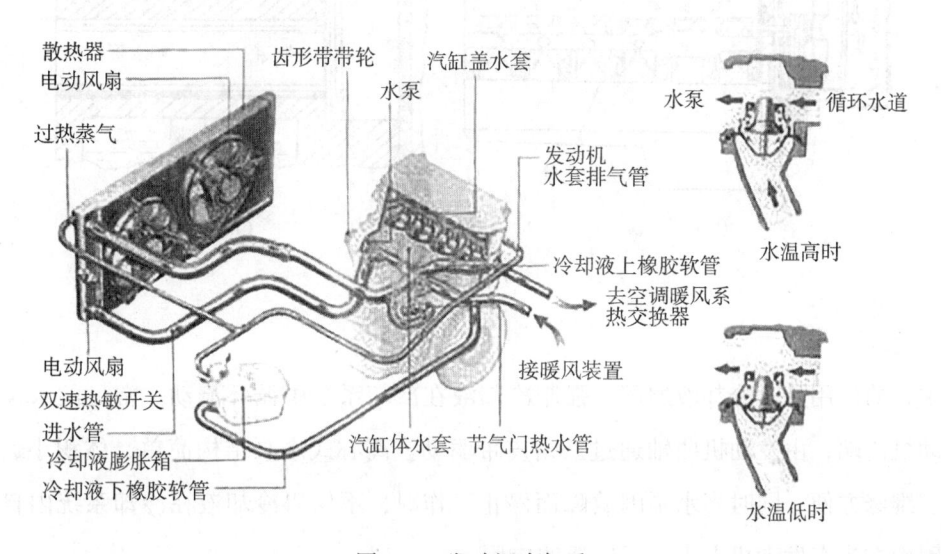

图 7-3 发动机冷却系

1. 冷却系统的主要部件有水泵、散热器、膨胀水箱（或补偿水箱）、发动机水套、风扇、水管等。

2. 冷却液温度调节装置有节温器、温控开关、风扇离合器等。

3. 冷却液温度监控报警装置有冷却液温度传感器、报警灯等。

(二) 主要部件的结构、原理

1. 发动机水套

水套就是在水冷发动机的汽缸盖和汽缸体中铸造的贮水和连通的夹层空间，使水得以接近受热零件，并可在其中循环流动。水套主要由分水管和喷水管组成，如图7-4。

（1）分水管

水套中的分水管能使冷却液均匀流到各缸，从而达到多缸发动机各汽缸冷却强度均匀的目的。插入缸体水套的分水管一般是一根铜制的扁管，沿纵向开了若干个出水孔。离水泵愈远处，出水孔愈大。这就使水流速度较低的发动机后部的汽缸有足够的冷却强度，如图7-4 (a)。

(2) 喷水管

水套中的喷水管，用于强制冷却排气门，如图7-4（b）。

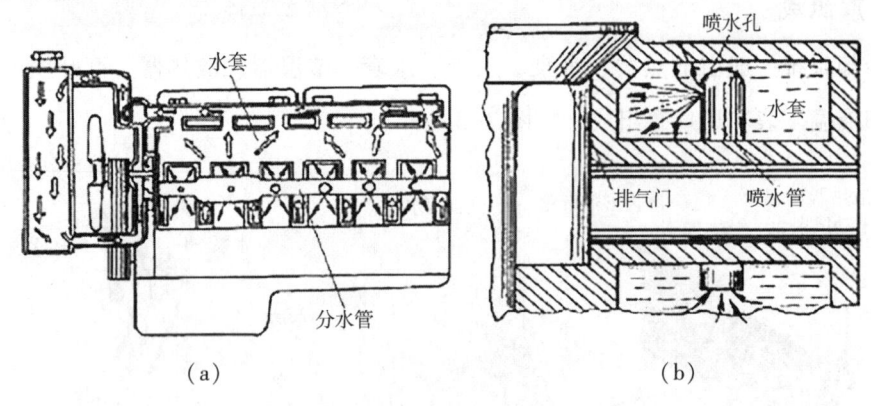

图7-4 水套

2. 水泵

水泵的作用是对冷却液加压，强制冷却液在冷却系统中循环流动。常见的水泵安装在发动机前端，由发动机曲轴通过三角皮带驱动。离心式水泵结构简单、体积小、出水量大、维修方便，同时当水泵因故障而停止工作时，不妨碍冷却液在冷却系统内自然循环，因而在汽车发动机上得到了广泛的应用。

离心式水泵主要由壳体、叶轮、水泵轴、轴承、水封等组成。叶轮转子上有6枚叶片，壳体与叶轮转子之间用橡胶密封圈进行密封，如图7-5。

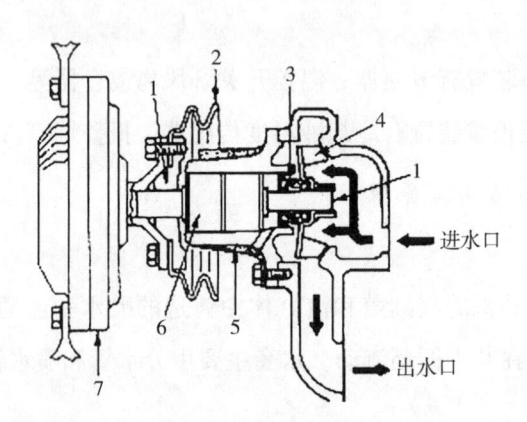

1—水泵轴 2—皮带盘 3—水封 4—叶轮 5—泵体 6—轴承 7—风扇离合器
图7-5 水泵的结构图

水泵外壳一般用螺栓固定在发动机前端。水泵轴由两个滚珠轴承支撑在水泵外壳上。水泵轴的一端铣削成平面与水泵叶轮承孔相配合，并通过螺钉固紧，以防叶轮轴向窜动；

水泵轴的另一端用半圆键与凸缘盘连接，并用槽形螺母锁紧。凸缘盘用来安装风扇带轮。

叶轮的前端装有水封，带有两凸缘的夹布胶木密封垫圈卡于水泵外壳的两槽内，以防止转动。弹簧通过水封环将水封皮碗的一端压在水封座圈上，而另一端压向夹布胶木密封垫圈上；为了防止水泵内腔的水沿水泵轴向前渗漏，夹布胶木密封垫圈应压在水泵叶轮毂的端面上。当有少量的水滴由水封处渗出时，为避免破坏轴承的润滑，渗漏的水滴可从泄水孔泄出。

（3）离心式水泵的工作原理

当水泵工作时，叶轮旋转，进水腔 A 体积增大，产生真空，在真空吸力的作用下，冷却液由散热器经进水管进入水泵，然后被叶轮带到出水腔 B，由于这时出水腔 B 的体积是不断缩小的，所以压力增加，这样冷却液就通过出水管被压入发动机缸体水套中。如此连续不断地工作，就强制冷却液在冷却系内循环流动。水泵的动力由曲轴带轮经 V 带传至风扇带轮，再通过凸缘带动水泵轴和水泵叶轮转动。

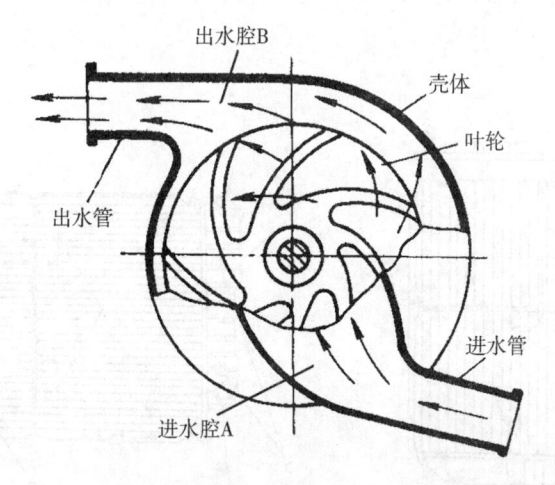

图 7-6 离心式水泵工作原理图

3. 散热器

散热器也称为水箱，功用是将冷却液从水套内吸收的热量传递给外界空气，使冷却液降温，并为冷却系统储存一定量的冷却液。

散热器安装在发动机的前端，为集中风向、加速气流、提高散热效果，通常在散热器的后部加装护风圈。散热器必须有足够的散热面积，通常使用导热性能、结构刚度和防冻性能较好的铜、铝、铝锰合金等材料制造。

散热器主要由上储水室、下储水室和散热器芯、散热器盖等部分组成，如图 7-7。

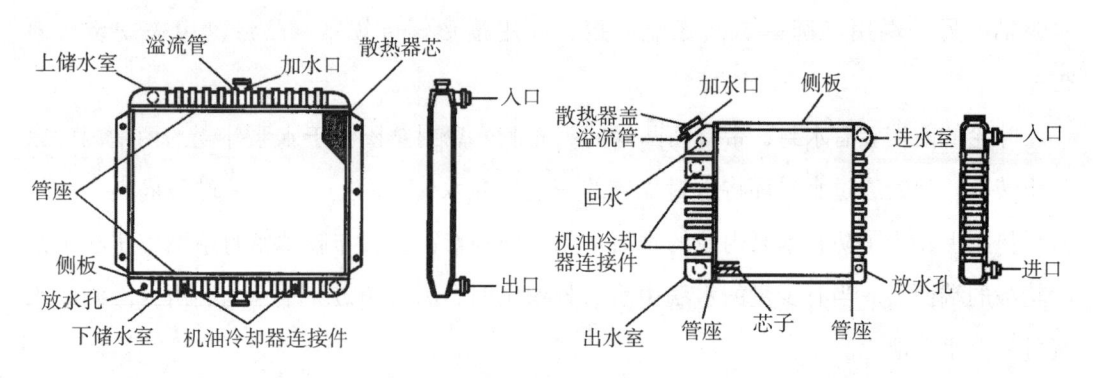

图 7-7 散热器的组成

按照散热器中冷却液流动的方向，可将散热器分为纵流式和横流式两种。纵流式的散热器芯竖直布置，上接进水室，下连出水室，冷却液由进水室自上而下地流过散热器芯进入出水室，如图7-8（a）。横流式的散热器芯横向布置，左、右两端分别接进、出水室，冷却液自进水室经过散热器芯到出水室横向流过散热器，如图7-8（b）。大多数新型轿车采用横流式散热器，这样可以使发动机机罩的外廓较低，有利于改善车身前端的空气动力性。

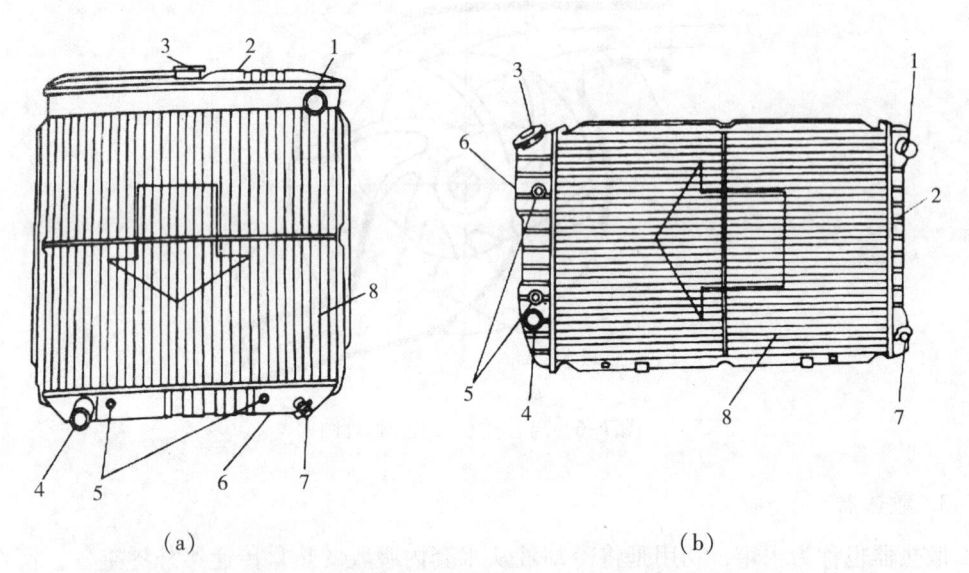

(a)　　　　(b)

1—进水口　2—进水室　3—散热器盖　4—出水口　5—变速器油冷却器进、出口
6—出水室　7—放水阀　8—散热器芯

图 7-8　散热器中冷却液流动的两种方向

(1) 上、下储水室

散热器上储水室为钢皮制成的容器，上储水室顶部有加水口，平时用散热器盖盖住，

并装有进水橡胶皮管，与发动机上出水管相连接。下储水室也是用钢皮制成的容器，下储水室的出水橡胶软管与水泵进水口相连接，一般在下储水室装有放水开关。由发动机出水管流出的温度较高的热水进入上储水室，再由上储水室向下流动，通过散热器芯管时，与汽车行驶方向相反的空气流会将水流中的热量带走，经散热器冷却管散热冷却后流入下储水室，由散热器出水管流出后被吸入水泵。

为防止冷却液在汽车颠簸时从散热器顶部的孔口溅出和散失，散热器孔口应密封，但随着冷却液温度的上升，冷却系统内水蒸气必然增多，导致压力过大，这样散热器有破裂的可能。为解决这个问题，一般在散热器上设置加压阀、负压阀和溢流管。当冷却液温度过高时，散热器内从加压阀排出的水蒸气经溢流管引向膨胀水箱，当发动机的温度下降，散热器内的压力减小时，膨胀水箱内的冷却液经溢流管通过负压阀及时流回散热器。

（2）散热器芯

散热器芯结构形式主要有管片式、管带式和板式三种，如图 7-9。

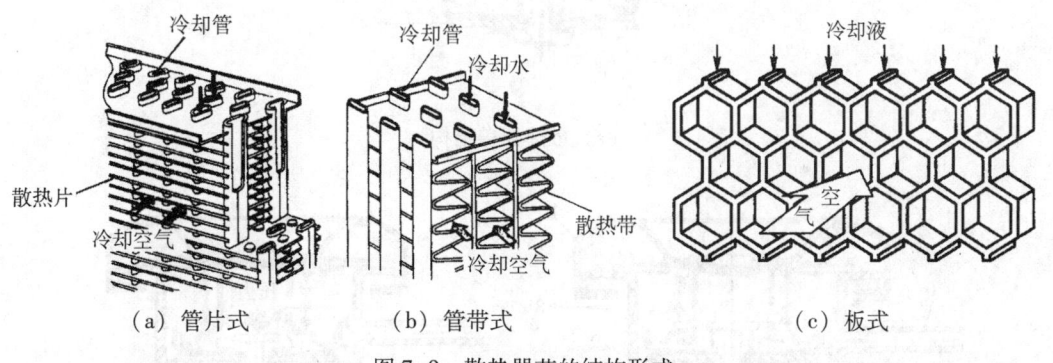

图 7-9 散热器芯的结构形式

管片式散热器芯由许多冷却管和散热片组成。冷却管是焊接在进、出水室之间的直管，是冷却液的通道。冷却管大多采用扁圆形断面，因为扁管与圆管相比，在容积相同的情况下具有较大的散热面积；当管内的冷却液冻结膨胀时，扁管可以借其断面变形而避免破裂。此外，为了进一步提高散热效果，在冷却管外面横向套装了很多散热片来增加散热面积并增加整个散热器的刚度和强度。

管带式散热器中，波纹状散热带与冷却管相间排列。在散热带上开有形似百叶窗的孔，以破坏流动空气在散热带表面上的附着层，提高散热能力。这种散热器芯与管片式散热器芯相比，散热能力强、制造工艺简单、质量小、成本低，在轿车上得到广泛应用，但刚度不如管片式散热器芯好。

板式散热器芯是一种新型的散热器芯，散热带呈蜂窝状排列。它的散热线路短、面积大，有利于散热，但制造工艺要求相对复杂，制造成本高，强度一般。

(3) 散热器盖

现代汽车闭式水冷系统广泛采用具有蒸汽阀和空气阀的散热器盖，这种散热器盖具有自动阀门，在发动机热状态正常时，阀门关闭，将冷却系统与大气隔开，防止水蒸气逸出，可提高冷却液的沸点（冷却系统压力每增加 6.8 kPa，水的沸点约提高 1.6 ℃），使冷却液不易沸腾，同时可以提高散热器中水与空气的温差，提升冷却效率，并且可以减少冷却液的流失。在冷却系统压力过高或过低时，自动阀门开启以使冷却系统与大气相通，可防止散热器内冷却液减少，或压力降低时冷却管被大气压瘪。

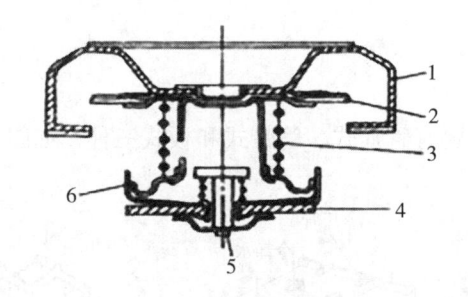

(a) 散热器盖结构

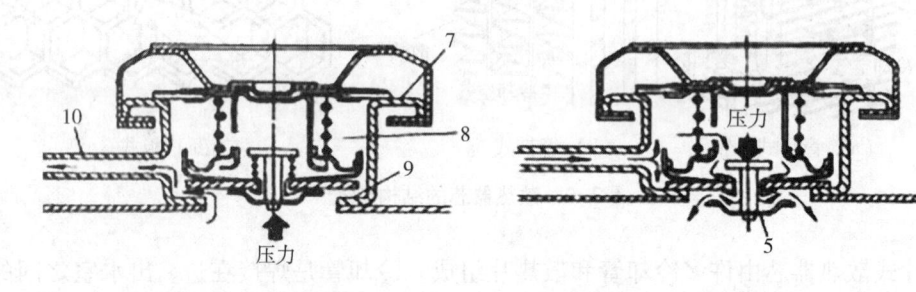

(b) 蒸汽阀开启　　　　(c) 空气阀开启

1—散热器盖　2—上密封衬垫　3—压力阀弹簧　4—下密封衬垫　5—空气阀　6—蒸汽阀
7—加冷却液上密封面　8—加冷却液口　9—加冷却液下密封面　10—溢流管

图 7-10　散热器盖结构与工作原理（空气阀和蒸汽阀）

4. 膨胀水箱

膨胀水箱的作用是减少冷却液的损失。它是一个塑料小箱，用软管连接到散热器的蒸汽导出口，防止冷却液损失，对散热器内的冷却液起到自动补偿作用。膨胀水箱有一根软管通散热器盖，其上有检查冷却液高度的标记刻线。

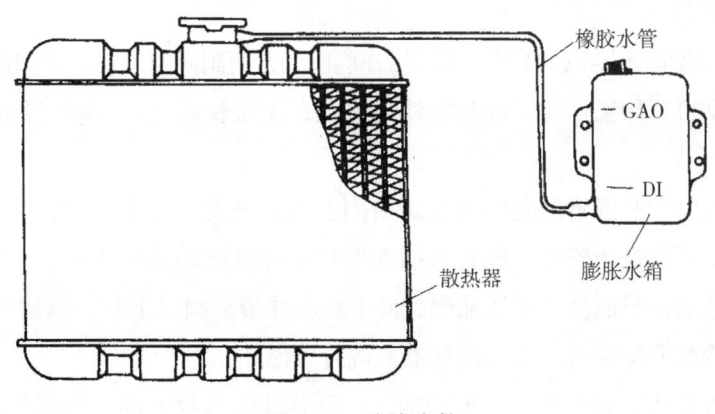

图 7-11　膨胀水箱

5. 节温器

（1）节温器的功用和类型

节温器安装在冷却液循环的通路中，其功用是根据发动机负荷大小及冷却液温度高低来改变冷却液的流动路线及流量，自动调节冷却系统的冷却强度，使冷却液温度保持在最适宜的范围内。

节温器按结构可分为蜡式、双金属式和折叠式。

蜡式节温器具有对水压影响不敏感、工作性能稳定、水流阻力小、结构坚固和使用寿命长等优点。

（2）节温器的构造

蜡式节温器安装在缸盖出水口处，其结构如图 7-12。中心杆的上端固定于支架上，下端插入胶管的中心孔内。胶管与外壳之间的环形内腔装有石蜡。蜡式节温器外壳上端装有主阀门，下端套装有副阀门，弹簧位于主阀门与支架下底之间。

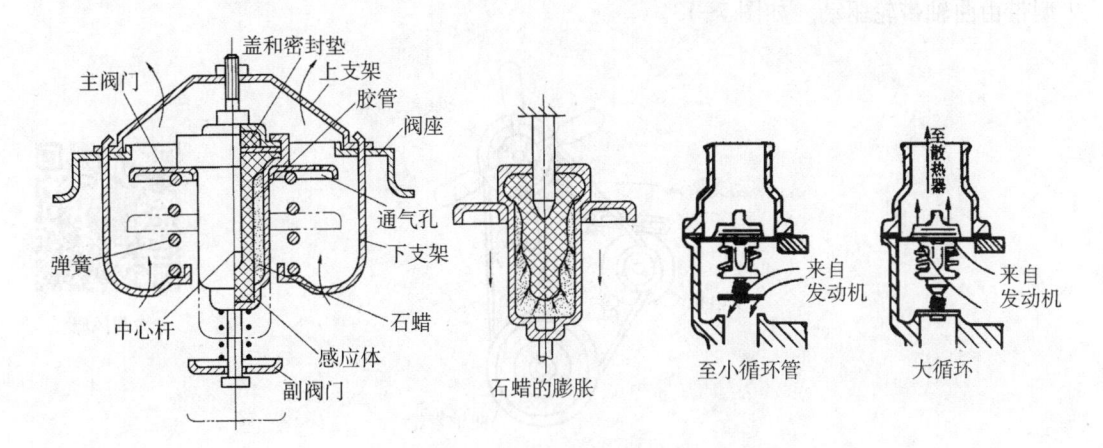

图 7-12　蜡式节温器

(3) 工作原理

低温时，石蜡呈固态，弹簧将主阀门压在阀座上，而副阀门开启，冷却液进行小循环。

这样，发动机开始工作时，冷却液快速升温，能很快暖机，在短时间内达到发动机正常工作温度。

当温度升高时，节温器外壳中的石蜡由固态变为液态，体积增大，在外壳容积不能增大的情况下，石蜡挤压胶管，胶管收缩而对中心杆锥状端头产生推力，因中心杆固定在支架上不能移动，只能使外壳压缩弹簧向下移动并带动阀门下行。这时，主阀门打开，副阀门关闭，冷却液经主阀门流入散热器，进行大循环。

各种发动机上使用的节温器原理相似，只是其性能参数不同，即阀门打开的温度不同。如 EQ6100-1 型发动机的蜡式节温器，当冷却液温度低于 76 ℃时，主阀门关闭，副阀门打开，冷却液进行小循环；当冷却液温度达到 76 ℃时，主阀门开始打开，副阀门逐渐关闭，冷却液大小循环同时存在；当冷却液温度超过 86 ℃时，主阀门全开，副阀门刚好关闭，冷却液进行大循环。

轿车发动机的蜡式节温器，当冷却液温度低于 85 ℃时，进行小循环；当冷却液温度高于 85 ℃时，部分冷却液进行大循环；当冷却液温度达到 105 ℃时，全部冷却液参加大循环。

6. 风扇

(1) 风扇的功用

风扇安装在发动机与散热器之间，其功用是将空气吸进散热器并吹向发动机外壳，加快降低散热器中水的温度，同时使发动机外壳及附件得到适当冷却。

(2) 风扇的类型

冷却风扇有机械驱动冷却风扇和电机驱动冷却风扇两种。

①机械驱动冷却风扇一般采用钢板冲压而成，与水泵同轴。风扇和发电机一起通过 V 型带由曲轴带轮驱动。如图 7-13。

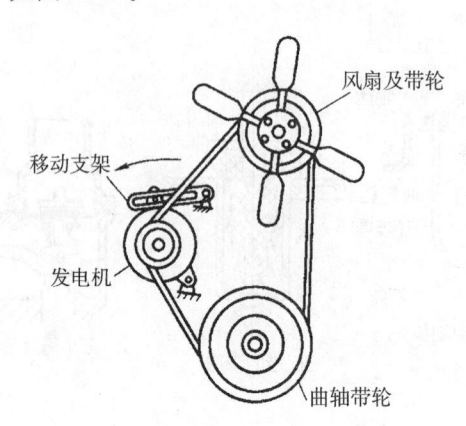

图 7-13 机械驱动冷却风扇

②电机驱动冷却风扇通常采用合成树脂材料制成，以减少噪声。电机驱动冷却风扇不与水泵同轴，风扇的转动由受冷却液温度控制的温控开关控制，发动机低温时风扇不转动，当发动机高温时风扇才转动，且某些发动机风扇有高、低两个挡位，由专门的电路控制，如图7-14。

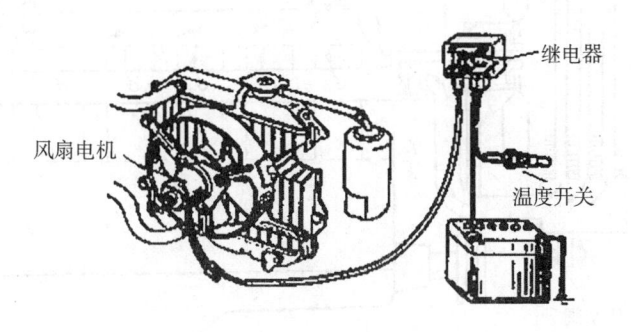

图7-14 电机驱动冷却风扇

风扇离合器

7. 百叶窗

由于节温器的存在，在冬季冷车启动后的热车过程中，或在严寒冷却液温度较低时，水只进行小循环，水在散热器内有冻结的危险。为此，需在散热器前安装挡风装置，用来调节流过散热器的空气流量，以调节冷却液的冷却强度，使发动机保持在狭窄的正常温度范围内，并保持机罩内的正常温度不低于20 ℃，以改善燃油的汽化条件，减少排气的污染。

百叶窗由许多片活动挡板组成，安装在散热器前面，有垂直安装的，也有水平安装的。百叶窗的开度通过一套操纵机构由驾驶员控制，有些汽车采用调温器来自动控制百叶窗的开度。

三、冷却系统水循环

为了保证发动机在不同负荷、不同转速和气候条件下能够保持正常的工作温度，发动机冷却系统的冷却液的循环方式及路线是随着发动机工作温度的变化而改变的，由装在缸盖出水管或水泵进水管上的节温器进行控制的。如图7-15。

177

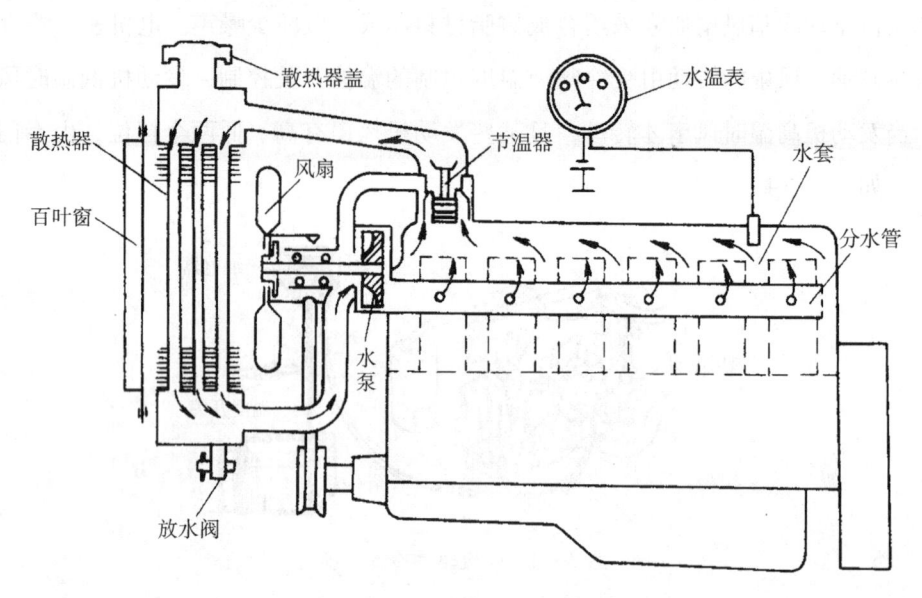

图 7-15 发动机冷却系统循环水

当发动机温度较低时，节温器的副阀门开启，主阀门关闭，冷却液从水泵流出，流经分水管、水套、出水口、叶片式泵，进行小循环，其目的是使发动机温度迅速升高到正常工作温度。当温度达到 80 ℃ 以上时，节温器的副阀门关闭，主阀门开启，冷却液从水泵流出，流经分水管、水套、出水口、上水管、散热器、下水管、水泵，进行大循环。在这一过程中，由于冷却液流经水套周围时，吸收了汽缸和燃烧室的热量，并经散热器将热量散发到空气中，从而起到了保持发动机正常工作温度的作用。

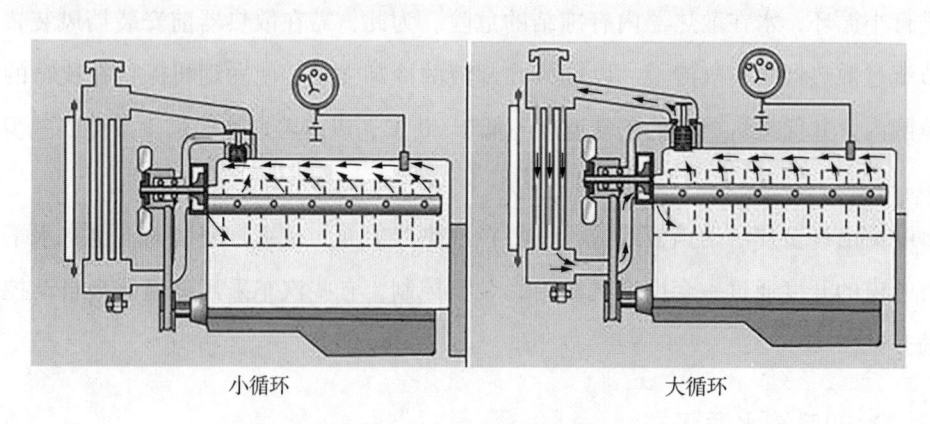

图 7-16 发动机冷却系统的两种循环方式

任务二　冷却系统的检修

知识目标

1. 理解冷却系统冷却液的相关知识。
2. 掌握冷却系统维护内容。
3. 掌握冷却系统的检修。

能力目标

1. 能制订正确可行的冷却系统检修计划。
2. 能进行冷却系统的维护。
3. 会使用常用工量具对发动机冷却系统进行检测和故障排除，并理解其技术要求。

相关知识

一、冷却液的相关知识

冷却液是发动机冷却系统中重要的工作介质，汽车常用的冷却液有水冷却液和加有防冻剂的防冻冷却液。

（一）水冷却液

水冷却液是指直接用水做发动机的冷却液。它的特点是简单、方便，易结冰、结垢、沸点低。

水在 0 ℃时会结冰，如果发动机水冷却系统中的冷却液结冰，将会使冷却液终止循环而影响发动机正常工作，甚至可能会使汽缸体、汽缸盖和散热器等因为水结冰时体积膨胀而胀裂；冷却水最好选用软水，即含矿物质少的水，否则易在水套内产生水垢，使汽缸体和汽缸盖的导热性能变差，造成发动机过热；另外，水的沸点低，容易蒸发，需经常添加。

（二）防冻冷却液

防冻冷却液是一种含有特殊添加剂的冷却液，起冷却、防冻、防锈、防积水垢和提高冷却液沸点等作用，现代汽车发动机普遍采用防冻冷却液。

1. 防冻冷却液的种类

防冻冷却液主要由冷冻剂和水按一定比例混合而成。按冷冻剂种类的不同，防冻冷却液分为酒精型、甘油型、乙二醇型三种。目前使用较多的为乙二醇型防冻冷却液。

乙二醇是一种无色黏稠液体，能与水以一定比例混合，沸点为197.3 ℃，熔点为-12.9 ℃，与水混合后还可使防冻冷却液的冰点显著降低（最低可达-68 ℃）。

乙二醇型防冻冷却液是用乙二醇作为冷冻剂，与水、防腐剂、染色剂等多种添加剂配制而成。用不同比例的乙二醇和水混合可配制不同冰点的防冻冷却液。这类防冻冷却液沸点高、冰点低、冷却效率高，但有毒性、对金属有腐蚀作用，故使用中应注意安全。

专用防冻冷却液（长效冷却液）一般呈红色或绿色。两者几乎都有相同的成分。

2. 乙二醇型防冻冷却液的牌号

乙二醇型防冻冷却液分为防冻冷却液和防冻浓缩液两大类。防冻冷却液按其冰点不同，分为-25#、-30#、-35#、-40#、-45#、-50#共6个牌号，可直接加入车中使用。防冻浓缩液主要是为了便于储运，使用时应根据产品说明书规定的比例，用蒸馏水或去离子水稀释。

3. 乙二醇型防冻冷却液的选用

乙二醇型防冻冷却液的牌号是按冰点来划分的，选用时应根据车辆使用地区冬季的最低气温来选择合适的牌号。为防意外，选用的防冻冷却液冰点应比最低气温低10 ℃左右。

4. 乙二醇型防冻冷却液使用注意事项

（1）车辆首次使用乙二醇型防冻冷却液时，应将散热器中原有的水放尽，最好能用散热器清洗剂将其中的水垢和沉淀物清除，其加入量一般为散热器容量的95%。

（2）用防冻浓缩液配制时，不能使用河水、井水、自来水等。

（3）防冻冷却液和添加剂均为有毒物质，使用中应注意安全。

（4）定期检查冷却液液面高度，并适时补充冷却液。乙二醇型防冻冷却液使用一段时间后，会因蒸发而使液面下降，此时可补充软水使其保持原有量，在补充数次后，考虑到添加剂的损耗，应补充同型号的冷却液。补充冷却液时，应在发动机关闭后处于冷却状态时进行，否则热水喷出会伤人。

（5）根据行驶里程或时间长短来更换发动机冷却液，因为难以通过目视来判断它的变质程度，更换周期一般为每40000 km或1~2年。

（6）不同牌号的防冻冷却液不可混合使用。

二、冷却系统的维护

通过前面的内容我们了解了发动机冷却系统的组成、主要部件的作用。下面以桑塔纳轿车为例，介绍下桑塔纳轿车发动机冷却系统的保养及保养时的注意事项。

桑塔纳轿车发动机冷却系为封闭式、带膨胀箱的泵循环冷却系统，有大小循环之分。由于风扇为电动式，所以发动机冷却主要靠汽车向前行驶产生的风来冷却。它由散热器、水泵、节温器、热敏开关、风扇、上下水管等组成。当温度低时，冷却液通过蜡式节温器的作用进行小循环，不经散热器；温度达85℃时节温器阀门开始打开，冷却液进行大循环；当冷却液达105℃时，节温器完全开启，全开时阀门升程不小于7 mm，否则节温器损坏。采用封闭循环式，冷却液为添加剂与水混合配制；散热器为铝质管片式，散热器罩壳上安装双速电风扇，随发动机温度的变化，用热敏开关直接控制风扇开闭和转速，散热效率高，有利于保持发动机正常工作温度。

（一）冷却系统主要部件的故障及检修

常见引起发动机过热的原因有：冷却空气流量减少（如散热器阻塞等）；散热风扇不工作；低速上坡，环境温度过高；V型皮带过松，转动效率差；缸体有水垢，节温器失效，水泵损坏，热敏开关失灵等。

为防止冷却液温度过高，在使用中必须保持散热器和水套清洁、冷却液数量充足、风扇皮带张紧适当，以防发动机大负荷工作时间过长。必须注意以下要点：

1. 保持冷却系（尤其散热器）外部和内部清洁，是提高散热效能的重要条件。散热器外部沾有泥污或碰撞变形，均会影响风量流通，使冷却液温度过高，必要时应对其进行清洗或修复。

2. 按规定使用防冻冷却液，保持冷却液数量充足。正确的冷却液液面高度：当发动机处于冷态时，冷却液液面在膨胀箱内，位于最高和最低标志之间。膨胀箱内装有自动液位报警传感器，当箱内液面过低时，位于仪表板上的冷却液温度报警灯闪烁，应及时予以添加。

3. 应保持风扇皮带张紧力适当，风扇正常工作。皮带过松影响水循环，加剧其磨损；过紧易损坏轴承。

4. 热敏开关连接良好，若有松动会影响风扇换挡变速及正常运转；如果发现冷却系溢水，应及时检查节温器技术状况。

5. 防止发动机大负荷、长时间工作，以免水温过高；上坡及时换挡，减轻负荷。汽车长时间坡道行驶或是环境温度较高时，应注意散热。

（二）主要部件的维护方法

1. 冷却液作用及更换方法：桑塔纳轿车冷却液型号 N052774AO 是由 40% 冷却添加剂 G11 和 60% 的水混合而成的。防冻液最低温度为 -25 ℃，它具有防冻、防腐蚀、防止水垢形成和提高水沸点的功能。该车正常的水温是 90 ℃~105 ℃，而不是传统的 80 ℃~90 ℃。如果不使用这种冷却液，则会不断"开锅"，因为电动风扇在 93 ℃~98 ℃时才接通；尤其使用劣质防冻液，虽然能够降低温度，但会容易引起缸体、汽缸盖、散热器的腐蚀。

更换冷却液时，将仪表板的暖风开关拨至右端使暖风控制阀全开，拆下冷却液膨胀箱盖，松开水泵口软管夹箍，拉出冷却液软管，放出冷却液后再将软管夹箍拧紧。在膨胀箱中加入冷却液，直到液面高度与最高标志齐平为止。拧紧膨胀箱盖。启动发动机，直到风扇运转，将发动机熄火，检查冷却液高度，必要时补充。膨胀箱内冷却液不能注满，加注 1/2 即可，一般使用 2 年左右更换一次。

2. 风扇的维护方法：该车冷却系和空调冷凝器共同的风扇是直流永磁电动机风扇，它由装在散热器上的温度控制开关来控制，当散热器中冷却液温度下降至 93 ℃~98 ℃时风扇停转。如果低于 88 ℃时风扇仍转，则是不正常的；而温度高于 98 ℃时，仍不转也是不正常的。当温度高于 105 ℃时，温控开关高温部分接通，电源接通电动机高速运转；当温度达到 120 ℃时，冷却水温过高，报警指示灯闪亮，为风扇有故障或冷却液不足。如电动机风扇不转，应先检查和更换熔断丝，或检修温控开关，必要时再查看电风扇有无损坏。

3. 维护时清除冷却系水垢的方法：发动机水箱生锈、结垢是最常见的问题。锈迹和水垢会限制冷却液在冷却系统中的流动，降低散热的作用，导致发动机过热，甚至造成发动机的损坏。冷却液氧化还会形成酸性物质，腐蚀水箱中的金属部件，造成水箱破损、渗漏。定期使用水箱强力高效清洗剂清洗水箱，除去其中的锈迹和水垢，不但能保证发动机正常工作，而且可以延长水箱和发动机的整体寿命。

可采用 2%氢氧化钠水溶液加入冷却系统，使汽车行驶一天后全部放出，再用清水冲洗，然后加入同样溶液，使用一天后放净，最后用清水冲净即可。

（三）项目实施

1. 检查散热器、膨胀箱、箱盖压力阀及水管

（1）冷却系统各部无变形、破损及渗漏。

（2）散热器盖、膨胀箱盖结合表面良好、密封，箱盖压力阀清洁，不堵塞，能正常开启。

2. 冷却液的检查和更换

（1）检查冷却液品质及液面高度。检查储液罐的冷却液液面高度应在储液罐上、下标线之间（一般在最大标志和最小标志之间）。如果低于下标线，则应补充冷却液。

（2）补充冷却液。应待发动机冷却后，用抹布裹着散热器盖将其打开，添加冷却液至规定位置（一定要等发动机冷却后再打开盖，以防烫伤或引起缸体、缸盖变形）。

（3）视情况更换冷却液。如果冷却液变得污浊或充满水垢，应将冷却液全部放掉并清洗冷却系统。

(4) 排放冷却液

①旋开冷却液储液罐盖子。注意旋开盖子时，在盖子上盖一块抹布，以防有蒸汽喷出。

②在发动机下放置一个干净的收集盘。

③松开夹箍，拔下散热器的下水管，放出冷却液。

(5) 加注冷却液

①冷却液品种要符合本地气候条件。

②加注冷却液至冷却液储液罐上标线处。

③旋紧储液罐盖子。

④使发动机运转 5~7 min。

⑤检查冷却液液面，必要时加注冷却液到上标线处。

⑥按时更换冷却液。普通冷却液应每 6 个月更换 1 次。长效防锈防冻液一般 2 年更换 1 次。

3. 水泵的维护

(1) 水泵的解体与清洗

①清除水泵表面脏污，将水泵固定在台虎钳上。

②拧松并拆下带轮紧固螺栓，拆卸带轮。

③用专用拉具拆卸水泵轴凸缘。

④拧松并拆卸水泵前壳体的紧固螺栓，将前泵壳段整体卸下，并拆下衬垫。

⑤用拉具拆卸水泵叶轮。

⑥从水泵叶轮上拆下锁环和水封总成。

⑦压出水泵轴和轴承（如果水泵轴和轴承经检测需要更换，则先将水泵加热到 75 ℃~85 ℃）。

⑧拆卸油封及有关衬垫，从壳体上拆下浮动座。

⑨换位夹紧，拆卸进水管紧固螺栓，拆卸进水管。

⑩拆卸密封圈、节温器，将拆卸的零件放入清洗剂中清洗。

(2) 水泵常见故障

水泵常见的损伤有壳体的渗漏、破裂，水泵轴的弯曲、磨损，水泵叶轮叶片的破裂，水封垫圈的磨损，水泵轴与轴承的磨损，轴承与轴承座孔的磨损。

①水泵壳体。如果水泵壳体破裂，可在裂纹两端各钻直径为 2.5 mm 的孔，沿裂纹开 V 型口，采用铸铁焊条乙炔焊时，须在焊前对壳体预热；也可以用铸铁焊条采用电焊。

②轴承座孔。轴承座孔经常由于压入、压出轴承使座孔产生磨损。修理时，往往采用压入配合镶入衬套的方法进行修复。

③水泵叶轮。水泵叶轮片破裂，通常用堆焊法进行修复。

④水泵轴。水泵轴一般用中碳钢制造，轴颈工作时经常发生磨损，轴颈磨损用镀铬、镀铁法进行修复。水泵轴弯曲时应进行校正。

（3）水泵的装配与试验

①安装密封圈和节温器并以 10 N·m 的力矩拧紧。

②安装进水管，拧紧进水管螺栓。

③安装油封及有关衬垫和浮动座。

④安装水泵轴和轴承。

⑤安装水封和锁环。

⑥安装水泵叶轮。

⑦安装衬垫及前泵壳体，用 20 N·m 的力矩拧紧螺栓。

⑧压入水泵轴凸缘。

⑨安装水泵带轮，用 20 N·m 的力矩拧紧螺栓。

⑩水泵装合后，水泵下方的泄水孔应畅通，并加注规定牌号的润滑脂。

a. 水泵装合后应进行检验。首先用手转动 V 型带轮，泵轴应无阻滞现象，叶轮与泵壳应无碰击感觉。

b. 试验：在水泵试验台上进行试验时，当水泵轴以 1000 r/min 的速度转动时，每分钟的排水量不应低于规定的数值，在 10 min 的试验中不应出现有金属摩擦声和漏水现象。水泵的最高转速为 6000 r/min，进口压力为 0.10 MPa，出口压力为 0.16 MPa。

4. 检查节温器的维护（以捷达轿车为例）

（1）节温器应工作灵敏、准确，在一定的温度下开启。

（2）水温表指示正确。

（3）节温器的检测

①从发动机上拆下节温器。

②将节温器放在一个充满水的容器内加热，用温度表监测温度（如图 7-17 所示）。

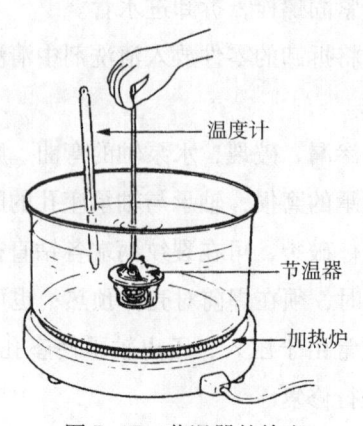

图 7-17 节温器的检查

③水温约 87 ℃时，节温器阀门必须开启。

④水温约 120 ℃时，节温器阀门应完全打开，阀门最低行程为 7 mm。

(4) 节温器的更换

蜡式节温器安全寿命一般为 50000 km。因其安全寿命较短，而且失效后无法修复，因此要求按照其安全寿命定期更换。

5. 冷却风扇维护

(1) 冷却风扇运转平稳，高、低挡转速有明显变化，无异响。

(2) 热敏开关工作灵敏、准确，高、低速挡开启温度准确。

(3) 硅油风扇离合器工作正常。

(4) 风扇的检修

①风扇叶片的检修

②电动风扇热敏开关的检查

以桑塔纳发动机为例检查电动风扇热敏开关。将电动风扇热敏开关放入加热的水中，用万用表测量第一挡，当水温达到 93 ℃~98 ℃时应能导通；当水温达到 88 ℃~93 ℃时，应断开。用万用表测量第二挡，当水温达到 105 ℃时应能导通；当水温达到 93 ℃~98 ℃时应断开。否则，应更换电动风扇热敏开关。

③风扇离合器的检修

二级维护时，应对电动风扇离合器的电磁风扇离合器进行就车检查。

检查时，先把点火开关旋到"ON"挡，并使风扇离合器脱离温控器的控制，观察风扇应转动平衡，工作电流应符合原设计规定的范围。

硅油风扇离合器在日常维护时，应进行就车冷态检查。

当汽车停放约 12 h 后，在发动机起动前用手指拨动风扇叶片应感到有明显的转动阻力。发动机起动后，运转 1~2 min 后熄火，此时拨转风扇叶片若感到转动阻力明显减小，可以认为硅油风扇离合器工作正常。

二级维护时，应就车检查风扇离合器的接合、分离状况。

在导风圈上部打一个小孔，把管式温度计从小孔插入风扇和散热器之间，测量风扇离合器开始接合与分离时散热器后端热风流的温度应符合原厂规定。

6. 散热器的维护

(1) 散热器的清洗

散热器的清洗，一般采用化学方法清洗，原理是利用酸或碱类物质与水垢发生化学反应，生成可溶于水的物质，而将水垢除去。

清洗时，一般采用中和法，即先用酸性溶液洗涤，再用碱性溶液冲洗中和。清洗时除垢剂应以一定的压力（一般为 10 kPa），在汽缸体水套或散热器内循环。一般经过 3~5 min 后即可清洗完毕。如果散热器内积垢严重时，应拆去上、下水室，再使用通条疏通。

（2）拆卸散热器

①排放冷却液。

②松开冷却液管上的夹箍，拔下散热器的冷却液软管。

③拔下位于电控冷却风扇罩壳上的热敏开关插头。

④将电控风扇连同罩壳一起拆下。

⑤拆下散热器（注意：为防止损坏冷凝器及制冷剂管路，不要压迫、扭曲及弯曲制冷剂管路）。

（3）散热器的渗漏检查

可将专用的检查仪安装到散热器上，用检查仪手泵对冷却系统加压到 100 kPa 左右，然后仔细观察检查仪上压力表的指示压力变化，如果 2 min 内压力下降 15 kPa，即压力指示出现明显下降时，说明冷却系统存在渗漏部位。可堵死散热器的进、出口，在散热器内充入 50 kPa~100 kPa 压力的压缩空气，并将其浸泡在水中，检查有无气泡冒出。如有气泡冒出，则冒泡部位应做好记号，以便焊修。再将压力提高到 120 kPa~150 kPa，此时膨胀水箱盖上的压力阀必须打开，否则应更换。

（4）散热器的修理

①焊漏

在用焊锡焊漏时，最好使用小型号的乙炔焊炬加热，并在焊漏后，尽可能使散热器保留较多的散热面积。焊漏后切断的冷却管的数量不得超过管数总量的 10%，切断散热片的面积不得大于迎风总面积的 10%。

②疏整散热片。

③冷却系统修理竣工时，还应进行系统泄漏试验。

④安装散热器。安装散热器的顺序应与拆卸的顺序相反。

冷却系统常见故障及诊断

课后测评

1. 冷却系统的功用是什么？冷却过度和冷却不足对发动机有何影响？
2. 典型水冷系统由哪些主要部件组成？各起什么作用？
3. 水冷却系统中为什么要装节温器？什么叫大循环？什么叫小循环？
4. 为什么要采用风扇离合器？试简述硅油风扇离合器的基本工作原理。
5. 乙二醇型防冻冷却液如何选用？在使用时有哪些注意事项？

项目八　发动机总装与调试

项目描述

一辆华晨H330汽车在行车过程中存在冒黑烟、加速无力、怠速不稳、油耗增加等现象，经修理工检测后为汽缸压力不足导致，需对发动机总成进行拆卸大修作业。发动机主要部件拆卸后，需要归类摆放，进行检测后需要进行发动机总装并进行调试。

通过本项目的学习我们可以了解发动机的总装及大修竣工后的调试检验。

知识目标

1. 理解发动机主要零部件归类摆放原则。
2. 掌握发动机总装的注意事项及技术要求。
3. 掌握发动机装配过程检验和发动机装配竣工检验的项目、方法、技术要求。

能力目标

1. 收集汽车发动机大修操作规范相关信息，制订发动机大修操作计划。
2. 能正确熟练地清洗发动机零部件并归类摆放。
3. 能熟练地进行发动机的总装，并进行调试检验。

相关知识

一、发动机零件的拆卸及分类摆放

（一）原则

在汽车发动机拆装过程中，不要盲目地拆装，拆装时一定要遵守零件的拆装原则。
1. 在拆装顺序上，本着"先装的后拆，后装的先拆，能同时拆就同时拆"的原则。
2. 在拆装范围上，本着"能不拆的就不拆，尽量避免大拆大卸"的原则。

3. 在拆装目的上，本着"拆是为了装"的原则。因此，拆卸零件时，要特别留意观察、记录零件的安装方向、装配记号、耗损状况，并做好零件的分类存放，属同一总成的部件要放在一起，避免丢失或装配时需另花费时间寻找。

4. 在拆装细节上，细小的零部件要用小盒子装在一起存放。拆下来的螺栓、螺母必须分类装好，不要等到安装时再去找螺栓、螺母，避免浪费时间。

（二）规律

如何正确将零件分类摆放，一般应遵守以下规律：

1. 同一总成的部件尽量放在一起，并做好记号，如图 8-1。如活塞总成，外观看起来虽然一样，但每个活塞磨损程度都不一样，如果装错顺序，将会增加磨损。故为了避免错乱，可人为做好记号，以确认该活塞与哪个缸配套。

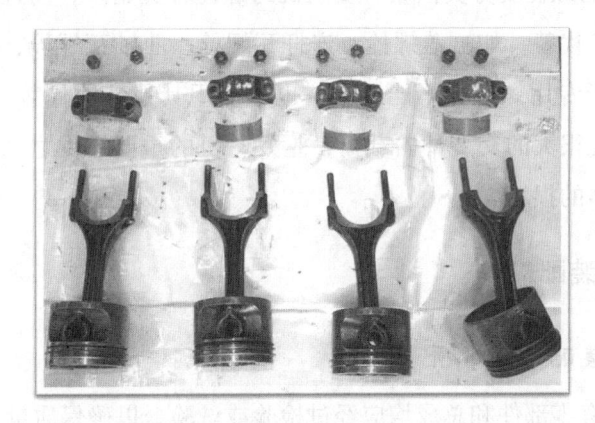

图 8-1　活塞连杆组总成的摆放

2. 进、排气门摇臂与摇臂轴应串在一起摆放，清洗时先做好记号，如图 8-2。

3. 每缸的进气门和排气门要区分好，做好记号，不能错乱，如图 8-3。注意：新车第一次大修时所有气门并无记号，记号都是人为做的，一般修理人员习惯在气门底部做记号。

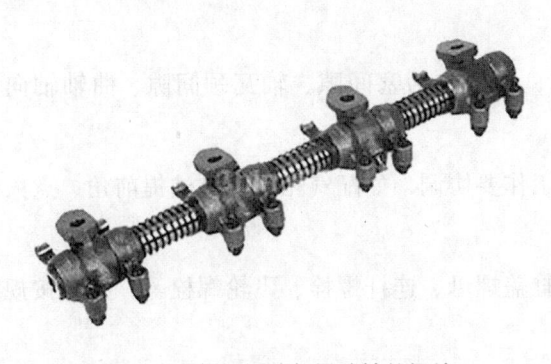

图 8-2　气门摇臂与摇臂轴的摆放　　　图 8-3　气门的摆放

4. 凸轮轴瓦与凸轮轴属于精密磨合部件，要做记号分类摆放，如图 8-4、图 8-5。

图 8-4 凸轮轴瓦的摆放

图 8-5 进、排气凸轮轴的摆放

5. 发动机拆下的螺栓要分类摆放。发动机的螺栓种类繁多，而且有很多都是专用螺栓，不能用普通螺栓代替。如缸盖螺栓、连杆瓦螺栓、曲轴瓦螺栓、凸轮轴瓦螺栓、飞轮紧固螺栓等都属于专用螺栓，不能混淆，也不能用其他螺栓代替。特别是连杆螺栓，在发动机运行中承受很大的交变冲击载荷，是发动机的重要零件之一，一旦连杆螺栓断裂，可能会导致缸体的损坏。

二、发动机的装配

（一）发动机装配注意事项

1. 装配前，所有零部件和总成均应经过检验或试验，以确保质量。

2. 装配前，所有零部件、总成、润滑油路及工具、工作台等应彻底清洗，并用压缩空气吹干。

3. 装配前，检查全部螺栓、螺母，不符合要求的应更换。汽缸垫、衬垫、开口销、锁片、垫圈等在大修时应全部更换。

4. 不可互换的零件，如各缸活塞连杆组、轴承盖、气门等，应按相应位置和方向装配，不得装错。

5. 各配合件的配合应符合技术要求，如汽缸活塞间隙、轴瓦颈间隙、曲轴轴向间隙、气门间隙等。

6. 有关部件间的正时关系应正确，工作要协调，如配气相位、供油提前角、点火时刻等。

7. 发动机上重要的螺栓、螺母，如缸盖螺母、连杆螺栓、飞轮螺栓等，必须按规定扭矩依次拧紧，必要时，还应加以锁定。

8. 各相对运动的配合表面，装配时需涂上清洁的润滑油。

9. 保证各密封部位的严密性，无漏油、漏水、漏气现象。

10. 在装配过程中、应尽量使用专用工具，以防零件受损。在装配过盈配合组件时（如活塞销和连杆活塞的配合），应使用专用压力机和工夹具。

应当注意，现代轿车有许多重要的部位采用了塑性变形扭力螺栓。所谓"塑性变形扭力螺栓"就是把螺栓按规定的初扭矩拧紧。拧紧之后，将螺栓相对连接件再扭转一个规定的角度，使螺栓产生一个规定的变形，并且螺栓具有一定的预应力起到自锁防松的目的。

（二）装配顺序与调整

发动机装配顺序因结构的不同而有所变化，但基本工艺过程大同小异。下面以大众速腾1.6 L的发动机为例加以说明。

1. 安装曲轴与飞轮

（1）将汽缸体侧置在安装工作台上，将各道曲轴主轴承上片放入缸体的轴承座内，并涂上清洁机油，注意各轴瓦、轴承盖应对号入座，不得错乱；止推片带油槽的一面朝向曲柄。

（2）将曲轴平稳地轻放入已放好主轴承上片的轴承内，然后将带有下片主轴承的主轴承盖对号装在各自的轴承座上。

（3）按规定力矩均匀地由中间轴承座向两端拧紧主轴承螺栓，按规定扭矩从中间向两端分3~4次拧紧螺栓。在拧紧过程中，应注意检查各道主轴承间隙，具体方法是：每上紧一道主轴承，转动曲轴几周，检查有无阻滞现象。全部主轴承拧紧后，检查曲轴转动的阻力矩。

（4）安装飞轮。为了不破坏曲轴的平衡，飞轮与曲轴之间有严格的位置关系。安装飞轮时，应注意辨认安装记号、定位销或螺栓孔的不等距分布等。

2. 安装活塞连杆组件

（1）安装前的检查

先不装活塞环，将活塞连杆组装入汽缸内，拧紧连杆螺栓，检查以下项目：

①活塞偏缸的检查。转动曲轴，应无过大阻力及活塞偏向缸壁一侧的现象

检查方法：用塞尺分别检查活塞处于上止点和下止点时与缸壁之间的间隙。要求活塞顶部与缸壁在曲轴前后方向上的间隙基本一致，其差值一般不大于0.1 mm。

②活塞上止点位置的检查。为保证一定的压缩比，应检查活塞处于上止点时，活塞顶距汽缸体上平面的距离。距离过小，有可能顶撞气门，且使压缩比增大，发动机工作粗暴；距离过大，压缩比下降，发动机功率下降。若活塞上止点位置不符合要求，则应

查找原因，排除故障后，方可继续装配。

（2）活塞环的安装

①活塞环的检查与修整。

②活塞环安装位置与方向的确定。安装活塞环时，应确定各种活塞环的环槽位置和方向。一般镀铬环、内切槽（朝上）扭转环放在第一道环槽内，油环放在油环槽内；锥形环的小端朝上，扭转环的外切槽朝下。有的活塞环上刻有朝上字样。

③相邻活塞环的开口应错开90°～180°，并避开活塞销方向和最大侧压力方向。

（3）活塞连杆组的安装

①在各摩擦表面涂以清洁的润滑油。

②确认活塞连杆组的顺序和安装方向后，摆好活塞环开口位置，用专用工具收紧活塞环，将活塞连杆组从上面装入汽缸内。装入时，可用木榔头轻轻敲击活塞顶，并注意引导连杆大端靠向连杆轴颈。

③确认连杆轴承盖（瓦）的顺序和安装方向后，将其套在连杆轴颈上，按规定扭矩拧紧连杆螺栓。安装活塞环和连杆轴承时应注意活塞、连杆的安装方向，活塞环的组合方式及环的安装方向。

3. 安装汽缸盖及配气机构

配气相位正时是为了确保配气和点火正时。在曲轴齿轮、凸轮轴齿轮、中间齿轮等上刻有记号，装配时只需对好记号即可。

（1）将各气门插入相应的气门导管中，检查气门与气门座的密封性（可用汽油进行渗漏检查），不符合要求时，应进行手工研磨。

（2）取各气门，装好气门弹簧下座，用专用工具将气门油封压装到气门导管上，再重新插入各气门，装好气门弹簧、上弹簧座及锁片（使用过的旧锁片不准再用），并用塑料锤轻轻敲击数次，以确保锁片安装的可靠性。

（3）按顺序将各气门挺柱装入承孔中，在汽缸盖后端装好凸轮轴半圆塞（新件），将凸轮轴置于汽缸盖上的承孔中，按拆卸时的相反顺序以20 N·m的拧紧力矩拧紧各道凸轮轴轴承盖（先对称紧固2、4道轴承盖，后紧固1、3、5道轴承盖），并复查凸轮轴的轴向和径向间隙。

（4）将定位导向螺栓拧入缸体上的1、3螺栓孔中。将汽缸垫安放于汽缸体上。

（5）转动曲轴使活塞离开上止点位置，将汽缸盖置于汽缸体上，用手拧入其他几个缸盖螺栓，再拧出1、3螺栓孔中的定位螺栓，拧入2个缸盖螺栓。

（6）按拆卸时的相反顺序分三次拧紧各缸盖螺栓。

（7）装上凸轮轴油封及齿带轮，并以80 N·m的力矩拧紧齿带轮紧固螺栓。

（8）安装气门罩盖密封衬垫、密封条、气门罩盖、压条及储油器等，并以 100 N·m 的力矩拧紧其紧固螺母。

4. 安装齿形皮带

（1）将齿形皮带套到曲轴及中间轴齿带轮上。

（2）转动凸轮轴使其齿带轮上的标记与气门罩盖平面平齐（转动凸轮轴时，曲轴不可位于上止点位置，以防气门碰撞活塞，造成零件损伤）。

（3）装好齿形皮带下护罩及曲轴前端的三角带轮，并装好发电机、水泵及空调压缩机，套上发电机及压缩机三角带。

（4）转动曲轴，使飞轮上的点火正时标记与变速器壳上的标记对齐或使曲轴带轮外缘上的标记与齿带下护罩上的箭头标记对正。

（5）将齿带套到凸轮轴齿带轮上，并通过张紧轮调整好齿带张紧程度。

（6）调好发电机皮带的张紧力。

（7）使分火头指向分电器壳上的一缸标记，将分电器插入机体承孔中，并固定好分电器压板。

5. 安装其他附件

将机油滤清器、进排气歧管、启动机及齿带轮上护罩等依次安装到发动机机体上。

6. 发动机总成的装车

将发动机总成装到车上，并连接好各管路及线路。具体操作可按拆卸的相反顺序进行，并注意以下问题：

（1）注意不要碰伤变速器的输入轴。

（2）发动机支承脚橡胶缓冲块的自锁螺母应换用新件。

（3）将发动机装入支架座上，旋紧紧固螺栓。

（4）调好离合器踏板自由行程及节气门、阻风门拉索，安好排气管。

（5）连接启动机接线时，导线不得碰到发动机。

（6）合理加注冷却液。

三、发动机装配竣工检验项目、方法、技术要求

（一）发动机大修出厂前应进行磨合

发动机修理时对零件进行了更换或修复，虽然这些零件都有较高的加工、装配精度，但是零件表面仍然有微小的不平和形位公差，各配合件的实际接触面积小，如果发动机装合后立即投入使用，单位面积上的压力会很大，在零件的接触面上将产生剧烈的磨损和高温，甚至产生黏着磨损，导致零件接触面烧伤或拉缸等事故。因此，发动机经大修

装复后必须进行磨合，通过磨合提高零件摩擦表面的质量、耐磨性、疲劳强度和抗腐蚀性能，使零件摩擦表面做好承受负荷的准备，及时发现和消除修理和装配中的一些缺陷，最终达到延长发动机使用寿命的目的。

发动机大修后进行无负荷磨合过程应注意以下事项：

1. 按规定程序启动发动机，以 600~1000 r/min 的转速运转 1 h。
2. 检查机油压力、发动机的水温、机油温度是否正常。
3. 检查并校正点火提前角。
4. 检查发动机有无异响。如有异响，应立即停机检查并予以排除。
5. 检查发动机有无漏油、漏水、漏气和漏电现象。
6. 检查发电机充电电压是否正常。
7. 用断缸法检查各缸工作是否良好，测听发动机内部是否有异响（注意：电控发动机，不要轻易断开点火高压线）。

（二）发动机大修后竣工验收

发动机大修后竣工检验要求的具体内容如下：

1. 发动机外观应整洁，无油污，涂漆应无起泡、剥落。
2. 各系统部件应安装正确、牢固，不应互相干涉。
3. 电控系统部件应齐全且安装正确，电气线路应正确固定，不应与其他部件干涉。
4. 润滑油、冷却液应正确加注。
5. 各部位应密封良好，应无漏液、漏气。
6. 在加压状态下，冷却系统压力应无下降，无冷却液泄漏。
7. 汽缸压缩压力和各缸压差应符合汽车生产企业公开的汽车维修技术信息要求。
8. 发动机控制单元与诊断仪之间的通信应正常，无与发动机相关的故障信息。
9. 使用发动机故障诊断仪读取电控系统的数据流，数据状态及波形应无异常。
10. 使用发动机故障诊断仪测试电控系统执行器的动作，执行动作应正确。
11. 发动机暖机启动和热机启动均应顺利启动，各允许启动三次，成功启动次数不少于两次。
12. 在暖机怠速和热机怠速下，发动机运转应符合下列条件

（1）转速平稳且符合汽车生产企业公开的汽车维修技术信息要求。

（2）发动机冷却风扇应工作正常，发动机冷却液温度应无异常。

（3）进气管真空度应符合汽车生产企业公开的汽车维修技术信息要求。

13. 进行加、减速工况时，发动机转速应过渡平稳，无抖动、爆震、回火、放炮。
14. 在额定转速工况下，发动机运转应平稳，无过热、异响。

15. 机油压力应符合汽车生产企业公开的汽车维修技术信息要求。

16. 曲轴箱内的压力不超过测量时的大气压力。

17. 动力性应符合 GB/T18276-2017 驱动轮输出功率的要求。

18. 排放性能应符合 GB3847-2018 或 GB18285-2018 的要求。

19. 燃料经济性应符合 GB/T18566-2011 的要求。

（三）发动机大修出厂后走合期磨合

重视新车的走合期。在新车走合期内（一般为 3000 km），发动机内相互配合零件表面的不平部分会被磨去，逐渐形成比较光滑的工作面，进而改善零件的表面质量和配合精度，以承受正常的工作负荷。所以走合期内发动机的工作情况直接关系到发动机的使用寿命。

车辆在走合期内必须注意以下事项：

1. 严禁超负荷运行，不允许超载。一旦发动机工作不平稳，立即换入低挡。

2. 严禁高速行驶。汽车在各挡行驶速度不得超过发动机最高转速的 70%，且不允许长时间高速行驶。

3. 不要在恶劣道路上行驶，以减少振动和冲击。汽车在行驶中应减少突然加减速所引起的超负荷现象，例如，紧急制动、长时间制动或使用发动机制动等。尽量选择良好路面匀速行驶。

4. 发动机刚启动，不允许猛踩加速踏板，待水温达到正常工作温度后，再平稳起步。起步必须用一挡。

5. 注意发动机冷却液温度、润滑油液面高度等，发现故障要及时排除。

6. 走合期结束后，要对汽车进行一次走合保养。

课后测评

1. 汽车发动机拆装过程中，须遵守的零件拆卸原则包括哪些？

2. 发动机大修后，在无负荷磨合过程中，有哪些注意事项？

3. 简述发动机大修竣工后，各缸压力差的验收标准。

参考文献

[1] 仇雅莉. 汽车发动机构造与维修（第3版）[M]. 北京：机械工业出版社，2015.

[2] 解云，郭微. 汽车发动机构造与维修 [M]. 安徽：中国科学技术大学出版社，2013.

[3] 刘锐，高寒. 汽车发动机构造与维修 [M]. 北京：人民交通出版社，2013.

[4] 陶金忠，刘红忠，等. 汽车发动机构造与维修 [M]. 北京：科学技术文献出版社，2015.

[5] 全国汽车维修专项技能认证技术支持中心编写组. 发动机机械 [M]. 北京：教育科学出版社，2003.

[6] 全国汽车维修专项技能认证技术支持中心编写组. 发动机性能 [M]. 北京：教育科学出版社，2003.

[7] 刘艳莉. 汽车构造与使用 [M]. 北京：人民邮电出版社，2019.

[8] 刘炽平，符强. 汽车发动机机械系统检修一体化项目教程. [M]. 上海：上海交通大学出版社，2012.

[9] 母忠林. 柴油机维修典型案例240例 [M]. 北京：化学工业出版社，2011.

[10] 谭本忠. 最新电控柴油发动机维修一本通 [M]. 北京：化学工业出版社，2012.